# 企业人力资源管理创新研究

付 伟 著

中国原子能出版社

**图书在版编目（CIP）数据**

企业人力资源管理创新研究 / 付伟著. --北京：
中国原子能出版社，2023.9
ISBN 978-7-5221-3032-3

Ⅰ. ①企… Ⅱ. ①付… Ⅲ. ①企业管理–人力资源管
理–研究 Ⅳ. ①F272.92

中国国家版本馆 CIP 数据核字（2023）第 192782 号

**企业人力资源管理创新研究**

| | |
|---|---|
| **出版发行** | 中国原子能出版社（北京市海淀区阜成路 43 号　100048） |
| **责任编辑** | 白皎玮 |
| **责任印制** | 赵　明 |
| **印　　刷** | 北京天恒嘉业印刷有限公司 |
| **经　　销** | 全国新华书店 |
| **开　　本** | 787 mm×1092 mm　1/16 |
| **印　　张** | 17.25 |
| **字　　数** | 264 千字 |
| **版　　次** | 2023 年 9 月第 1 版　2023 年 9 月第 1 次印刷 |
| **书　　号** | ISBN 978-7-5221-3032-3　　**定　价　76.00** 元 |

**发行电话：010-68452845**

# 前　言

随着经济模式的不断更新，社会正在进入一个以智力资源的占有配置与知识的生产分配使用为生存手段的经济时代。随着新的经济时代的兴起，人力资源管理的创新对企业的发展有举足轻重的作用。而人力资源是企业经营发展的核心，现代企业的竞争，归根结底是人才的竞争，也就是人才开发水平的竞争。企业的发展完全依靠高素质的员工来实现，因此，人力资源开发与企业其他的工作环节相比，更为重要，也更有挑战性。一方面，人力资源的创新要正确使用、学习、借鉴先进企业的经验，还要注重树立人才成本观念，既要注重投资回报，又要考虑人才投入的长远效应，不能为了节省成本资金而忽视对人才的引进、培养和使用；另一方面，要建立积极的人才培养模式，重视对员工的培训，建立完善的制度。

本书面向企业管理与人力资源战略工作实际，在长期从事企业管理实际业务工作的基础上，查阅和参考了大量的企业管理学专业、人力资源专业和相关专业的文献和研究成果撰写而成，力求体现实践性、适用性，是一本既有理论价值探讨，又有实践路径指引的著作。

由于笔者学识水平及经验有限，书中缺点和错误之处在所难免，恳切希望广大读者批评指正。

# 目　录

# 第一章 人力资源管理理论综述

## 第一节 人力资源

### 一、人力资源的基本概念

按《辞海》的解释，资源是指"资财的来源"。从经济学角度看，资源是指为了创造财富而投入生产活动中的一切要素，并把资源划分为自然资源、资本资源、信息资源、人力资源和间接资源五大类。在人类经济活动的不同阶段，资源的重要性各不相同。在农业社会，人类的生产活动围绕土地进行，经济分配以土地的占有量为基础，劳动者的体力消耗和以土地为代表的自然资源的消耗促成了经济的发展。在工业社会，人们开始以使用机器的资源开采和制造业为中心的生产经营方式，自然资源和资本资源成为推动经济发展的最主要因素。在信息时代和知识经济背景下，以知识为基础的产业上升为社会的主导产业，经济社会的发展依赖于信息的获取和知识的创造，信息资源和人力资源成为经济发展的重要推动因素。在当今竞争激烈的社会里，人力资源无疑成为推动社会经济发展的重要资源。

在学术上，"人力资源"最早是由美国著名管理学家彼得·德鲁克于1954年在其《管理实践》一书中提出。在该著作中，德鲁克引入了"人力资源"的概念，并且指出人力资源与其他所有资源相比，最重要的区别就是主体是人，并且是管理者必须考虑的具有"特殊资产"的资源，也是最为有效使用的资源。

在国内，许多专家和学者对于人力资源也给出了明确的定义。如郑绍濂认为，人力资源是"能够推动整个经济和社会发展的、具有智力劳动和体力劳动能力的人们的总和"。

本书认为，人力资源是指从事组织特定工作活动所需的并能被组织所利用的所有体力和脑力劳动的总和。它既包括现实的人力资源，即现在就可以使用的、由劳动适龄人口中除因病残而永久丧失劳动能力外的绝大多数适龄劳动人口和老年人口中具有一定劳动能力的人口构成的人力资源；也包括潜在的人力资源，即现在还不能使用但未来可使用的、主要由未成年人口组成的人力资源。

人力资源质量表现为以下四方面：① 体力，即劳动力的身体素质，包括健康状况、营养状况以及耐力、力量、敏捷性等体能素质；② 智力，即劳动力的智力素质，包括智力、记忆力、理解力、判断力、想象力及逻辑思维能力等；③ 知识技能，即劳动者的文化知识素质，它以教育程度、技能水平等来衡量；④ 劳动态度，即劳动者的劳动价值观及职业道德，如劳动动机、劳动态度、劳动责任心等。

人力资源数量和质量是密切相关的两个方面，一个国家和地区的人力资源丰富程度不仅要用数量来计量，还要用质量来评价。对一个企业而言，人力资源的数量是基础，质量是关键。企业需要在人力资源规模上谋求一定的规模效益，但在规模达到一定程度之后要把着力点迅速转移到提高人力资源的质量上来。尤其在当今知识经济背景下，人力资源的质量远比数量重要。人力资源的质量对于数量有较强的替代性，而数量对于质量的替代作用则较弱，有时甚至无法替代。

相比于世界上其他国家，我国拥有庞大的人力资源数量，但在质量上还有待提高。随着信息时代和知识经济的到来，社会经济的发展对于人力资源的质量提出了更高的要求。我国应当加大对教育的投入，不断提高国民的基本素质和知识技能水平，以应对国际竞争与挑战。

## 二、人力资源与其他相关概念的关系

人力资源概念与人口资源、劳动力资源和人才资源等概念相关。

人口资源，是指一个国家或地区的人口总体，它是其他有关人的资源的基础，表现为一个数量概念。

劳动力资源，是指一个国家或地区具有劳动能力并在劳动年龄范围内的人口总和，即人口资源中拥有劳动能力并在法定劳动年龄段的那一部分。

人才资源，是指一个国家或地区中具有较强的专业技术能力、创造能力、管理能力和研究能力的人的总称，它是人力资源中的高端人群。

相比之下，人力资源强调人们所具有的劳动能力，它超过了劳动力的资源范围，涵盖了全部人口中所有具有劳动力的人口，包括现实的和潜在的劳动力资源。

人口资源、人力资源、劳动力资源和人才资源四者之间存在包含关系和数量基础关系，人口资源和劳动力资源侧重人的数量和劳动者数量。人才资源突出人口的质量，而人力资源强调人口数量和质量的统一。

## 三、人力资源的基本特征

由于人本身所具有的生物性、能动性、智力性和社会性，决定了人力资源具有以下基本特征。

### （一）人力资源的能动性

人力资源的首要特征是能动性，是与其他一切资源最本质的区别。一切经济活动首先都是人的活动，由人的活动才引发、控制、带动了其他资源的活动。自然资源、物质资源及人力资源等在被开发的过程中完全处于被动的地位，而人力资源的开发与利用，是通过拥有者自身的活动来完成的，具有能动性。这种能动性主要表现在人们的自我强化、选择职业和劳动的积极性

3

等方面。人的自我强化，是指人通过学习能够提高自身的素质和能力，可以通过努力学习、锻炼身体等自身积极行为，使自己获得更高的劳动能力。人力资源通过市场来调节，选择职业是人力资源主动与其他资源结合的过程。积极劳动或劳动积极性的发挥是人力资源发挥潜能的决定性因素。因此，开发和管理人力资源不仅要关注数量、质量等外特性问题，也要重视如何调动人的主观能动性，发挥人的劳动积极性问题。

### （二）人力资源的再生性

经济资源分为可再生性资源和非再生性资源两大类。非再生性资源最典型的是矿藏如煤矿、金矿、铁矿、石油等，每开发和使用一批，其总量就减少一批，绝不能凭借自身的机制加以恢复。另一些资源，如森林，在开发和使用过后，只要保持必要的条件，可以再生，能够保持资源有一定的数量。人力资源也具有再生性，它基于人口的再生产和劳动力的再生产，通过人口总体内个体的不断更替和"劳动力耗费—劳动力生产—劳动力再次耗费—劳动力再次生产"的过程得以实现。同时，人的知识与技能陈旧、老化也可以通过培训和再学习等手段得到更新。当然，人力资源的再生性不同于一般生物资源的再生性，除了遵守一般生物学规律之外，它还受人类意识的支配和人类活动的影响。从这个意义上来说，人力资源要实现自我补偿、自我更新、持续开发，就要求人力资源的开发与管理注重终身教育，加强后期的培训与开发。

### （三）人力资源的角色两重性

人力资源既是投资的结果，又能创造财富；或者说，它既是生产者，又是消费者，具有角色两重性。人力资源的投资来源于个人和社会两个方面，包括教育培训、卫生健康等。人力资源质量的高低，完全取决于投资的程度。人力资源投资是一种消费行为，并且这种消费行为是必需的，先于人力资本的收益。研究证明，人力资源的投资具有高增值性，无论从社会还是从个人角度看，都远远大于对其他资源投资所产生的收益。

### （四）人力资源的社会性

人处在一定的社会之中，人力资源的形成、配置、利用、开发是通过社会分工来完成的，是以社会的存在为前提条件的。人力资源的社会性，主要表现为人与人之间的交往及由此产生的千丝万缕的联系。人力资源开发的核心，在于提高个体的素质，因为每一个个体素质的提高，必将形成高水平的人力资源质量。但是，在现代社会中，在高度社会化大生产的条件下，个体要通过一定的群体来发挥作用，合理的群体组织结构有助于个体的成长及高效地发挥作用，不合理的群体组织结构则会对个体构成压制。群体组织结构在很大程度上又取决于社会环境，社会环境构成了人力资源的大背景，它通过群体组织直接或间接地影响人力资源开发，这就给人力资源管理提出了要求：既要注重人与人、人与团体、人与社会的关系协调，又要注重组织中团队建设的重要性。

# 第二节　人力资源管理

## 一、人力资源管理的含义

人力资源管理作为企业的一种职能性管理活动的提出，最早源于工业关系和社会学家怀特·巴克于 1958 年发表的《人力资源功能》一书。该书首次将人力资源管理作为管理的普遍职能来加以讨论。美国著名的人力资源管理专家雷蒙德·A，诺伊等在其《人力资源管理：赢得竞争优势》一书中提出，人力资源管理是指影响雇员的行为、态度，以及绩效的各种政策、管理实践和制度。美国的舒勒等在《管理人力资源》一书中提出，人力资源管理是采用一系列管理活动来保证对人力资源进行有效的管理，其目的是实现个人、社会和企业的利益。加里·德斯勒在《人力资源管理》一书中提出，人力资源管理是为了完成管理工作中涉及人或人事方面的任务所需要掌握的各种概念和技术。迈克·比尔则提出人力资源管理包括会影响公司和雇员之间关系的（人力资源）所有管理决策和行为。

综上界定，人力资源管理是指根据企业发展战略的要求，有计划地对人力资源进行合理配置，通过对企业中员工的招聘、培训、使用、考核、激励、调整等一系列过程，调动员工的积极性，发挥员工的潜能，为企业创造价值，确保企业战略目标的实现。这些活动主要包括企业人力资源战略的制定、员工的招募与选拔、培训与开发、绩效管理、薪酬管理、员工流动管理、员工关系管理、员工安全与健康管理等。人力资源管理的内涵至少包括以下内容。一是任何形式的人力资源开发与管理都是为了实现一定的目标，如个人家庭投资的预期收益最大化、企业经营效益最大化及社会人力资源配置最优化。二是人力资源管理只有充分有效地运用计划、组织、指挥、协调和控制等现代管理手段才能达到人力资源管理目标。三是人力资源管理主要研究人与人关系的利益调整、个人的利益取舍、人与事的配合、人力资源潜力的开发、工作效率和效益的提高，以及实现人力资源管理效益的相关理论、方法、工具和技术。四是人力资源管理不是单一的管理行为，必须将相关管理手段相互配合才能取得理想的效果。

人力资源管理的基本任务是根据企业发展战略要求，吸引、保留、激励与开发企业所需人力资源，促成企业目标实现，从而使企业在市场竞争中得以生存和发展。具体表现为求才、用才、育才、激才、护才和留才。

## 二、人力资源管理的功能

人力资源管理是以人为对象的管理，在某种意义和程度上，至少涉及以下五种功能。

获取，根据组织目标，确认组织的工作要求及人数等条件，从而进行规划、招聘、考试、测评、选拔与委派。

整合，通过企业文化、价值观和技能的培训，对已有员工进行有效整合，从而达到动态优化配置的目的，并致力于从事人的潜能的开发活动。

保持，通过一系列薪酬、考核和晋升等管理活动，保持企业员工的稳定和有效工作的积极性以及安全健康的工作环境，增加其满意感，从而使其安心和满意地工作。

评价，对员工工作表现、潜质和工作绩效进行评定和考核，为做出相应的奖惩、升降和去留等决策提供依据。

发展，通过员工培训、工作丰富化、职业生涯规划与开发，促进员工的知识、技能和其他方面素质的提高，使其劳动能力得到增强和发挥，最大限度地实现其个人价值和对企业的贡献，达到员工个人和企业共同发展的目的。

### 三、人力资源管理的特征

从人力资源管理的含义可以看出，人力资源管理具有以下几个明显的特征。

综合性，人力资源管理是一门综合性的学科，需要考虑种种因素，如经济、政治、文化、组织、心理、生理、民族等。它涉及经济学、系统学、社会学、人类学、心理学、管理学、组织行为学等多个学科。

实践性，人力资源管理的理论，来源于实际生活中对人的管理，是对这些经验的概括和总结，是现代社会化大生产高度发达，市场竞争全球化、白热化的产物。应该从中国实际出发，借鉴发达国家人力资源管理的研究成果，解决我国人力资源管理的实际问题。

民族性，人的行为深受其思想观念和感情的影响，而人的思想观念和感情则受到民族文化的制约。因此，人力资源管理带有鲜明的民族特色。

社会性，作为宏观文化环境的一部分，社会制度是民族文化之外的另一个重要因素。在影响劳动者工作积极性和工作效率的各因素中，生产关系和意识形态是两个重要因素，而它们都与社会制度密切相关。

发展性，任何一种理论的形成都要经历一个漫长的时期，各个学科都不是封闭的、停滞的体系，而是开放的、发展的认识体系。随着其他相关学科的发展及人力资源管理学科本身不断出现新问题、新思想，人力资源管理正进入一个蓬勃发展的时期。

## 第三节　人力资源管理的渊源和演变

### 一、人力资源管理的渊源

人力资源管理源于人事管理，而人事管理的起源则可以追溯到非常久远的年代。18 世纪末，瓦特蒸汽机的发明与推广引发了工业革命，改变了以前家族制和手工行会制的生产方式，并出现大量的实行新工厂制度的企业。这些企业在日益激烈的竞争环境中发展壮大，成为 19 世纪初的时代特色。竞争与发展要求这些企业进一步扩大规模，但制约扩大规模的主要"瓶颈"却是企业主们以前从未遇到过的劳工问题。其产生的主要原因在于当时人们不喜欢也不习惯于工厂的劳动方式。工厂工作很单一，一年到头都得按时上班，接受新的监督制度和按机械速度劳动，以及时时刻刻都要全神贯注等。这导致企业很难找到足够的工人，尤其是技术工人。上述劳动问题的解决措施导致福利人事概念的形成和发展。所谓福利人事，即由企业单方面提供或赞助的，旨在改善企业员工及其家庭成员的工作与生活的系列活动和措施。

同样关注劳工问题的泰勒认为，劳动组织方式和报酬体系是生产率问题的根本所在。他呼吁劳资双方都要进行一次全面的思想革命，以和平代替冲突，以合作代替争论，以齐心协力代替相互对立，以相互信任代替猜疑戒备。他建议劳资双方都将注意力从盈余分配转到盈余增加上，通过盈余增加，使劳资双方不再为如何分配而争吵。为此，泰勒提出了科学管理原则。泰勒的科学管理思想对人事管理概念的产生具有举足轻重的影响。

一方面，它引起了人们对人事管理的关注，并推动了人事管理职能的发展。

另一方面，科学管理宣扬管理分工，从而为人事管理职能的独立提供了依据和范例。福利人事与科学管理的融合使人们认识到，过去由一线管理人员直接负责招聘、挑选任命、培养、绩效考核、薪酬、奖励等工作的做法，已经不能适应企业组织规模扩大的现实，企业要做好对人的管理这项工作，必须要有相应的专业人士，这为人事管理作为参谋部门而非直线部门的出现奠定了基础。

## 二、人事管理的演进

早期关于人事管理的论文经常发表在《年报》和《管理杂志》这两本杂志上。1916 年，《年报》出版专刊讨论了"工业管理中的人事和雇佣问题"。第一本以"人事管理"为书名的教科书出版于 1920 年。

20 世纪 30 年代的霍桑实验为人事管理的发展开拓了新的方向。霍桑实验证明，员工的生产率不仅受到工作设计和员工报酬的影响，而且受到社会和心理因素的影响。因此，有关工作中人的假设发生了变化，工业社会学、工业关系学、人际关系学和组织行为学等新学科应运而生，推动了人事管理的迅速发展。主要表现在以下几个方面。

工业社会学将企业作为一个社会系统，研究组织化的员工问题，并强调社会相互作用，要求在各个组成部分之间保持平衡。当这一思想被运用于人事管理领域时，员工参与、工会与管理层合作、员工代表计划等便进入了人事管理研究者与实践者的视野。

工业关系学认为，管理层与工人在关于如何分配由先进的技术化社会所创造的盈余上存在必然的矛盾，而这种工业化冲突的解决不在于人际关系，在于克服管理层和有组织的工人之间的利益和意识形态上的冲突，工业化的和谐只有通过集体的讨价还价，以及专业的工业关系专家参与才可能实现。因此，工业关系专家登上了人事管理的舞台，化解劳资冲突、集体谈判等又成为人事管理的职责。

人际关系学以管理应该更多地关心人而不是关心生产力为核心观点，强调管理的社会和人际技能而不是技术技能，强调通过团体和社会团结来重建人们的归属感，强调通过工会、参与领导，以及将工厂中的正式组织与非正式组织集合起来使权力平均化。沟通成为人事管理的主要任务和必备技能，员工满意度成为衡量人事管理工作的重要标准。

组织行为学是在人际关系学的基础上形成的管理科学中的一门学科。它着眼于一定组织中的行为研究，重视人际关系、人的需要、人的作用和人力资源的开发利用。这一学科的出现对管理科学的发展产生了重要的影响，使其由以"事"与"物"为中心的管理发展到以"人"为中心的管理；由靠监督与纪律的管理发展到动机激发、行为引导的管理；由独裁式管理发展到参与式管理。它的应用成果得到了普遍的重视。进入 20 世纪六七十年代，西方涉及人事和工作场所的相关立法急剧增加，并且立法的关注点也从工会与管理层间的问题转向了员工关系。随着各项法律的出台，企业很快意识到，卷入与员工或雇佣有关的司法诉讼的花费巨大。于是，大量的律师走进了人事部，以规范直线经理管理行为的合法性，尽可能地为企业避免司法诉讼，承担起直接处理有关司法诉讼等人事管理的新职能。

20 世纪 80 年代是组织持续而快速变革的时代，杠杆收购、兼并、剥离等事件层出不穷，人事管理也进入了企业更高的层次，从关注员工道德、工作满意度转变为关注组织的有效性。高级的人事主管开始参与、讨论有关企业未来发展方向、战略目标等问题，工作生活质量、工作团队组织、组织文化等成为人事管理的重要内容。

## 三、人力资源管理的发展与成熟

### （一）西方人力资源管理的发展历史

西方学者对人力资源管理的发展阶段进行了深入的研究，提出了各自的观点。典型的理论包括六阶段论、五阶段论、三阶段论和二阶段论，它们从不同的角度揭示了人力资源管理渐进发展的历史。

1. 六阶段论

以美国华盛顿大学的弗伦奇为代表，从管理的历史背景出发，将人力资源管理的发展划分为六个阶段。

第一阶段：科学管理运动阶段。

这一阶段以泰勒和吉尔布雷斯夫妇为代表，关注重点主要是工作分析、人员选拔、培训和报酬方案的制订，以及管理者职责的划分。

第二阶段：工业福利运动阶段。

在此阶段，企业出现了福利部，设有社会秘书或福利秘书专门负责员工福利方案的制订和实施，员工的待遇和报酬问题成为管理者关心的重要问题。

第三阶段：早期工业心理学阶段。

这一阶段以心理学家雨果·芒斯特伯格等人为代表的心理学家的研究成果，推动了人事管理工作的科学化进程。个人心理特点与工作绩效关系的研究、人员选拔预测效度的提出，使人事管理开始步入科学化的轨道。

第四阶段：人际关系运动阶段。

这一阶段的代表是梅奥等人，由他们发起的以霍桑实验为起源的人际关系运动掀起了整个管理学界的革命，也影响了人力资源管理。人力资源管理开始由以工作为中心转变为以人为中心，把人和组织看成社会系统。此阶段强调组织要理解员工的需要，这样才能让员工满意并提高生产效率。20世纪三四十年代，美国企业管理界流行着一种"爱畜理论"，在爱畜牛奶公司的广告中说爱畜来自愉快的奶牛，因此品质优良。研究人员认为愉快的员工的生产效率会比较高，于是公司用郊游和员工餐厅等办法来试图改善员工的社会环境，提高士气，从而提高生产效率。实际上，这一理论夸大了员工情感和士气对生产效率的影响，最终实践表明，良好的人际关系可以提高生产效率的理念并不可靠。

第五阶段：劳工运动阶段。

雇佣者与被雇佣者的关系一直是人力资源管理的重要内容之一，从

1842 年美国马萨诸塞州最高法院对劳工争议案的判决开始，美国的工会运动快速发展；1886 年，美国劳工联合会成立；大萧条时期，工会也处于低潮；到 1835 年美国劳工法案，即《瓦格纳法案》的颁布，工会才重新兴盛起来。罢工现象此起彼伏，缩短工时、提高待遇的呼声越来越高，出现了集体谈判。到 20 世纪六七十年代，美国联邦政府和州政府连续颁布了一系列关于劳动和工人权利的法案，促进了劳工运动的发展，人力资源管理成为法律敏感行业。对工人权益的重视，成为组织内部人力资源管理的首要任务。

第六阶段：行为科学与组织理论时代。

进入 20 世纪 80 年代，组织管理的特点发生了变化，人的管理成为主要任务。从单个的人到组织，把个人放在组织中进行管理，强调文化和团队的作用，这成为人力资源管理的新特征。

2. 五阶段论

以罗兰和菲利斯为代表的学者则从管理发展的历史角度将人力资源管理的发展划分为五个阶段。

第一阶段：工业革命时代。

第二阶段：科学管理时代。

第三阶段：工业心理时代。

第四阶段：人际关系时代。

第五阶段：工作生活质量时代。

五阶段论中关于前四个阶段的划分与六阶段论是一样的。此观点的独特之处，是把工作生活质量作为一个独立的阶段提出来。工作生活质量一般有两种含义，一种是指一系列客观的组织条件及其实践，包括工作的多样化、工作的民主性、员工参与、工作的安全性等；另一种是指员工工作后产生的安全感、满意程度，以及自身的成就感和发展感。第一种含义主要强调工作的客观状态；第二种含义主要强调员工的主观需要。将这两种含义结合起来，工作生活质量是指员工在工作中所产生的生理和心理健康的感觉。美国的一项调查研究表明，在辞职的打字员中，有 60% 是由于工作枯燥无聊，而不是因为工作任务繁重而辞职的。影响工作生活质量的因素有很多，为了提高员工的工作生活质量，企业可以采取一系列措施。

3. 三阶段论

这种观点的代表是福姆布龙、蒂奇和德兰纳，他们从人力资源管理所扮演的角色和所起的作用这一角度把人力资源管理的发展划分为三个阶段。

第一阶段：操作性角色阶段。在此阶段，人力资源管理的内容主要是一些简单的事务性工作，在管理中发挥的作用并不是很明显。

第二阶段：管理性角色阶段。人力资源管理在这一阶段开始成为企业职能管理的一部分，承担着相对独立的管理任务和职责。

第三阶段：战略性角色阶段。随着竞争的加剧，人力资源在企业中的作用越来越重要，人力资源管理开始被纳入企业的战略层次，要求从企业战略的角度来思考人力资源管理的相关问题。

4. 二阶段论

国内学者从人事管理和现代人力资源管理之间的差异性角度，将人力资源管理的发展历史划分为人事管理和人力资源管理两个阶段。

第一阶段：人事管理阶段。人事管理阶段又可具体分为科学管理阶段、霍桑实验和人际关系运动阶段、组织行为学理论的早期发展阶段。

第二阶段：人力资源管理阶段。人力资源管理是作为替代传统的人事管理的概念提出来的，它重在将人看作组织中一种重要资源来探讨如何对人力资源进行管理和控制，以提高人力资源的生产效率，帮助组织实现目标。人力资源管理阶段又可分为人力资源管理的提出和人力资源管理的发展两个阶段。对人力资源管理的发展阶段进行划分，目的并不在于这些阶段本身，而是要借助于这些阶段来把握人力资源管理整个发展脉络，从而更加深入地理解它。因此，对于阶段的划分并没有绝对的标准和绝对的对错。

（二）我国人力资源管理的发展历史

自中华人民共和国成立以来，我国企业管理发展经历了计划经济、经济改革两大发展阶段。人力资源管理的发展是从单一计划体制下的人事管理到目前多种所有制并存的人力资源管理，可以分为四个发展阶段。

**1. 人事管理阶段**

中华人民共和国成立后，我国确定了计划经济的经济体制。与经济体制相适应，实行"统包统配"的就业制度，企业没有用人的自主权，不能自行招聘所需的人员；人员只进不出，没有形成正常的退出机制；在企业内部，对员工没有考核，大家干好干坏都一样，干多干少都一样；工资分配中存在严重的平均主义，与工作业绩和工作岗位没有任何关系。在此阶段，人事管理的主要内容是一些流程性的事务性工作，如员工人事档案管理、招工录用、劳动纪律、考勤、职称评定、离职退休、计发工资等。企业人事部完全服务于国家的政策，负责国家有关政策的落实完成。内部听命于厂长或经理，外部听命于政策部门，工作技术含量很低。人事主管充其量是一个高级办事员的论断由此得来。

**2. 人力资源管理阶段**

自党的十一届三中全会以来，随着我国经济体制改革的不断改革深化，国有企业的劳动人事工作也在不断进步。1979年，国务院颁发了《关于扩大国营工业企业经营自主权的若干规定》（以下简称《规定》），重新规定了企业人事管理的职责权限范围。《规定》指出，允许企业根据生产需要和精简效能的原则决定自己的机构设置和人员配备；企业有权根据国家下达的劳动指标进行招工，进行岗前培训；企业有权对成绩优异、贡献突出的职工给予奖励；企业有权对严重违反劳动纪律的职工给予处分，甚至辞退。随着这些规定的落实，企业在用人方面有了更大的权限，正常的人员进出渠道逐渐形成；劳动人事管理制度逐渐完善，劳动定额管理、定员定编管理、技术职称评聘、岗位责任制等在企业中广泛推广；工资管理规范化，打破了分配的平均主义，增强了工资的激励作用。所有这些都表明，我国企业的人力资源管理工作发生了巨大的变化，已经初步具备了人力资源管理的某些功能和作用。

**3. 人力资本阶段**

在管理理念上将员工看成资本，认为进入企业的人力已经是资本，不再是资源；在发展观上，完成了以物为本向以人为本的转变。此阶段的人力资源管理，从追求数量转向追求质量。人力资源管理工作的重心转移到员工的绩效管理、建立现代薪酬体系、营造良好的工作氛围和优秀的企业文化环境等方面，并开始考虑整合企业人力资源。通过工作分析和人才盘点，更加合理地配置企业人力资源；通过加大培训力度，提高员工的工作技能和绩效能力；通过改革和优化薪酬体系，使之更有激励性，提高人力资本的"投资收益"比率。人力资源经理秉持人力资本理念，在企业里倡导和培养重视人才、开发人才、有效配置人才、激励人才的观念，带动整个企业人才观的转变，自身也向人力资源专家的方向迈进。

4. 战略人力资源管理阶段

随着知识经济和全球化时代的到来、经营环境不确定性的加强，以及企业竞争的加剧，人才的作用越来越重要，企业对人才的争夺战也越演越烈，人才成为企业竞争的核心，也成为企业核心竞争力的来源。在此条件下，企业人力资源管理就需要与企业战略密切结合，更好地服务于企业战略的实现。基于此，人力资源经理进入了企业的决策层，以专家顾问和战略合作伙伴的身份出现，参与决策，推动变革，使人力资源管理上升到战略人力资源管理阶段。

（三）人力资源管理的未来趋势

21 世纪人类社会进入有史以来科技、经济和社会最快速发展的时期。高新技术迅猛发展，信息网络快速普及，对于所有的国家、民族和企业来说，既是一次难得的机遇，更是一场严峻的挑战，知识经济将改变每一个现代人的观念和意识。

1. 人力资源管理的地位日趋重要

现代企业经营战略的实质，就是在特定的环境下，为实现预定的目标而有效运用包括人力资源在内的各种资源的策略。有效的人力资源管理，将促进员工积极参与企业经营目标和战略，并把它们与个人目标结合起来，达到企业与员工"双赢"的状态。因此，人力资源管理将成为企业战略规划及战略管理不可分割的组成部分，而不再只是战略规划的执行过程，人力资源管理的战略性更加明显。

2. 人力资源管理的全球化与跨文化管理

组织的全球化，必然要求人力资源管理策略的全球化、人才流动的国际化，也就是说，企业要以全球的视野来选拔人才、看待人才的流动。尤其是加入 WTO 后，我国所面对的是人才流动的国际化；经济全球化、组织的全球化必然带来管理上的文化差异和文化管理问题，跨文化的人力资源管理已成为人力资源领域的热点问题，跨文化培训是解决这一问题的主要工具。

3. 动态化人力资源管理平台得到长足发展

随着全球化、信息化尤其是网络化的发展，动态化网络人力资源管理已经出现并将成为未来人力资源管理的重要发展趋势。随着动态学习组织的发展，通过互联网来进行的组织职业开发活动将越来越多，大量的人力资源管理业务，如网络引智与网络招聘、网络员工培训、网络劳动关系管理等将会越来越成为现实。网络化人力资源管理的开展，必将在管理思想、管理职能、管理流程及管理模式上对传统人力资源管理产生重大影响，使人力资源管理面临日趋激烈的环境变化，人力资源管理的空间被极大拓展，人力资源管理的网络化竞争变得日趋激烈，人力资源管理的途径、方法和策略也随之进行必要的变革。

4. 员工客户化的趋势

员工客户化的关键是员工角色的变化，即员工不再是传统意义上的被管理对象，他们可能变成组织的重要客户。人力资源管理部经理也可能随之转变为"客户经理"，即为员工提供他们所需的各类服务，如具体而详尽地向员工说明组织的人力资源产品和服务方案，努力使员工接受组织的人力资源产品和服务。人力资源管理者要为员工提供富有竞争力的薪酬回报和多元化的价值分享体系，并且要给员工更大的自主选择权，使员工自主性工作，满足员工参与管理的主体意识。在管理措施方面，要为员工的发展和成长提供更多的支持和帮助。

5. 人力资源管理业务的外包和派遣

人力资源管理业务外包是指把原来由组织内部人力资源承担的基本职能，通过招标方，签约付费委托给市场上专门从事相关服务的组织。在经济全球化的冲击下，组织出于降低成本、希望获得专家的高级服务、获得更为广泛的信息，以及促进组织人力资源管理的提升等目的，将人力资源管理业务进行外包。目前，人力资源管理业务外包仍处于动态的发展过程中，并呈现以下发展趋势：一是人力资源管理业务外包领域不断扩展，从单项业务的外包发展到多项业务的外包；二是组织聘请专家顾问提供人力资源管理业务外包服务，提高了外包业务的专业水平；三是外包服务商、咨询公司逐步结成业务联盟，并力图垄断高级人力资源管理的外包业务；四是以人力资源管理业务外包强化组织竞争优势，并促进外包业务朝着全球化方向发展。

人力资源管理业务派遣又称为人力资源租赁，是指由人力资源服务机构向某些需要相关服务的组织提供需要的人力资源管理业务，尤其是急需的各类人才及人力资源管理服务等。人力资源管理业务派遣是与人力资源管理业务外包密切相关的一种发展趋势。如果说"业务外包"是一种主动寻求人力资源管理服务的市场活动，那么"业务派遣"则是一种主动提供人力资源管理服务的市场活动，外包与派遣具有对象的互补关系。

目前，人力资源管理业务派遣存在如何在政策、法律和制度层面进行规范管理，加强派遣机构人员的专业化建设，提升派遣服务人员的素质，建立派遣认证体系，规范收费标准，协调人力资源管理业务外包机构与派遣机构之间关系等诸多问题。

# 第四节　现代人力资源管理与传统人事管理

传统人事管理指的是对人事关系的管理，一般是指人事部门作为组织内的职能部门所从事的日常事务性工作。人事管理过程包括"进、管、出"三个环节。人的调进调出被认为是传统人事管理的中心内容。

现代人力资源管理是指为了完成组织管理工作和总体目标,对人力资源的取得、开发、利用和保持等方面进行管理,以影响员工态度、行为和绩效,充分发挥人的潜能,提高工作效率,使人力、物力保持最佳比例,主要工作内容就是吸引、保留、激励和开发组织所需要的人力资源。

## 一、人事管理和人力资源管理的相同点

现代的人力资源管理是从人事管理发展而来的,两者之间有着一些相同之处。

(1) 管理对象相同。两者都是对人的管理,具体来说是对人与人、人与事关系的管理。

(2) 管理目的相同。两者都以组织目标的实现为目的,力求实现人、财、物的最佳配合。

(3) 管理的某些内容相同。两者都涉及招聘录用、培训考勤、职务升降、考核奖惩、绩效管理、工资福利、档案管理、劳动关系和劳动合同等方面的管理。

(4) 管理的某些方法相同。两者在管理的过程中都会涉及制度、纪律、奖惩、培训等具体方法。

## 二、传统人事管理与人力资源管理的区别

现代的人力资源管理与传统人事管理在多个方面有所不同,主要体现在以下几个方面。

(1) 管理理念不同。传统的人事管理视人力为成本,同时人事部门属于非生产和非效益部门,不讲投入产出,成本意识淡薄。人力资源管理认为,人力资源是一切资源中最宝贵的资源,经过开发的人力资源可以升值增值,能给组织带来巨大的利润。人力资源管理部门则逐步变为生产部门和效益部门,讲究投入和产出,生产的产品就是合格的人才、人与事的匹配,追求的

效益包括人才效益、经济效益和社会效益的统一，还包括近期效益和远期效益的统一。

（2）管理内容不同。传统的人事管理以事为中心，主要工作就是管理档案、人员调配、职务职称变动、工资调整等具体的事务性工作。即从事"发工资，写材料（档案、内勤、统计），调调配配，进进出出（员工招聘、补缺、离退休）"的日常工作。人力资源管理则以人为中心，将人作为一种重要资源加以开发、利用和管理，重点是开发人的潜能、激发人的活力，使员工能积极、主动、创造性地开展工作。

（3）管理方式不同。传统的人事管理主要采取制度控制和物质刺激手段。人力资源管理采取人性化管理，考虑人的情感、自尊与需求，以人为本，激励为主、惩罚为辅，多授权少命令，发挥每个人的特长，体现每个人的价值。

（4）管理策略不同。传统的人事管理侧重于近期或当前人事工作，就事论事，专注于眼前，缺乏长远思考，属于战术性管理。人力资源管理不仅注重近期或当前具体事宜的解决，更注重人力资源的整体开发、预测与规划。根据组织的长远目标，制定人力资源的开发战略措施，属于战术与战略性相结合的管理。

（5）管理技术。传统的人事管理照章办事，机械呆板，技术单一。人力资源管理追求科学性和艺术性，不断采用新的技术和方法，完善考核系统、测评系统等科学手段。

## 三、人力资源管理的学科特点

### （一）综合性

人力资源管理是一门相当复杂的综合性学科，具有综合性、交叉性、边缘性的特点，无论是进行学术研究还是实际的管理实践活动，都要涉及社会学、人类学、经济学、管理学、系统学、心理学和环境工程学等多个学科的知识。

（二）社会性

由于人力资源的社会性、能动性等特点，决定了人们之间在共同的有目的的活动中不仅具有市场经济关系和社会心理关系，也具有法律和道德关系，这些关系不仅是以社会心理为基础，更是以经济和社会利益、责任、权利为纽带而联系起来的。因此，在共同劳动过程中的人作为社会的一分子，必须遵守社会与组织的契约法律和道义，以保证这些关系的稳定并促进其改善。

## 四、人力资源的开发与优化

人力资源开发与优化是20世纪70年代以来逐渐被广泛使用的一个新概念，它立足于更好地使用人的能力和不断激发人的潜能，从而提高人的整体价值。目前西方国家许多公司纷纷成立由最高主管部门参与的人力资源开发中心，或把"人事部门"改作"人力资源开发与管理部门"，要紧密结合生产经营管理活动来培育人才和用好人才。人力资源开发是一种把人力当作一种财富的价值观。开发的内涵则在于发掘人的潜能和提高人的素质与能力。这种理念和思路主张通过一系列的方法和途径来系统地开发人的潜在能力，从而更有效地实现组织和个人的目标。因为认识到"人"是一种可开发、也必须开发的"资源"，就必须改变过去人事部门只是消极地"管住人"的局面。现在企业认识到必须对人进行培训教育和开发，才能使人不断适应新的环境和目标要求，提高和发挥人的价值。在新技术革命时代，只有充分认识这一点，才能在激烈的竞争中，使事业长盛不衰并不断发展。人力资源开发和人力资源管理是同一范畴内的两个概念，彼此各有侧重。一般来说，人力资源开发是比较重视员工内在素质和潜能的提高，强调重视个人内在的个性特征和包括知识结构、观念、气质、能力等在内的综合素质在组织的目标和活动的发展中得到发展。而人力资源管理则比较强调外在组织的需要，把人作为资源进行配置和使用。更进一步地说，组织的成长发展、企业的兴旺发达需要具备有效的员工个人能力开发的机制，使事得其人、人尽其才、才尽其用，这就是人力资源开发的真正含义。人有人的价值，所谓人的价值就是指人的知识技术、潜力及能力在一定组织条件下的实现程度。个人的性格、能力、气质是不同的，也就是各有所长和所短，若一个企业的管理者和领导者能善于组合应用各人之所长，使他们在各展所长的同时，形成配合默契的协作，则每人的能力和整个组织的工作效率和效益就能超越简单相加的结果，而产生一种价值量的创造性提升。

此外，在实现组织目标的过程中，采取积极的措施，使人与人、人与工作、人与组织之间相互一致，突出发挥优势互补、扬长避短的群体优化机制的作用，则能使企业人力资源的效能趋向于最佳利用状态。同时，不断引进高质量的人才和经常性地提高现有人力资源综合素质是人力资源开发与优化的一个重要方面。

总之，企业的人力资源管理、开发和优化是一个相辅相成、积极互动的机制。现代社会中，一个企业的兴衰成败，往往取决于这一机制是否能依托企业组织的系统功能和管理的职能而始终处于良好运行状态。

# 第五节 人力资本与人本管理

管理变革、战略转型、流程再造，在变革年代如何持续改进企业执行力；海外并购、市场逐鹿，面临国际化竞争如何进行跨文化管理；职场磨砺、优胜劣汰，经理人如何建立和经营个人职业品牌；在高峰对话和管理实践中，如何应对全球化潮流，如何建立先进型人力资本，是企业普遍思考的问题。在今天瞬息万变的市场竞争环境中，管理者们需要每天唤醒速度感和紧迫感，需要用人力资源战略、流程与技术来寻求新的突破。人才是企业的第一资源。企业在国际、国内市场的竞争，越来越聚焦于人才争夺。如何化人力为资本，通过有效的人力资本管理提升企业核心能力，创建和谐组织，实现企业均衡、可持续发展，日益成为管理者面临的最大挑战。企业识别、吸引、任用、管理、留住、培养人才，创建人才竞争力，实现人力资本保值增值，建设和谐组织，保证企业均衡发展和可持续发展等成为人力资源管理的主题。

# 一、人力资本

人力资本理论如前所说，是由美国经济学家 T.W.舒尔茨在 20 世纪 60 年代首先提出来的。此外，还有加里贝克尔、哈比森、爱德华·丹尼森等人。他们从不同的角度分析了人力资本理论。这些理论主要包括人力资本概念、人力投资的成本和收益、人力投资与经济增长、人力投资与社会受益等方面。

## （一）人力资本概念

按照当代经济学家的解释，资本有两种形式：一是物质资本，二是人力资本。物质资本包括它的质量或它所体现的技术水平，所以物质资本大小的精确表述，应当同它的质量或它所体现的技术水平联系在一起。人力资本的情况也是如此。各个劳动者的质量或工作能力、技术水平、熟练程度不一样；同一个劳动者在受一定的教育和训练前后，他的劳动的质量或工作能力、技术水平和熟练程度也是有差别的。所以，人力资本大小的精确表述，也应当同劳动者受教育和训练的状况联系在一起，同劳动者受教育和训练后质量的提高或工作能力、技术水平、熟练程度的增加联系在一起。

体现在劳动者身上的人力资本和体现在物质产品之上的物质资本有一定的相似性，如二者都对经济起着生产性作用；二者作用的结果都能使国民收入增加；二者都是通过投资才形成的，这些投资都意味着减少先期的消费，以换取未来的收入。

人力资本和物质资本之间的主要区别在于：物质资本的所有权可以被转让或被继承，人力资本（指体现在自由劳动者身上的人力资本）的所有权不可能被转让或被继承。

人力资本与物质资本之间不仅有相似性和区别，而且存在互相补充或替代的关系：用一定量的物质资本和一定量的人力资本可以产生一定的收入。用较少量的物质资本和用较多数量的人力资本，或用较多数量的物质资本和用较少量的人力资本，往往可以产生同等数量的收入。

### （二）人力投资的成本和收益

如前所说，人力资本有多种形成途径，教育是其中重要的项目。对教育的分析适用于对人力资本形成的其他项目的分析，因为理论上的处理是相似的。以下有关人力资本的分析，都以对教育的分析来说明。

1. 教育的成本

教育作为对人力投资的重要项目，其成本分为两类：一是教育费用；二是学生放弃的收入。教育费用又包括两个部分：一是政府拨出的经费；二是个人负担的学费。

学生放弃的收入是指学生由于上学而可能放弃的收入。这里的一个中心问题是机会成本概念。机会成本，是指人们放弃一种机会而由此可能造成的损失（指人们放弃种机会而由此放弃的收入）。例如，学生（假定只算初中以上的学生）面临着两种机会，一是上学，二是就业。如果学生选择上学，那么他就会由此放弃选择就业所损失的收入。如果学生不选择上学，而选择就业，但又没有那么多工作岗位可以容纳他们，那就假定他们帮助家庭劳动，从而家庭可以增加收入（或减少雇人的支出）。总之，学生只要继续上学，就意味着放弃了收入。

2. 教育的收益率

教育的收益是指个人通过教育而提高的未来的收入，教育的收益率是教育的收益的现值与个人获得教育的成本的现值之比。教育的收益率是个人判断在经济上是否有利的标准。

对个人而言，教育的收益率是递减的。在读初中时，个人用于教育的费用很少，因上学而放弃的收入微不足道，因而这时教育的收益率很高。进入高中以后，教育成本增加，教育收益率下降。进大学后，个人用于教育的费用越来越多，因上学而放弃的收入也越来越大。正因如此，学生年龄越大，面临的升学和就业的选择问题也就越尖锐。

由于上学占据了时间，受过教育的人的一生工作时间少于未受过这么多教育的人的工作时间。这对人们一生可能取得的收入总量是有影响的，这也会影响人们在升学与就业之间的选择。

工资率的差异对教育的收益率的大小有双重影响：一方面会影响教育的收益，即人们受教育后的未来收入；另一方面影响教育的成本，即学生上学所放弃的收入。教育的收益率影响人们升学和就业的选择。因此，可以通过工资率差异的调整来对升学与就业的选择。

（三）人力投资与社会受益

人力资本投资不仅有益于个人，也有益于社会。例如，一种新的发明创造是人力资本投资的结果，没有教育，发明创造者就不可能获得这种发明创造的能力。发明创造人因此而增加了个人的收益。但是，这种发明创造也有利于社会，推动了社会经济的发展，改善了劳动条件和生活条件，扩大了就业，提高了人均国民收入水平等。

社会经济收益有一部分是可以计算出来的，如国民收入的增加等，但是也有部分是难以计算出来的，如生活和劳动条件的改善等。因为教育支出而得到的好处，不会全部归于个人，其中有相当一部分会归于社会。

## 二、人本管理

人本管理是一系列以人为中心的管理理论和管理实践的总称，自从人本管理理论诞生以来，对人本管理的理解就仁者见仁，智者见智，尚未形成一个权威的定论。

有的学者将人本管理概括为"3P"管理，即 Of The People（企业最重要的资源是人和人才）；By The People（企业是依靠人进行生产经营活动）；For The People（企业是为了满足人的需要而存在）。基于这一理论，有人提出现代企业管理的三大任务是创造顾客、培养人才和满足员工需要，人自始至终处于企业管理的核心地位。

有的学者将人本管理划分为五个层次，即情感管理、民主管理、自主管理、人才管理和文化管理。按照这一逻辑，人本管理实践认可企业目标和员工目标的一致性，建议采取目标管理、合理化建议、员工持股等多种方式增强员工参与管理的积极性；同时，以情感、文化凝聚人心。

有的学者把人本管理划分为两个层次：第一层次是首先确立人在管理过程中的主导地位，继而围绕着调动企业员工的主动性、积极性和创造性去开展企业的一切管理活动；第二层次是通过以人为本的企业管理活动和以尽可能少的消耗获取尽可能多的产出实践，来锻炼人的意志、脑力、智力和体力；通过竞争性的生产经营活动，达到完善人的意志和品格，提高人的智力和体力，使人获得超越生存需要更为全面地自由发展。

有的学者定义人本管理的含义是以科学为先导，以激励和价值先导为中心，提倡以团队和授权为导向，充分发挥企业员工智能参与的水平，强化各种人本要素，包括员工的意愿、管理力量、协调、交流和素质，确保企业的发展和回报并行同步。

有的学者通俗地把人本管理看作把人当人看，把人当人用，充分考虑个人的特点，尊重个人的个性，理解个人的情感与追求；同时在人与物的关系中，重视人与物的差别，做到人与物的协调，而不是使人成为物的附庸或一部分。

有的学者认为人本管理就是以人为本、以人为中心的管理，指在现代社会政治、经济和文化条件下，企业的管理活动以人作为管理的主要对象，最大限度地满足企业全体员工正当的物质需要和精神需要为基本途径以达到开发、利用企业的人力资源，从而实现企业目标，并进而逐步实现组织内全体员工自由和全面的发展。

从上述列举可以看出，对人本管理的理解各自有其重点和侧重，但笔者认为，把这些方面作为对人本管理的理解是可以的，但如果作为人本管理的含义却不妥当。因为上述关于人本管理的含义并没有涵盖人本管理的实质，而只涉及了人本管理的某一方面。人本管理不是管理上的灵丹妙药，既不是一种管理制度或管理技术，也不是简单地就是为了调动员工工作积极性而采取的一系列管理办法，更不是变化了说法的口号。事实上，人本管理是从管理理念、管理制度、管理技术、管理态度到管理方式的全新转变，涉及管理者和全体员工从心理到行为的全面革命。

因此，人本管理的含义可以概括为：人本管理是一种把"人"作为管理活动的核心和组织最重要的资源，把组织全体成员作为管理主体，从尊重人性的角度开发和利用组织的人力资源，服务于组织内外的利益相关者，达到实现组织目标和成员个人目标的管理理论和管理实践的总称。

## 第六节　国际视野下的人力资源管理发展、演变与模式比较

### 一、国际视野下的人力资源管理与企业持续发展

#### （一）从人事管理到人力资源管理

1913 年，福特公司的人员流动率高达 380%，这对其流水线生产模式构成了极大挑战。1914 年，福特公司实行每天工作 8 小时、工资 5 美元的制度，取代了原来每天工作 9 小时、工资 2.34 美元的制度。因此，流动率过高的矛盾得到了解决，并吸引了更多的高质量劳动力，从而稳固并提高了生产力。福特当时的这一举动并不为世人所理解，但取得的惊人效果连福特都称之为"我所做出的最明智的降低成本的决策"。这说明了即使在对劳动力要求不高的工业化前期，单纯以压缩劳动力成本来获利的手段也并不总是明智的。

尽管如此，对于劳动力是一种创造性资源的看法仍为社会所忽视。因此，

德鲁克在提出"人力资源"概念的同时，对当时的人事管理也提出了批评，他认为当时的人事管理存在三个错误的基本认识。1. 认为员工不想工作。2. 把人事管理作为专业人员的工作而不是经理的工作。3. 把人事管理活动看成是类似于"救火队的工作"，而非积极的和建设性的工作。不过直到20世纪80年代以前，德鲁克的这些真知灼见影响并不大。虽然像巴克、皮格尔斯、迈尔斯、彼得森等很多学者对人力资源管理进行了进一步的拓展性研究，但对其管理实践的影响更多地体现在称谓的变化上。

进入20世纪80年代，世界发生了一系列的根本性变化，经济全球化日趋明显，技术跃迁呈现非线性模式，劳动就业法规更加完善，发达国家人口转变的完成也导致了年轻劳动力数量的急剧下降。在这一背景下，企业的产业跨度与经营区域跨度均呈现急剧扩大趋势，人力成本在总成本中所占的比例也越来越大，尤其是激烈的竞争导致企业的赢利模式从靠成本、质量取胜转向了靠服务、创新取胜，因而对于员工素质，以及员工管理均提出了一系列要求，使企业开始真正重视劳动力的资源属性与人性要求，并从企业战略的角度思考员工管理问题，从而推动了人事管理向人力资源管理的转变。

从人事管理向人力资源管理转变尽管是一个企业部门管理领域的革命，但是其影响却是超越部门乃至企业范围的。首先，它使人本主义在社会生活的最重要单位——企业中有了得到体现的可能性，尽管实施人力资源管理是企业迫于赢利模式转变和提高经营绩效的组织需要，但是，由此带来的人力资源意识与工作生活质量的提高对于整个社会来说具有历史进步意义。其次，人力资源管理模式的转变要求企业对人性假设与管理哲学做出根本性的改变，人不再被视作成本而是成了能够创造财富的资源乃至资本，从而使整个管理模式发生从以物质资本为核心向以人力资本为核心的彻底改变；最后，改变了社会对工作和劳资关系的认识，在人力资源管理模式中，人事管理人员认为员工工作不仅是为了谋生，更是为了发挥自身潜能、实现自身价值，因而目标管理与自我管理将在很大程度上取代监督与控制，这也要求雇主与雇员、管理者与被管理者的关系做出应有的从对立向协作的调整。

当然，在承认这些进步性的同时，我们也必须看到，这一转变需要一个长期的历史过程。即使是在已经进入后工业化社会的发达国家，这一过程也仍然在继续。从美国 20 世纪 90 年代的个案研究结果来看，人力资源管理模式真正实现转变的公司都是一些大公司或高科技产业公司，这些企业所占的比例仍然很少。英国的情形也大致类似。出现这一情形是可以理解的。学界和企业界对于人力资源管理的认识仅二三十年，世界顶级的商学院——哈佛商学院，也只是在 1981 年才专门开设了"人力资源管理"这一课程。而人力资源管理模式的提出，既是西方学者对于实践中的转变现象进行总结的结果，同时也是对于未来知识社会员工管理模式进行推演的结果。即使对于美国这样的发达国家，我们也并不能认为它已经完全进入了知识社会，因此，人力资源管理模式的实践更可能发生于人才密集型的科技型企业中，而对于整个社会来说，劳动力需求大于供给应是转变完成的一个基本条件。

但是，不管怎么说，这种转变已经发生和正在发生，至少是人力资源的意识已经越来越广泛和深刻地影响和渗透到各种类型的企业中。今天，无论是像微软这样的人才密集型的高科技企业，还是像沃尔玛这样的以普通劳动者为主体的服务型企业，都无一例外地强调其人本管理的哲学与人力资源管理的特色。因为它们已经意识到人力资源及其管理水平的差距将决定企业发展的差距。

## （二）人力资源管理与企业持续发展

1945 年以后，尤其是 20 世纪 80 年代以来，全球的商业环境越来越复杂多变，企业的成功与繁荣似乎成了昙花一现、转瞬即逝的事。美国波士顿咨询公司曾经对《财富》杂志列出的世界 500 强企业进行的跟踪调查发现，20 世纪 50 年代的 500 强企业，近一半在 20 世纪 90 年代 500 强企业的名单中消失了；而 20 世纪 70 年代列出的 500 强企业，到 90 年代也有近 1/3 在名单中消失了。企业的命运多舛、前景难定，促使了经济与管理学界对于企业的绩效差异与"长寿"秘诀的深入研究，并得出了与杜拉克相近的结论。

早在 20 世纪 30 年代末，哈佛大学的梅森和贝恩就提出了"SCP 范式"，他们认为企业间绩效（Performance）的差异是由企业外部的市场结构

（Structure）和市场行为（Conduct）所决定的。在此基础上，波特在 20 世纪 80 年代初提出了至今仍然具有深远影响的竞争战略理论，他认为企业竞争成败的关键，在于选择一个具有长期盈利能力的产业并在此产业中取得一个有利的竞争地位，而竞争地位可以通过一定的策略手段如一体化、合谋、市场定位等得以实现，并受到各种形式进入壁垒的保护。

根据波特理论推导出的逻辑结果，企业的竞争优势主要源于企业的产业与市场定位，在一个产业内或细分市场中，所有企业的盈利状况应该是基本一致的。然而，事实并非如此。在 1972—1992 年期间，美国 5 个业绩最好的上市公司所处的行业分别是零售、航空、出版和食品加工业，这些行业的显著特点是进入壁垒不高、竞争激烈、破产风行，这也从现实的角度对波特的观点给予了证伪。因此，正如有的学者指出的，"很明显，最重要的超额利润的源泉是企业具有的特殊性，而非产业内的相互关系"。也就是说，企业的绩效差异并非决定于外生性的力量，而是主要取决于企业自身。

20 世纪 80 年代后期，学者们将探索的目光与研究的着眼点从企业外部转移到了企业内部，"企业资源理论"应运而生。然而并非所有的资源都可以成为企业高额利润率的来源，在竞争比较充分的市场上，资源是可以通过市场交易获得的。因此，企业获利的多寡，显然与对大多数企业都具有普遍性的资源之间不存在着明显的因果关系。当透过表象从更深层次来思考问题时，人们意识到是隐藏在资源背后的企业配置、开发和保护资源的能力决定了企业绩效的差异，"企业能力理论"也由此得以提出。那么，究竟又是什么决定了企业的能力？什么才是决定企业绩效差异更为根本性的力量呢？这种刨根究底式的追问，导致了"智力资本理论"和"知识管理理论"的产生。

进入 21 世纪，知识经济已经初露端倪，企业价值的主要来源已经从有形资产转向了无形资产，企业竞争优势与获利根源的决定性力量，应当是企业的知识存量，以及与此密切相关的核心能力，而这种力量又主要来自知识的载体——企业所拥有的人力资源。因此，追本溯源，人力资源才是决定企业获利与竞争优势的本源性力量。人力资源潜能的大小、释放的程度，以及持续的时间，将决定企业兴衰的生命周期和是否具有持续发展能力，而这一切又直接取决于企业的人力资源管理水平。

人力资源是企业持续发展的源泉，人力资源管理水平决定企业发展水平的差距这一观点，已经不仅仅是学界的一种共识，也得到了包括企业界在内的社会各界的广泛认同。全球知名的民意测验和商业调查/咨询公司——盖洛普公司，通过对健康企业的成功要素之间的相互关系进行多年的深入研究，建立了一个模型，来描述员工个人表现与公司持续发展和整体增值之间的路径，即著名的"盖洛普路径"。该研究表明，成功的企业只有从发现优势、因才使用入手，练好"软功夫"，形成由优秀经理与敬业员工构成的优秀员工队伍，才能赢得忠实客户，获得持续发展，进而获得实际利润增长和股票增值这样的"硬功夫"。

创立于 1989 年的欧洲质量管理基金会（EFQM），是一家不以营利为目的的会员式组织，是那些在本行业和市场中追求领先地位的组织的基本智慧源泉之一，拥有来自世界各地的 700 个会员组织及有价值的合作伙伴。它创设的欧洲质量奖（现更名为 EFQM 卓越奖），是欧洲最权威和最具信誉的组织卓越奖，这一奖项每年都评选出世界顶尖级的组织。基金会每年授予那些被判定为本行业最佳的组织奖项，最高奖的获得者是在管理方法和所取得的成果方面，被公认是欧洲或者全球榜样的组织。同时，EFQM 还是 EFQM 卓越模型的创始者和管理者，EFQM 卓越模型为组织提供了达到和衡量成功的指南。而在这一模型中，涉及人力资源管理的"人事管理"与"员工满意度"两项指标，占到了整个分值的 18%。

无独有偶，在美国国家质量奖（即鲍德里奇国家质量奖）的评选标准中，"人力资源开发与管理"这项指标的比重也设定在与"EFQM 卓越模型"相近的 15% 的水平上，这说明了对于人力资源管理重要性的共同认识。

而对于企业来说，最易被人接受的体现企业价值的指标当属财务指标。1992 年，一家公司股票市值的约 50% 取决于其资产值和财务表现；到了 1997 年，资产和财务表现仅仅决定市值的 20%。以微软公司为例，其不动产、厂房及设备等有形资产自上市之日起就没有超过过其市值的 1/10，一直发展到今天的 4 000 亿～5 000 亿美元规模时，情况还是如此。无论是金融界还是会计界，都比较一致地认为公司市值超过其账面价值的部分，主要是品牌、人力资本这类无形资产的价值。这也直接反映了在知识经济时代，决定企业能否持续发展的更重要的在于无形资本，尤其是人力资本。

## 二、国际视野下的人力资源管理模式比较

### （一）日本的人力资源管理模式

1. 日本传统的人力资源管理模式

日本的企业无论大小都非常重视人的作用，是以人为本管理模式的先驱和鼻祖。在传统东方文化的熏陶下，日本企业界普遍认为，员工积极性的充分发挥，在很大程度上取决于企业内部良好的"人际关系"，因此，企业应当使员工在感情上将企业当作自己的"家"，在利益上愿意与企业"共命运"。"终身佣制""年功序列工资制"和"企业内工会"就是这种观念的产物。这三大制度，不仅被认作是促进日本战后经济腾飞的"三大神器"，也被视为日本传统人事制度的显著特征，至今仍被许多企业，特别是大部分制造业保持着。

"终身雇佣制"是指企业在劳动者达到预先规定的退休年龄之前对其进行持续雇用的制度。如果没有特殊情况（如企业倒闭等），即使是在企业经营困难时期，雇主也往往"说服"工人用降低人均工资、"三个人的饭五个人吃"的办法来"共渡难关"。这一制度的主要优点，首先在于加强了员工对企业的信任感和忠诚度，使员工真正将企业视作了"家"；其次也使企业更愿意从长远的角度，加大对员工培训的投入。

"年功序列工资制"是一种把"资历工资"和"能力工资"结合起来的工资制度。年龄的大小和连续工龄的长短，不仅是决定员工工资高低的重要因素，还是决定职务晋升的主要依据。在学历、能力和贡献大小相差不很悬殊的情况下，谁的连续工龄长，谁就会被优先提拔。日本企业界认为，用论

资排辈的方法评估员工的工作成就，可以去掉许多评估中不客观的因素，并有利于团体主义文化的形成和巩固。

"企业内工会"是日本工会组织的一大特征。其做法是只要是本企业的正式职工，不论工种如何都被统一组织在一个工会之中。由于日本企业一般采用终身雇佣制，所以管理者年轻时为该工会会员是极其普遍的现象。因此，经营管理者与工会成员彼此熟悉、容易沟通，大大减少了恶性冲突发生的可能性。即使出现了矛盾，工会组织也容易达成妥协把危机化解于萌芽状态，不至于因跨行业而使矛盾复杂化。"企业内工会"有助于劳资关系的协调和企业的稳定发展。

以这三大制度为基础，日本企业在人力资源管理的各个环节上均表现出较为明显的日本特色。

2. 日本传统人力资源管理模式的演进

日本企业传统的人力资源管理模式是一种面向长期利益的模式，其优点是使员工具有安全感、团队精神和敬业精神，有利于企业的长远发展。但是，其缺陷也是明显的，尤其是重资历、忽视能力并且收入差距较小的年功序列工资制，在很大程度上抑制了年轻员工和中高层管理者的工作积极性和创造性。因此，进入20世纪90年代，随着世界高新技术产业的风起云涌，日本经济的衰退以及员工队伍的老龄化和劳动价值观的多元化，使得传统的人力资源管理模式受到了日益严峻的挑战，变革成了历史的必然。这些变革主要体现如下。

第一，终身雇佣制有所动摇，雇员的流动化倾向加强。据有关统计，在1994年，采取终身雇佣制的企业约占日本企业总数的98.8%，而目前已降为54%左右。现在企业职工主要由留用职工、合同职工和临时工三部分人组成。相应的，企业除了从学校招聘人才外，也开始注重从市场中招聘和吸纳中高级人才。

第二，从年功序列工资制转向能力主义工资制。据一项权威调查，目前，日本引进年薪制的企业大约占三成，并且还有继续上升的趋势。在研究开发成果的处理上，近年来也有不少企业一改过去强调企业利益而忽视个人权益的做法，加大了对在研究开发上有贡献的员工的奖励，实行了浮动奖金制，有的企业甚至提出"对科技发明的奖金上不封顶"。

第三，引进"多通路职业生涯系统"。自20世纪90年代以来，日本企业的低速增长和组织结构的扁平化改革，使企业内部的晋升机会大大减少，白领雇员过剩的问题日趋恶化。为了减轻雇员在职业生涯早期就产生的心理损害和与企业的疏离，很多企业将过去只有在管理职位上晋升这一条通路扩大为可以在多条通路上晋升，最典型的就是增加在技术方面功能性专家的晋升之路。同时，还通过倡导所谓"自由的工作体系"（即弹性工作制）和给员工以挑战性的工作等方式，来提高雇员的工作满意度。

第四，在职工培训方面，从重视企业内"通才"的培养拓展到培训跨行业的"复合型人才"。尤其是对于技术人员，为适应技术高度复合化、集成化的形势，企业加大了综合技术培训的力度。有些企业还确立了国际化的培训目标，向职工提出掌握外语和提高处理国际经济事务能力的要求，并为跨国工作轮换创造条件。

### （二）美国的人力资源管理模式

#### 1. 美国传统的人力资源管理模式

20世纪70年代中期以后，日本经济的崛起，尤其是制造业对美国同行的强烈冲击，使越来越多的美国企业开始对传统的管理方式，包括人力资源管理模式进行深刻的反思和必要的修改。但是由于文化与国情的差异，历史上形成的美国企业人力资源管理模式的主要特点仍然部分地保存着，在一些中小企业甚至没有多少变化。

第一，市场配置为主。美国是世界上最发达的市场经济国家，劳动力市场也非常发达，企业人力资源的获取对劳动力市场的依赖非常强。无论是操作工人还是高层经理，企业一般都采用市场手段，通过劳动力市场或者猎头公司来获得。对于不再需要的人，企业也会不计情面地按照法定程序予以解雇。这也导致了未来的求职者从选择学校和专业时起就开始关注劳动力市场的走向。在就业之后，员工如果对工作或者雇主不满意，也可以随时更换工作。因此，美国实行的是任意就业政策，企业与员工的关系基本上就是短期的市场买卖关系，员工的流动性很大。社会对经常变换工作的人员不仅不歧视，反而认为他们是有能力和具有市场价值的人。

第二，制度化管理。秉承泰勒的科学管理理念，美国企业的管理历来讲究制度化和程序化，在人力资源管理上也不例外，其突出表现就是非常重视工作分析。毫不夸张地说，美国是世界上最重视工作分析的国家之一，全国各行各业有 20 000 多种职称。在企业中谁在什么位置或干什么工种，以及每一工种对工作人员的素质与技能的要求、工作岗位的职责等，都有详尽的明文规定。不同位置和工种的工作人员是不能随便交叉使用和"侵权"的。这种分工提高了管理效率，同时为企业的选才、用才提供了公平合理的依据。

第三，注重个人激励的刚性工资制度。美国是一个个人主义盛行的国家，在对员工的激励方面也更多地偏重于以个人为激励对象，在工资制度上与日本企业的最大区别是注重个人表现而不是年龄和资历，企业中优秀员工与落后员工之间的工资福利差别相当大。同时，由于工资确定的基础是职务分工，因此 CEO 和高级管理人员的年收入（包括奖金、股票等）可以达到几千万甚至上亿，其年收入是普通员工工资的几百倍。

第四，紧张的劳资关系。从传统上看美国企业的人力资源管理模式应属于技术型，在管理理念中将劳资关系视作一种纯粹的经济契约关系。他们认为企业管理是管理者的事，员工的职责就是完成上级下达的工作任务，其劳动贡献通过工资就可以补偿，没必要也不应该参加管理，更无权过问企业的经营情况。由于不了解企业的经营状况，加上与管理层收入的悬殊差距，因此员工对企业缺乏信任感和归属感，对管理者怀有对立情绪，相对于日本企业而言，美国企业的劳资关系比较紧张。

2. 美国传统人力资源管理模式的演进

美国企业传统的人力资源管理模式具有市场化、制度化和注重个人激励等特点，在满足个人选择、简化人际关系和激发创造力等方面具有较好的作用。尤其是强物质激励的高薪政策，对于吸引世界各地，特别是发展中国家的优秀人才功效显著。在市场环境急剧变化、对技术创新要求高的行业中，这种模式的优越性体现得更为明显。但是，这种模式也带有明显的急功近利和短期行为的倾向，易引发员工责任心较弱、跳槽频繁、劳资关系紧张等现象，对于企业的永续发展来说也是非常不利的。20世纪70年代中期以后，日本企业的成功崛起推动了美国企业向日本企业的学习，促进了其在管理方式上的变革，这种变革也折射到了人力资源管理领域。变革具体体现在两个方面。

第一，人力资源管理在企业中地位的提升。尽管20世纪初美国企业就建立了人事部，但直至20世纪80年代之前，在美国的企业中，人力资源管理基本上就没有地位，只不过是一个附设机构，不仅权力有限，而且人事经理的工资和级别也很低。这主要是由于长期以来美国企业拥有优越的资源条件、雄厚的资金技术力量和发达的劳动力市场，使其能够凭借规模经济效应获得产品的国际市场竞争力。但是，20世纪70年代的石油危机和货币危机给美国的传统制造业造成了很大冲击，而与此同时，日本企业却在国际市场上大出风头。这一切使美国的企业管理研究者和实际工作者开始了对日本模式的研究，他们发现日本企业效率高的主要原因在于其独特的"以人为本"的管理方式。因此，20世纪80年代以后，美国的大公司普遍将人力资源管理放到了公司发展战略的高度来考虑，进入20世纪90年代，随着高新技术企业的崛起，这一趋势有增无减。这一趋势被认为是20世纪80年代以来美国企业管理的一个最大变化。

第二，学习和借鉴日本企业人力资源管理模式中的有效做法。美国企业界，尤其是那些受到日本企业巨大冲击的汽车业、家电业，在20世纪80年代出现了向日本企业学习管理经验的浪潮。如美国通用汽车公司与日本的丰田汽车公司在加州的合资企业，就将日本式的就业制度、劳资关系处理方法以及生产零库存等结合起来，对日本管理模式的学习和引进进行了十分有益的尝试。又如福特汽车公司和克莱斯勒公司（现为戴姆勒—克莱斯勒公司）也在加强员工培训、吸收一线员工参与管理等方面取得了一定的成效。与此同时，美国的金融业和服务业也开始重视对人才的长期培养。如今，诸如企业文化、员工培训、福利计划等做法已经为众多的美国大企业所接受和采纳。

因此，可以这样认为，是日本人教会了美国人重视人力资源的作用，转变了美国人原先漠视人力资源管理的态度。只不过美国企业对日本企业的学习是有所取舍的，如日本模式中的终身雇佣制、论资排辈和统一决策等就被舍弃了。而且，富有戏剧性的是，在推进企业的人本管理方面，美国这一"学生"在20世纪90年代以后已经超过了日本"先生"。

## 三、国际视野下的人力资源管理发展趋势展望

### （一）人力资源管理理念上的变化

"没有满意的员工就不会有满意的顾客"，这一观点已经成为国外成功企业的共识。查阅国外那些基业长青企业的文化体系不难发现，这些企业无论采用何种语言或是表达方式，均将员工视作企业最宝贵的财富，将"以人为本"奉为企业核心的管理理念；考察这些企业的人力资源管理模式也不难发现，这些企业已经抛弃了以监督与控制员工为主的模式，转向了以领导与激励员工为主的模式。

这些变化归根结底源自人力资源管理理念的变化，即企业不再将员工视作"逃避工作、喜欢偷懒的人"，而是将其视作"愿意承担责任、能够自我指导与控制的人"。人力资源管理理念的变化实际上是对传统人性假设的反省，它既是行为科学进步、社会环境变迁诱致的结果，也是知识员工和客户导向型企业大量涌现的结果。毫无疑问，尊重、理解、信任和关心员工，将成为未来企业成功的重要"基因"。

### （二）人力资源管理认识上的变化

随着知识对企业贡献率的不断增加，人力资源管理得到了越来越多的重视，它已经开始从维持辅助的事务性层面，上升到了获取竞争优势的战略性层面，"战略性人力资源管理"在更大范围内和更大程度上从理论走向现实。人力资源管理正在日益成为与企业中各个层面的管理人员（包括各级直线经

理乃至 CEO）都息息相关的事，而不再只是人力资源管理部门的事；人力资源管理部门也从后台走向了前台，它不再只是企业发展战略的一个执行者，而是在参与甚至主导企业战略的决策过程中发挥作用。

例如，美国思科公司在每一次并购行动中，都要求有人力资源管理专家参加，对并购对象的人力资源状况进行全方位的考察和评估，而且不止一次地，仅仅是因为并购对象与思科的企业文化不相容、员工队伍难以融合而导致了并购行动的搁浅。正如该公司总裁钱伯斯所言："与其说我们是在购并企业，不如说我们是在购并人才。"

### （三）人力资源管理重心的变化

技术日新月异的变化，知识员工队伍的扩大，使人力资源管理的重心从原来对可用性的重视转向了对发展性的强调，建立以核心能力为中心的人力资源管理体系成了一种趋势。越来越多的企业意识到组织学习是组织不断提高并持续保持环境适应能力的主要途径，他们开始致力于学习型组织的建设和加强对知识的管理，组织学习的有效性和知识的贡献率成了衡量人力资源工作绩效的重要标准。同时，职业生涯设计和继任者计划也成了企业留住核心员工的不可或缺的管理工具。

# 第二章 人力资源基本管理模式

## 第一节 绩效管理

### 一、绩效管理概述

绩效管理是人力资源管理的核心职能之一。学术界对绩效管理的认识仍存在争议，争议的焦点主要在于绩效管理的对象或客体。根据绩效管理对象的不同，人们提出三种不同的绩效管理模型：绩效管理是管理组织绩效的系统，绩效管理是管理员工绩效的系统，绩效管理是管理组织绩效和员工绩效的综合系统。

从组织角度进行绩效管理，是为了提高组织绩效，实现组织的总体目标。这种观点的核心在于设计组织战略，并通过组织结构、技术系统和程序等来加以实施。主要从组织的角度来考虑绩效目标的设置、绩效改进和考察，员工虽然会受到影响，但不是主要的分析重点。例如，布瑞德鲁普从组织绩效的角度分析绩效管理，认为绩效管理主要包括绩效计划、绩效改进和绩效考察三方面的内容。绩效计划是系统地阐述组织的预期目标和战略，并界定绩效等活动；绩效改进则包括组织流程再造、持续改进、标准化和全面质量管理等过程；绩效考察是指确定绩效评价标准的设计和绩效评价。

另一些学者认为绩效管理是管理员工绩效的系统。持此观点的学者认为，绩效管理是组织对员工关于其工作绩效及发展潜力的评价和奖惩，认为绩效管理有周期性。例如，艾恩斯沃斯和史密斯认为绩效管理分为绩效计划、绩效评价和绩效反馈三个过程。托瑞顿和霍尔将绩效管理分为绩效计划、支持和绩效考察三个步骤。这些学者的观点在绩效管理系统的具体构建方面各有不同，但他们存在一些一致的观点。绩效管理的主要考虑对象是员工个体，首先管理者和员工一起设置绩效目标并与其达成一致的承诺；其次对实际期望的绩效进行客观衡量或主观评价；最后通过反馈进行调整，确定员工可接受的绩效目标，并采取具体行动实现绩效目标。

第三种观点认为绩效管理是管理组织绩效和员工绩效的综合系统。这种观点不是前两种观点的简单加总，而是认为绩效管理是管理组织绩效和员工绩效的综合系统。一些综合绩效管理模型旨在提高组织绩效，但却强调对员工的干预。例如，考斯泰勒认为绩效管理通过将各个员工的工作与整个工作单位的宗旨联系起来，共同支持组织整体目标的实现。事实上，任何组织进行绩效管理的目的都是实现组织目标。因此，对员工的绩效管理总是发生在一定的组织背景中，离不开特定的组织战略和组织目标；而对组织的绩效进行管理，也离不开对员工的管理，因为组织的目标是通过员工来实现的。这些观点说明，必须在几个层次上进行绩效管理，在一个极端是管理组织绩效，在另一个极端是管理员工绩效。而更全面的模型应涉及组织、个人和介于两者之间的各个层次。

从人力资源管理角度来看，更多地关注员工个体的绩效。如果把绩效界定在个体层面上，可以把绩效管理界定为在特定的组织环境中，与特定的组织战略、目标相联系，对员工的绩效进行管理以期实现组织目标的过程。

绩效管理的根本目的就是让组织的每一位员工每天的工作行为都与组织的战略紧密相连。科学完善的绩效管理系统应该能够帮助组织实现组织目标，使组织和员工实现双赢。具体来说，绩效管理的目的有三个层次：战略性目的，即有效的绩效管理有助于组织实现战略目标；管理性目的，即组织可以以绩效管理系统为基础进行员工薪酬福利和员工认可计划等方面的管理决策；发展性目的，即绩效管理成为员工丰富专业知识和提高工作技能的基础。

## 二、绩效管理系统

组织为了实现经营计划与战略目标，必须建立高效的绩效管理系统。关于绩效管理系统的组成，不同的学者提出了不同的观点。例如，英国学者理查德·威廉姆斯把绩效管理系统分成四个部分：指导/计划，即为员工确定绩效目标和评价绩效的标准；管理/支持，即对员工的绩效进行监督和管理，提供反馈和支持，帮助他们排除制约绩效目标完成的障碍；考查/评价，即对员工的绩效进行考查和评价；发展/奖励，即针对绩效评价结果，对员工进行相应的奖励、培训和安置。多数学者认为，绩效管理系统包括绩效计划、绩效辅导、绩效评价、绩效评价结果反馈与运用等方面。组织的绩效管理系统通过管理者与员工共同参与的绩效计划、绩效辅导、绩效评价，以及绩效评价结果反馈与运用等过程，以确保实现并不断提高组织绩效目标。

### （一）绩效计划

绩效计划是管理者和员工共同讨论以确定员工绩效周期内应该完成的工作任务和实现的绩效目标的过程。作为整个绩效管理过程的起点，绩效计划阶段是绩效管理循环中最为重要的环节之一。不过，并不是说绩效计划一经制订就不可改变，环境总是在不断地发生变化，组织在实施计划的过程中往往需要根据实际情况不断地调整绩效计划。

为了制订出合理的绩效计划，管理者与员工通过双向的互动式沟通，在制定绩效周期内的绩效目标和如何实现预期绩效的问题上达成共识。绩效计划的内容除了最终的个人绩效目标之外，还包括员工应采用什么样的工作方式，付出什么样的努力，进行什么样的技能开发等，以达到计划中的绩效结果。

一方面，为了使绩效计划能够顺利地实施，在绩效计划阶段，必须使员工参与。员工参与是绩效计划得以有效实施的保证。社会心理学家认为，由于人们对于自己亲自参与做出的选择投入程度更大，从而增加了目标的可执行性，有利于目标的实现。另一方面，由于绩效计划不仅仅要确定员工的绩效目标，更重要的是让员工了解如何才能更好地实现目标，员工应该通过绩效计划中的互动过程了解组织内部的绩效信息沟通渠道，了解如何才能够得到来自管理者或相关人员的帮助等。从这个意义上讲，绩效计划的过程更加离不开员工的参与。

在绩效计划阶段，管理者和员工应该经过充分的沟通，明确为了实现组织的经营计划员工在绩效周期内应该做什么事情，以及应该将事情做到什么程度，也就是明确员工的绩效目标。设置绩效目标是绩效计划阶段必须完成的重要任务。

（二）绩效辅导

绩效辅导阶段在整个绩效管理过程中处于中间环节，也是绩效管理循环中耗时最长、最关键的一个环节，是体现管理者和员工共同完成绩效目标的关键环节，这个过程的好坏直接影响着绩效管理的成败。

绩效管理强调员工与管理者的共同参与，强调员工与管理者之间形成绩效伙伴关系，共同完成绩效目标的过程。这种员工的参与和绩效伙伴关系在绩效辅导阶段主要表现为持续不断的沟通。具体来讲，绩效辅导阶段主要的工作有持续不断的绩效沟通、收集信息形成评价依据。

绩效沟通贯穿于绩效管理的整个过程，在不同阶段沟通的重点也有所不同。在绩效计划阶段，沟通的主要目的是管理者和员工对绩效目标和标准达成一致。管理者对部门或团队的工作目标进行分解，并提出对于每一成员的目标要求。员工则根据分解给本人的工作任务制订详细的工作计划，提出绩效周期内要完成的主要工作任务和要达到的标准，并就这些内容与管理者进行反复的沟通。双方达成一致后，这些绩效目标和标准就成为绩效周期末评价员工绩效的依据和标准。在绩效辅导阶段，沟通的目的一方面是员工汇报工作进展或就工作中遇到的问题向管理者寻求帮助和解决办法，另一方面是管理者对员工的实际工作与绩效计划之间出现的偏差进行及时纠正。

在绩效评价和反馈阶段，员工与管理者进行沟通主要是为了对员工在绩效周期内的工作进行合理、公正和全面的评价；同时，管理者还应当就员工出现问题的原因与员工进行沟通，详细分析并共同确定下一绩效周期改进的重点。绩效辅导阶段的沟通尤其重要。员工与管理者共同确定了工作计划和评价标准后，并不是说就不能改变了。员工在完成计划的过程中可能会遇到外部障碍、能力缺陷或者其他意想不到的情况，这些情况都会影响计划的顺利完成。员工在遇到这些情况的时候应当及时与管理者进行沟通，管理者则要与员工共同分析问题产生的原因。如果属于外部障碍，在可能的情况下管理者则要尽量帮助下属排除外部障碍。如果是属于员工本身技能缺陷等问题，管理者则应该提供技能上的帮助或辅导，帮助员工达成绩效目标。

同时，在绩效辅导阶段员工有义务就工作进展情况向管理者汇报。通过这种沟通，使管理者能够及时了解员工的工作进展情况。管理者有责任帮助下属完成绩效目标，对员工出现的偏差进行及时的纠偏，尽早发现潜在问题并帮助员工及时解决问题，这样对员工工作的顺利进行是大有裨益的。

在绩效辅导阶段，管理者在与员工保持绩效沟通和辅导的同时，还有一项重要的工作就是进行信息的收集和记录，为公平、公正地评价员工的绩效水平提供依据。具体来说，信息收集的主要目的在于为绩效评价、绩效诊断、绩效改进提供事实依据。绩效评价结果的判定需要以明确的事实依据作为支持，尽管绩效周期初确定的工作目标或任务可以反映一些问题，但也不足以完全证明员工按照规程、制度进行了操作。通过过程收集或记录的信息，就可以作为对员工绩效诊断和绩效评价的重要依据。

（三）绩效评价

绩效评价是绩效管理过程中非常重要的环节。绩效评价是针对组织中每位员工所承担的工作，通过应用各种科学的方法，对员工的工作行为、工作结果及其对组织的贡献或价值进行考察和评价，并将评价结果反馈给员工的过程。

绩效评价是一项系统工程，涉及组织战略目标体系及其目标责任体系、评价指标体系设计、评价标准及评价方法等内容，其目的是做到人尽其才，使员工的能力得到淋漓尽致的发挥。为了更好理解绩效评价这个概念，首先要明确绩效评价的目的及重点。组织制定了战略目标之后，为了更好地实现战略目标，需要把目标层层分解到组织内部各个部门及各个组织成员身上，要保证组织内部每个人都有任务。绩效评价就是对组织成员完成工作目标的跟踪、记录、评价。

为了提高绩效评价的有效性，组织必须构建有效的绩效评价系统。有效的绩效评价系统必须获得全体组织成员的支持。如果没有全体人员的支持，绩效评价就不能完全成功。例如，如果管理者认为绩效评价系统只是浪费时间、没有真正价值，他们可能就不会根据要求填写评价表；如果员工认为绩效评价系统无效，工作士气和动机就会受到影响。

1. 绩效评价工具

构建了有效的绩效评价系统之后，组织还要选择适当的绩效评价工具。人力资源管理专业人士可以从大量的绩效评价方法中选择具体的绩效评价工具。组织常用的绩效评价方法包括图表式评价量表、行为锚定评价量表、行为观察量表、KPI 评价法、平衡计分卡等。在选择过程中，组织必须综合考虑多种因素，其中三个重要的因素是绩效评价工具的实用性、成本以及被评价岗位的工作性质。

2. 绩效评价主体

绩效评价主体的选择是确定了绩效评价方法之后必须要进行的工作。根据传统的观点，大多数组织选择上级主管来评价下属的工作绩效。之所以由主管进行绩效评价，是因为通常他们是最熟悉员工工作的人。对主管而言，绩效评价作为管理的手段，为他们提供了一种引导和监督员工工作行为的途径。事实上，如果主管没有评价下属工作绩效的权力，他们对于下属的管理制就会大大被削弱。

如果上级主管作为唯一的绩效评价者，在许多情况下对员工而言，绩效评价难以做到公平、公正、准确。这是因为对于员工的工作绩效，如果只有上级主管才能评价，那么上级主管的主观判断很容易影响绩效评价结果的公平性和准确性。一方面，上级主管不一定能够全面地了解下属的各个方面，尤其是在上级主管掌握着对员工进行绩效评价的权力的前提下，员工更不会将缺点暴露在上级主管面前。另一方面，上级主管作为员工绩效评价者，组织内部容易助长拉关系、走后门的不正之风。而且，绩效评价结果也缺乏来自其他方面的信息验证。

随着社会经济的发展，人与人之间的合作日益重要，为顾客服务更是许多组织经营的宗旨。这些在上级主管评价绩效的活动中都不能得到体现，甚至会出现同事之间相互损害利益以讨好上级主管的现象。因此，在绩效评价这个问题上，越来越多地组织选择 360 度绩效评价。

360 度绩效评价，是指由员工自己、上司、下属、同级同事，以及客户等担任绩效评价者，对被评者进行全方位的评价。评价的内容涉及员工的工作绩效、工作态度和能力等方面。绩效评价结束后，再通过反馈程序，将绩效评价结果反馈给被评价者，达到改变员工工作行为、提高工作绩效水平的目的。与传统的评价方法相比，360 度绩效评价从多个角度来评价员工的工作，使评价结果更加客观、全面和可靠。特别是对反馈过程的重视，使绩效评价起到"镜子"的作用，并提供了员工之间相互交流和学习的机会。事实上，国内一些服务行业，如金融业、餐饮业等，常常使用 360 度绩效评价。因为服务人员的服务质量、服务态度唯有顾客最清楚。

在进行 360 度绩效评价时，一般是由多名评价者匿名对被评价者进行绩效评价。采用多名评价者，虽然扩大了信息收集的范围，但是不能保证所获得的信息就是客观准确、公正的。第一，员工对他人的绩效评价会带有情感因素。在同一组织工作的员工，既是合作者，又是竞争对手，考虑到各种利害关系，评价者有时甚至会故意歪曲对被评价者的评价。比如，可能会给予跟自己关系好的被评价者较高的评价，给予跟自己关系不好的被评价者较低的评价。尤其是当评价的结果跟被评价者的奖金发放、薪酬调整、晋升相联系时，涉及个人利益，员工更有可能存在这种倾向。第二，员工很可能因为惧怕权威，而给上级主管较高的评价。由于上级主管拥有各种权力，员工不敢得罪，也怕主管日后会报复自己，从而影响自己的前途。另外，360 度绩效评价还会导致另外一个极端，这种绩效评价方式成为下属发泄不满的途径。第三，员工对人力资源管理部缺乏信任，对360度绩效评价充满恐惧感，担心自己的评价会被上司知晓，同时也担心通过这种评价方式收集的信息是否能够进行客观公正的处理。

为了使360度绩效评价能够得以顺利推行并取得较好的效果，第一，组织必须获得高层管理者的支持，高层管理者必须在组织内部营造一种变革、创新、竞争、开放的文化使员工摒弃旧有的传统观念，敢于竞争，敢于发表意见，敢于接受别人的评价，让员工能够从观念上接受这种绩效评价方式。第二，管理者应加强宣传和沟通，让员工了解评价目的，尽可能使360度绩效评价中的人为因素的影响降到最低程度。在实施360度绩效评价的过程中，组织必须对评价者进行有效培训，对评价的准确性、公正性向评价者提供反馈，指出他们在评价过程中容易犯的错误，以帮助他们提高绩效评价技能。第三，组织要尽可能寻找员工充分信任的人员，如组织外部专家来执行360度绩效评价项目。为了获得员工信任，组织应该尽量聘请与组织有长期合作、深得员工信任的专家作为项目的负责人。第四，360度绩效评价在推行过程中也可以采取灵活的方式进行。在人员流动性大、竞争性强的部门或组织，推行360度绩效评价是很有效的；在人员相对比较固定的部门或组织，因为营造"人和"的氛围很有必要，在这种情况下，360度绩效评价也可以施行，但是评价的结果可以不作为被评价者薪酬调整、晋升等的依据，因为这样容易带来组织或部门内部人际关系紧张。评价的结果应仅仅用于员工的发展。要在员工之间建立互相信任的关系，在这个基础上，360度绩效评价的结果才会比较客观、公正。

3. 确保绩效评价结果公平公正

由于绩效评价结果往往与员工的利益及发展等各个方面紧密联系，管理者在绩效评价阶段的重要责任之一是对员工的绩效进行公正、公平和准确的评价。为了使员工的工作绩效得到科学、准确、公正、公平的评价，实现绩效管理的良性循环，组织除了选择360度绩效评价之外，还会积极采取有效措施，以保证绩效评价过程的公平。例如，大多数组织绩效评价委员会，会对已经完成的绩效评价结果评审。绩效评价委员会一般由组织高层管理者、中层管理者代表和员工代表组成。在绩效评价过程中被评价者的意见可以向绩效评价委员会工会、人力资源管理部、部门主管及高层管理者反映。

# 第二节　薪酬管理

## 一、薪酬管理概述

薪酬管理，是在组织发展战略指导下，对员工薪酬支付原则、薪酬策略、薪酬水平、薪酬结构、薪酬构成等进行确定、分配和调整的动态管理过程。

薪酬管理对任何组织来说都至关重要，这是因为一方面组织的薪酬管理要同时达到公平性、有效性和合法性三大目标；另一方面组织经营对薪酬管理的要求越来越高，而薪酬管理受到的制约因素越来越多，除了基本的组织经济承受能力、政府法律法规外，还涉及组织不同发展时期的薪酬战略、内部人才定位、外部人才市场，以及竞争对手的薪酬策略等因素。

薪酬管理的目标包括三个方面：公平性、有效性和合法性。薪酬管理的公平性，是指员工对于组织薪酬管理系统，以及管理过程的公平性、公正性的看法或感知，这种公平性涉及员工对于自己从工作中获取的薪酬与组织内部不同岗位上的人、相似岗位上的人，以及与组织外部劳动力市场薪酬状况、薪酬水平之间的对比结果。薪酬管理必须关注三个方面的公平：外部公平、内部公平和个人公平。外部公平，是指组织向员工支付的薪酬应与本行业、本地区其他组织向从事同等工作的人支付的薪酬保持大体一致。为了保证薪酬的外部公平性，组织常常要进行薪酬市场调查。内部公平，是指薪酬的组织内部一致性，组织根据内部不同岗位的价值等级支付对应的薪酬。为了保证薪酬的内部公平性，组织常常要对组织内部不同岗位的价值进行科学系统的评价。个人公平，是指由于个体的差异，相同岗位的员工的绩效水平可能存在较大的差异，组织应该根据不同岗位上工作的个人的贡献大小支付薪酬。

薪酬管理的有效性，是指薪酬管理一方面要满足成本控制、利润率、销售额、股票价格上涨等方面的财务指标，另一方面要满足客户服务水平、产品或服务质量目标。另外，薪酬管理要达到团队建设，以及组织和员工的创新与学习能力等方面的指标以及员工离职率、绩效水平、激励水平等指标。

薪酬管理的合法性，是指组织的薪酬管理体系和管理过程要符合国家的相关法律规定。

## 二、薪酬体系设计

薪酬体系度的设计，是指在薪酬市场调查基础上确定薪酬总额，然后根据薪酬体系度确定本组织的薪酬水平与结构，同时形成组织支付薪酬的一整套的制度体系与规范。薪酬体系度的设计科学与否关系到组织内部不同工种不同部门的员工能否真正协调凝聚起来提升组织整体的绩效，从而实现组织的战略目标。

薪酬体系主要是针对基本薪酬的薪酬系统，为向员工支付薪酬所构建的政策和程序。科学的薪酬体系直接与组织的战略规划相联系，可以使员工通过自己的努力和行为提高组织的竞争优势。目前，国际上通行的薪酬体系主要有三种：岗位薪酬体系、绩效薪酬体系和技能薪酬体系。一些组织只选择其中的一种薪酬体系，而越来越多的组织则把多种薪酬体系有机结合起来，综合考虑员工的工作岗位、能力和技能、工作绩效等因素，称为混合薪酬体系。

### （一）岗位薪酬体系设计

岗位薪酬体系是对每个岗位所要求的知识技能，以及职责等因素的价值进行评估，根据评估结果将所有岗位归入不同的薪酬等级，每个薪酬等级包含若干综合价值相近的一组岗位。然后根据市场上同类岗位的薪酬水平确定每个薪酬等级的工资率，并在此基础上设定每个薪酬等级的薪酬范围。从世界范围来看，目前使用最多的是基于岗位的薪酬体系。岗位薪酬体系是传统的确定员工基本薪酬的制度，其最突出的特征是员工担任什么样的岗位就获得什么样的薪酬，因此岗位薪酬体系只考虑岗位本身的因素，很少考虑人的因素。岗位薪酬体系的设计步骤主要包括四个方面：收集关于特定工作的性质的信息进行工作分析，编写工作说明书，对岗位的价值进行评价，根据工作岗位的内容和相对价值进行排序。

岗位薪酬体系使组织内部实现了真正意义上的同工同酬，体现了按劳分配原则，保证薪酬的内部公平性；因为薪酬与岗位直接联系，能够调动员工努力工作、提高自身能力以争取获得晋升机会的积极性；有利于根据岗位系列进行薪酬管理，操作比较简单，管理成本低。但是，岗位薪酬体系因为重视内部公平性而忽略薪酬的外部竞争性，致使组织对稀缺人才的吸引力降低；员工获得加薪的前提是晋升，而组织内部的晋升机会往往不多，不利于员工的职业发展，工作积极性会受到伤害，还可能导致员工在岗位晋升过程中的恶性竞争，甚至出现消极怠工或者离职的现象；其导向是鼓励员工获得晋升机会而不是提高工作绩效水平。

（二）绩效薪酬体系设计

绩效薪酬体系是在个人、团队或组织的绩效与薪酬之间建立明确的联系。员工获得的薪酬水平根据个人、团队和组织绩效水平的变化而具有灵活性。对员工个人而言，绩效薪酬体系使员工的薪酬根据员工个人的工作行为表现和绩效进行相应的变化。由于员工在一定程度上能够控制自己的工作行为和工作绩效，因此，员工可以通过控制自己的工作行为和工作绩效从而达到控制自己的薪酬水平的目的。

在现代组织的分配制度中，薪酬是一种重要的易使用的激励手段，是组织对员工为组织所做的贡献（包括他们实现的绩效，付出的努力、时间、学识、技能、经验和创造性）而给予的相应回报。在员工心目中，薪酬不仅仅是自己的劳动所得，它在一定程度上也代表着员工自身的价值，代表组织对员工工作能力和贡献的认可，甚至还代表着员工个人的能力和发展前景。绩效薪酬是薪酬构成中最能够体现激励作用的组成部分。绩效薪酬体系通常把员工的工作绩效与薪酬联系起来，目的在于激励员工更好地工作。

绩效薪酬体系设计的基本原则是通过激励员工个人提高绩效促进组织的绩效，确保高绩效水平的员工获得较高的薪酬，保证薪酬因员工绩效水平的不同而不同。

组织在设计绩效薪酬体系之前必须首先做出这样的决策：员工的薪酬在多大程度上是建立在绩效基础上，绩效薪酬在员工的总体薪酬中占多大比例等。因此，绩效薪酬体系设计的基础是有效的绩效管理体系，从而使员工的绩效与薪酬之间建立起直接的联系。组织构建的有效的绩效管理体系必须满足下列要求：能够公平合理地评价员工的工作绩效；能够准确区分员工之间的绩效差异；员工的绩效差异直接影响着薪酬差异；绩效薪酬的增加能够激励员工改善工作行为、提高工作绩效水平；个人的工作绩效有助于实现组织的绩效目标。

绩效薪酬体系设计的内容包括绩效薪酬的支付形式、关注对象、配置比例、绩效等级等方面。

绩效薪酬的支付形式表现为组织如何向员工支付绩效薪酬从而使薪酬与绩效之间建立紧密的联系。绩效薪酬包括常见的绩效工资、绩效奖金和绩效福利，也包括股票、收益分享计划、利润分享计划等形式。对不同层次员工而言，组织支付绩效薪酬的基础也存在差异，如员工可以因销售额的增长、产量的提高、对下属的培养、成本的降低、利润的增加等而获得绩效薪酬。不同的组织向员工支付绩效薪酬的频率各不相同，一些组织每月向员工支付绩效薪酬，也有一些组织每个季度或每年向员工支付一次绩效薪酬。

绩效薪酬关注对象的确定受到组织价值观和组织不同阶段的发展战略等因素的影响。如果绩效薪酬关注的对象是员工个人，那么每个员工获得的绩效薪酬以其绩效评价结果为基础。如果绩效薪酬体系是基于团队、业务单元或整个组织的绩效构建的，那么组织可以先评价团队或业务单元的绩效来确定绩效薪酬总额，然后根据员工个人绩效对绩效薪酬总额进行划分，员工根据自己的工作绩效水平获得绩效薪酬。绩效薪酬配置比例是指绩效薪酬在不同部门或不同层次岗位中的配置标准。由于绩效薪酬种类很多，这里以其中的一种绩效工资进行说明。绩效工资的配置标准与各个岗位的工资等级和对应的外部薪酬水平相关；并与个人或团队的绩效水平直接发生联系，从而使员工或团队可以通过对绩效的贡献来调节总体工资水平。

绩效等级是依据绩效评估后对员工绩效评价结果划分的等级层次。绩效等级一方面与具体的绩效指标和标准有关；另一方面也与绩效评价的主体和评价方式有关；在对员工绩效进行公正、客观的评价的基础上，绩效等级的多少和等级之间的差距将会对员工绩效薪酬分配产生很大影响。组织在设计绩效等级时还要考虑绩效薪酬体系对员工的激励程度。如果绩效等级过多，因为差距过小，这会影响对员工的激励力度；等级过少带来的差距过大则会影响员工对绩效薪酬体系的预期，可能使员工丧失向上努力的动力。

总之，绩效薪酬体系设计必须明确需要达到的目标，有效利用薪酬策略和绩效与薪酬的密切关联，使组织不必为所有的工作支付高薪，而为那些具有关键技能绩效水平高的员工支付高薪，从而使组织既能够吸引所需的拥有关键技能的人才和留住高绩效员工以满足战略需要，又能够对组织的成本进行控制。

## 第三节　劳动关系管理

### 一、劳动关系的核心概念

所谓劳动关系是在就业组织中由雇佣行为而产生的关系，其基本含义是管理方或者管理方团体（多为行业协会）与劳动者或劳动者团体（一般是工会）之间产生的，由双方利益引起的，表现为合作和冲突关系的总和，它受制于社会中经济、技术、政策、法律制度和社会文化的背景。劳动关系在国外的人力资源管理研究中讨论很多，但是，由于各国社会制度和文化传统等因素各不相同，对劳动关系的称谓也不尽相同，常用的有劳资关系，强调劳动和资本之间的关系；雇佣关系，强调劳动关系是雇主和雇员双方的关系；劳动关系，这一称谓源自日本，主要是为了更准确地说明劳动关系是劳动者和使用劳动者之间的关系；劳工关系，更加强调作为劳动关系中一方的劳动者；产业关系，这一称谓源自美国，在欧美国家使用比较广泛，它更强调人与组织以及人与产业环境之间的相互作用。

### （一）劳动关系的主体

从狭义上讲，劳动关系的主体主要包括两方：一方是员工和以工会为主要形式的员工团体，另一方是管理方。而广义的劳动关系主体还包括政府，因为在劳动关系发展过程中，政府可以通过相关法律的制定和实施，对劳动关系进行调整、监督和干预。

员工指在就业组织中，本身不具有基本经营决策权力并从属于这种决策权力的工作者。包括蓝领工人、企业或政府的一般行政人员、教师、社会工作者、警察、医务人员，以及只有监督权而无奖惩权的底层管理者。员工不包括自由职业者和自雇佣者。

员工团体指因共同的利益、兴趣或目标而组成的员工组织，包括工会组织和类似于工会的职工代表大会、员工协会或职业协会。在我国和世界上许多国家工会是员工团体的最主要形式。

管理方指由于法律所赋予的对组织的所有权（或一般称产权）而在就业组织中具有主要的经营决策权力的人或团体。一般是指资方和雇主，以及企业中代表产权、具有决策权力的高级管理人员。

管理方团体的主要形式是雇主协会，它们以行业或贸易组织为纽带，一般不直接介入员工与管理方的关系之中。主要任务是同工会或工会代表进行集体谈判，在劳动争议处理程序中向其成员提供支持，通过参与同劳动关系有关的政治活动、选举和立法改革来间接影响劳动关系。

政府在劳动关系中的角色，一是劳动关系立法的制定者，通过立法介入和影响劳动关系；二是公共利益的维护者，通过监督、干预等手段促进劳动关系的协调发展；三是公共部门的雇主，以雇主身份直接参与和影响劳动关系。

## （二）劳动关系中的力量

劳动关系从订立劳动合同开始，到劳动合同终止结束，是一系列权利义务的总和，包括工作环境、工作方式、工作报酬等，这些权利义务的确定最终取决于劳资双方力量的对比。当然，管理方和员工各自的力量不是一成不变的，而是随着其他因素的影响消长变化，如劳动市场状况、政府法律条例、企业的组织结构等。员工的力量，是指劳动者进入就业组织后，所具有的能够影响雇主行为的力量，主要包括退出、罢工和岗位三种力量。

退出力量，是指员工辞职给雇主带来的成本，如招聘和培训的费用成本越高，表明该员工的退出力量越强，其在组织中影响雇主决策的能力越强。

罢工力量，是指劳动者停止工作而给雇主带来的损失或成本，很明显，该劳动者停止工作给雇主带来的损失越大，其罢工力量越强，其在组织中讨价还价的能力越强。当然，一个工人的罢工力量总是有限的，这也就是工会应运而生的原因。早期工会的任务之一就是团结雇员，以劝说和强迫雇主提供更好的工作条件和更高的工资。

岗位力量，是指劳动者仍旧在工作岗位上，由于主观故意或疏忽而造成的雇主的损失，常表现为员工怠工和缺勤率上升、产品次品率增加。相对应地，雇主也具有辞退、停工和岗位三种力量：① 辞退力量是雇主通过辞退员工而给员工造成的生活上的困难和精神上的压抑。很明显，当劳动力市场是买方市场时，雇主辞退的力量较强；② 停工力量是雇主关闭企业所给员工带来的收入下降和利益损失；③ 岗位力量体现为雇主具有指挥、安排员工工作的权利，如可以根据个人好恶来安排员工的工作，使员工利益受到影响。

## （三）新型的劳动关系

在建立和完善社会主义市场经济体制的过程中，我国的劳动关系日趋复杂多样，目前初步形成了以《中华人民共和国劳动法》（以下简称《劳动法》，下文有关法律均为简称）为主体的调整劳动关系的法律法规体系，初步构建了劳动合同和集体合同制度、三方协调机制劳动标准体系、劳动争议处理体制和劳动保障监察制度。

劳动合同制度。我国劳动合同制度从 20 世纪 80 年代中期开始试点，在 20 世纪 90 年代得到大力推广，至今已在城镇各类企业中广泛实施。中国法律规定，用人单位与劳动者依法建立劳动关系，应该书面订立有固定期限、无固定期限或以完成一定的工作为期限的劳动合同。在订立劳动合同的过程中，劳动关系双方必须遵循平等自愿、协商一致的原则。实行劳动合同制度，明确了劳动者与用人单位双方的权利和义务，保障了劳动者的择业自主权和用人单位的用人自主权。

集体合同制度。政府鼓励企业不断加强职工代表大会和工会的职能，完善职工民主参与制度。为形成企业劳动关系自我协调机制，我国开始探索通过平等协商建立集体合同的法律制度，并加以推广。我国的法律法规规定，企业职工可以就劳动报酬、工作时间休息休假和劳动安全卫生、保险福利等事项，由工会代表或直接推荐职工代表与企业开展平等协商签订集体合同。

三方协调机制。国家积极建立符合国情的政府、工会和企业三方协调机制。这种协调机制由各级政府劳动和社会保障部门、工会组织、企业组织派出代表，组成协调机构，对涉及劳动关系的重大问题进行沟通和协商，对拟订有关劳动和社会保障法规以及涉及三方利益调整的重大改革方案和政策措施提出建议。

劳动标准体系。目前，我国已经形成以《劳动法》为核心，内容涉及工时、休息休假、工资、禁用童工、女职工和未成年工特殊劳动保护、劳动定额、职业安全卫生等方面的劳动标准体系，并根据经济和社会发展不断调整和完善。

劳动争议处理体制。国家主张及时依法处理劳动纠纷，维护当事人双方的合法权益，提倡和支持劳动争议双方采取自行协商的方式解决争议。我国有关法律法规明确规定了依法解决劳动争议的程序和机构。按照规定，劳动者与企业发生劳动争议后，当事人一方可向企业内部劳动争议调解委员会申请调解，调解不成或当事人不愿意进行调解时可向当地劳动争议仲裁委员会

申请仲裁，当事人如果对仲裁机构的仲裁裁决不服，可向人民法院提起诉讼
劳动保障监察。自 1993 年起，我国逐步建立了劳动保障监察制度。

《劳动法》和《行政处罚法》等法律法规规定了劳动保障监察机构的职责和工作程序。劳动和社会保障行政部门依法对用人单位遵守劳动和社会保障法规的情况进监督检查，对违反劳动和社会保障法律法规的行为有权制止、责令改正，并可依法给予警告、罚款等行政处罚。任何组织和个人对于违反劳动和社会保障法律法规的行为都有权检举和控告；若当事人认为劳动和社会保障行政部门在实施监察执法时侵犯了其合法权益，可以提起行政复议或行政诉讼。

## 二、劳动法的概念和功能

劳动法作为一个独立的法律部门，是调整特定劳动关系及其与劳动关系密切联系的社会关系的法律规范的总称。劳动法所研究的劳动是职业的、有偿的和基于特定劳动关系发生的社会劳动。劳动关系方面的法律主要有 3 个功能：① 保护劳动关系双方的自愿安排并为之提供保护，如劳动合同等；② 解决纠纷，劳动法不仅赋予劳动者劳动权和保障权，而且还规定了保证这些权利实现的司法机制；③ 确定基本劳动标准，如最低工资、最低就业年龄、工作时间和休息休假以及安全卫生标准。

劳动法通过平衡雇员和雇主双方的权利、义务关系达到调整劳动关系的目的，通过规定雇员和雇主双方的权利、义务关系，将其行为纳入法治的轨道。我国《劳动法》规定，劳动者享有平等就业和选择职业的权利、取得劳动报酬的权利、休息休假的权利、获得劳动安全卫生保护的权利、接受职业技能培训的权利、享受社会保险和福利的权利、提请劳动争议处理的权利以及法律规定的其他劳动权利。同时，劳动者应完成劳动任务，提高职业技能，执行劳动安全卫生规程，遵守劳动纪律和职业道德。权利和义务是一致的、相对应的。我国《劳动法》第 4 条特别规定："用人单位应当依法建立和完善规章制度，保障劳动者享有劳动权利和履行劳动义务。"

### 三、劳动合同的订立

《劳动法》第 17 条规定："订立和变更劳动合同，应当遵循平等自愿、协商一致的原则，不得违反法律、行政法规的规定。"所谓平等是指劳动合同双方当事人在签订劳动合同时的法律地位是平等的，不存在任何依附关系，任何一方不得歧视、欺压对方。所谓自愿是指劳动合同双方当事人应完全出于自己的意愿签订劳动合同，凡是以强迫欺诈威胁或乘人之危等手段，把自己的意志强加于对方，或者所订立条款与双方当事人的真实意愿不一致，都不符合自愿原则。而协商一致是指合同双方当事人对所发生的一切分歧要进行充分的协商，在双方意思表示一致的基础上再签订劳动合同。

劳动合同的依法订立要求如下。

（1）主体合法，即签订劳动合同的双方当事人必须具备法律法规规定的主体资格，劳动者一方必须达到法定的劳动年龄，具有劳动权利能力和劳动行为能力，用人单位则必须具备承担合同义务的能力。

（2）目的和内容合法，即劳动合同所设定的权利义务、合同条款必须符合法律、法规，而不得以合法形式掩盖非法意图和违法行为。订立劳动合同，用人单位不得以任何形式收取抵押金、保证金或其他费用。

（3）程序合法，即订立劳动合同要遵循法定的程序和步骤，要约和承诺须符合法律规定的要求。例如，劳动者有权了解用人单位的有关情况，并应当如实地向用人单位提供本人的学历、工作经历和职业技能等证明。无效劳动合同，是指劳动者与用人单位订立的违反劳动法律、法规的协议。无效劳动合同从订立起就不具有法律效力，不受法律保护。无效劳动合同主要包括：违反劳动法律、法规的合同；采取欺诈、胁迫等手段订立的合同；因重大误解签订的劳动合同；内容显失公平的合同；劳动报酬和劳动条件等标准低于集体协议的合同。当发生劳动合同部分无效时，如果无效部分不影响其余部分效力，则其他部分仍然有效。当劳动合同双方对劳动合同法律效力发生争议时，应向劳动争议仲裁委员会申请仲裁或向人民法院提起诉讼。

劳动合同的内容主要包括劳动关系双方的权利和义务。劳动者的主要义务包括如下内容。

（1）劳动给付的义务，包括劳动给付的范围、时间和地点。劳动者应当按照合同约定的时间、地点亲自提供劳动。

（2）忠诚的义务，包括保守用人单位在技术经营管理和工艺等方面的秘密；在合同规定的时间和地点，服从用人单位及代理人的指挥和安排；爱护所使用的原材料和机器设备。

（3）附随的义务，即由于劳动者怠工或个人责任，使劳动合同义务不能履行或不能完全履行时，应负赔偿责任。

用人单位的主要义务则包括如下内容。

（1）劳动报酬给付义务，即按照劳动合同约定的支付标准、支付时间和支付方式按时足额支付劳动者工资，不得违背国家有关最低工资的法律规定，即集体协议规定的最低标准。

（2）照料的义务，即用人单位应为劳动者提供保险福利待遇，提供休息、休假等保障。劳动者享有职业培训权、民主管理权、结社权等，并为行使这些权利提供时间和物质条件保证。

（3）提供劳动条件的义务，用人单位有义务提供法律所规定的生产、工作条件和保护措施，如工作场所、生产设备等其他便利条件。提供劳动保护设备等劳动合同的条款分为法定条款和约定条款。法定条款，是指劳动法律法规所规定的，双方当事人签订劳动合同必须具备的条款，主要有劳动合同期限、工作内容、劳动保护和劳动条件、劳动报酬、劳动纪律、社会保险、劳动合同终止条件、违反劳动合同的责任。约定条款是双方当事人在必备条款之外，根据具体情况，经协商约定的条款。约定条款只要不违反法律和行政法规，具有与法定条款同样的约束力。

为了避免劳动者在用人单位出资培训后违约，用人单位可以在劳动合同中约定培训条款或签订培训协议，即用人单位为劳动者支付的培训费用、培训后的服务期以及劳动者违约解除劳动合同时赔偿培训费的计算方法等事项进行约定。

（1）保守商业秘密。商业秘密，是指不为公众所熟知，能给用人单位带来经济利益，被用人单位采取保密措施的技术、经济和管理信息。保密条款一般包括需要保守商业秘密的对象、保密的范围和期限及相应的补偿。

（2）补充保险和福利待遇。用人单位和劳动者除应当依法参加社会保险外，可以协商约定补充医疗、补充养老和人身意外伤害等条款。

（3）第二职业条款。第二职业条款即约定劳动者是否可以从事第二职业，以及如何从事第二职业的合同条款。我国有关法规（如《聘请科学技术人员兼职的暂行办法》）和政策规定，可从事第二职业的，只限于一定范围的劳动者。凡从事第二职业者，应当事先取得用人单位的同意或者在劳动合同中已做许可性约定。

## 四、劳动合同的变更

劳动合同的变更，是指劳动合同在履行过程中，经双方协商一致，对合同条款进行的修改或补充，具体包括工作内容、工作地点、工资福利的变更等。其实质是双方的权利、义务发生改变。合同变更的前提是双方原已存在合法的合同关系，变更的原因主要是客观情况发生变化，变更的目的是继续履行合同。劳动合同的变更一般是指内容的变更，不包括主体的变更。劳动合同依法订立后，即产生相应的法律效力，对合同当事人具有法律约束力。当事人应当按照约定履行自己的义务，不得擅自变更合同。但这不意味着当事人就没有在合同生效后，变更相应权利、义务的途径。恰恰相反，当事人既可以经自由协商变更合同，也可以在约定或法定的条件满足时，行使合同的变更权。

劳动合同的变更要遵循平等、自愿、协商一致的原则，任何一方不得将自己的意志强加给对方。劳动合同当事人一方要求变更劳动合同相关内容的，应当将变更要求以书面形式送交另一方，另一方应当在 15 日内答复，逾期不答复的，则视为不同意变更劳动合同。变更劳动合同的条件包括：① 订立劳动合同时所依据的法律法规和规章发生变化，则应当依法变更劳动合同的相关内容；② 订立劳动合同时所依据的客观情况发生重大变化，使劳动合同无法履行，当事人要求变更其相关内容，如企业转产、劳动者丧失部分劳动能力等；③ 用人单位发生合并或者分立等情况，原劳动合同继续有效，劳动合同由继承权利义务的用人单位继续履行。

## 第四节　国际人力资源管理

### 一、国际人力资源管理概述

进入 21 世纪，人类社会发生了巨大变化，世界经济的融合也日益突出。比如，越来越多的产品和服务纷纷跨出国门，出现在他国的市场中，这也正是中国制造的产品能走遍全球的原因。可以毫不夸张地说，在地球的任何一个角落，你都能找到来自中国的纺织品、鞋、五金等产品。而且，越来越多的投资和商业合并与兼并等也表现出了这种趋势。另外，越来越多的人在本国投资的外国企业工作，越来越多的人获得工作签证在他国工作；还有全球生产迅速一体化、跨国交易急剧增加，以及全球贸易量的迅速增长，均使人力、资本、商品、服务、技术和信息实现跨国流动成为必然，也就是经济的国际化和全球化的起源。

而在这一全球化的浪潮中，最主要的构成因素就是跨国公司。跨国公司的出现，依赖于人类科学技术的进步等因素，其中最主要的因素就是交通和通信技术。工业革命后，随着汽车和飞机等交通技术的发展，产品的运输成本越来越低，运输距离变长和周期变短，货物的地区和全球流通变得可能。而且，随着电话、无线通信、卫星通信和国际互联网等通信技术的日新月异，全球的沟通也变得及时，随时随地的商务沟通成为现实。当然，全球范围内人们教育水平的提高和移民潮的出现更使全球化愈演愈烈。除此之外，跨国公司的出现还有以下因素：

### （一）商业活动追求低成本和高利润

20 世纪 60—80 年代"亚洲四小龙"的出现，以及近年来中国成为"世界工厂"，都是全球产业调整的结果。主要就是劳动密集型产业从发达国家向发展中国家转移，而转移的原因便是发达国家由于高昂的劳动力成本挤压了利润空间，从而出现了产业向低劳动力成本国家和地区的转移。这一点近年来又有了一个新的变化。比如，随着中国劳动力成本的提升，近些年来一些纺织品生产已逐渐从中国转移到了劳动力成本更低的越南和印度。

### （二）开拓新市场

新市场的开发不仅是企业面临竞争的结果，也是消费者不断寻求新产品和服务的结果。当然，最主要和最积极的参与者当然是企业。

### （三）知识和人才

跨国公司不仅寻求低成本和市场，而且也非常重视全球范围内的人才和知识的竞争，特别是当这些潜在的人才背后还有巨大的可开发市场时。

### （四）电子商务

国际互联网技术的发展，不仅改变了人们的沟通方式，也加速了全球化的进程。如今，连接全球的商务电子信息通道已经形成，电子商务打破了时空局限和贸易形态，而且也使更多的中小企业在较低成本的前提下，参与到了全球化的浪潮中。通过互联网，企业可以在全球范围内寻求商业合作伙伴。而且消费者也有了更多的选择。如今，电子商务所依托的虚拟市场是任何企业都不能忽视的市场，如 2018 年，我国的电子商务交易总额已经接近 2 万亿元人民币。

## 二、国际人力资源管理的权威定义

关于国际人力资源管理的权威定义，迄今为止还没有一个统一的界定。美国学者约翰·伊凡瑟维奇认为，国际人力资源管理是国际化组织中人员管理的原则和实践。约翰·B.库仑认为，当将人力资源的功能应用于国际环境时，就变成了国际人力资源管理。

P·莫根说，国际人力资源管理是处在人力资源活动、员工类型和企业经营所在国类型这三个维度之中的互动组合。

舒勒认为，国际人力资源管理就是关于跨国公司的战略活动产生的并影响其国际事务和目标的人力资源管理问题、功能、政策和实践。

赵曙明指出，区分国内人力资源管理和国际人力资源管理的关键变量是后者在若干不同国家经营并招募不同国籍的员工所涉及的复杂性。国际企业人力资源管理，是指在世界经济一体化和区域经济集团化的趋势下，各国人力资源管理的理论与实践在不同文化背景下的（人力资源管理）一种融合。

国际人力资源管理是对组织在经营范围拓展为多个国家的过程中人力资源管理本身职能（如招聘、甄选、培训、绩效管理、薪酬管理、职业生涯规划等），以及其职能的演化拓展实行整体、动态管理的过程。

对企业而言，国际人力资源管理应该能够帮助其应对快速的全球化进程，同时，能够保持和提升其市场竞争力。所以说，国际人力资源管理与企业活动的全球化紧密相连。

## 三、国际人力资源管理特点

### （一）国际人力资源管理者要成为业务合作伙伴

国际人力资源管理者仅仅成为人力资源管理的专家是远远不够的，美国国际人力资源管理协会认为首先他要成为企业一线经理的业务合作伙伴。业务合作伙伴要求国际人力资源管理者协助一线经理统筹管理、共同承担责任，以促成目标绩效的有效实现，而不仅仅是像传统的人力资源那样仅仅提供支持性服务。

国际人力资源管理者要充分理解组织的规划目标，包括其法规政策、客户体系、商品服务等方面。理解人力资源各项活动和组织使命实现之间的关系，能够有效识别并利用对组织使命具有长远影响的因素。同时还要充分理解客户和企业文化，主动了解不同客户的组织特点及要求，确保提供专业有效的咨询和服务。另外，作为国际人力资源管理者，还要善于运用社会学和组织行为学的专业知识和战略实施来提升组织绩效，要从员工的需求角度，理解组织使命的内容和要求，理解在组织结构和运行中人力资源的角色定位，确保人力资源管理的有效运行。

（二）国际人力资源管理者要成为变革的推动者

作为一个国际人力资源管理者仅仅具有专业的人力资源知识技能和作为业务合作伙伴的能力是不够的，还要努力成为变革的推动者。这就要求国际人力资源管理者要能充分了解组织中变革的重要性及潜在的优势所在，并构建有利于变革的组织结构，坚持对创造性思维的灵活和开放的态度，鼓励支持员工尝试有价值的变革。同时要能够运用权威的，系统化的专业行为来赢得客户的信任和依赖。同时注意应具有极高的职业道德操守，要及时准确兑现对客户的承诺。还有要具有说服内外客户接受某项方案或措施的能力。能全面分析问题的优缺点，说服关联方接受最佳的行动方案，并随时与客户沟通，保证对客户的需求和关心的事物有动态把握。

（三）国际人力资源管理者要成为领导者

除了以上的理念外，国际人力资源管理者还要努力成为领导者，要了解工作的文化多元化对组织成功的潜在作用，同时重视人力资源管理体系的潜在影响，提倡以真诚的行为赢得他人的信任和自我价值的满足。礼貌公正地对待每一位客户，无论他们的组织级别和社会地位如何，都要一视同仁，提供高效的服务，以促进和保持组织行为的高度协调性。

### （四）国际人力资源管理者要成为人力资源管理专家

国际人力资源管理者要紧紧围绕人力资源专家身份，在管理职能业务上保持专精，强化专业业务素质，不断提高专业管理水平。人力资源管理专家身份是保证成为业务合作伙伴、变革推动者和领导者的基础和根本。只有把人力资源管理的专业业务做扎实，才能更好地实现业务合作伙伴、变革推动者和领导者的职能。

国际人力资源管理在面对组织动态和变革的国际环境下，在传统人力资源管理职能的基础上强化了业务合作伙伴、变革推动者和领导者的三项职能。

## 四、国际人力资源管理发展态势

### （一）国际人力资源管理发展的总态势

21 世纪国际人力资源管理的大环境发生了较大变化，主要是经济全球化和知识化所带来的挑战。特别是全球金融危机后，这种表现就越发明显，全球经济与知识出现了较大的融合，并产生明显的联动效应，即相互的影响性逐渐加大。这就迫使企业在跨国化过程中，要更加重视国际的而不是仅仅是国内的竞争。人力资源管理者在面对日益复杂的国际化经营环境中必须具有国际化的视野，考虑并实施基于全球的战略性人力资源管理，才能不断保持自己的核心竞争力，并能保持快速生存与发展。在经济全球化的同时，知识经济已经成为当今和未来世界经济的主要方式。对知识型企业而言，需要更加重视知识管理和强调智力资本的管理，并不断将知识作为企业竞争优势的源泉。企业的员工尤其是知识工作者的人力资源，将被视为企业利润的源泉。在此基础上，人力资源管理及相应的组织安排被纳入企业战略管理领域，持续的组织学习和持续的员工管理与开发将成为企业的战略性武器。

随着管理环境的复杂化，国际人力资源管理的管理理念和管理重点也逐渐发生了比较大的变化。这种变化主要表现在以下几方面。

1. 管理理念

在管理理念上，由原来的关注人力资源管理职能技术、成为人力资源管理专家逐步过渡到成为业务合作伙伴，成为变革的推动者和领导者，同时也要不断强化人力资源专家职能。

2. 管理组织

在管理组织上，国际人力资源管理更加关注学习型组织与网络型组织。学习型组织和网络型组织具有学习的便利性和高效性。这两种组织模式起到了构建、强化和保持组织人才核心竞争力的作用。

3. 管理职能

在管理职能上更加强调组织战略导向与激励。同时突出核心业务管理职能以及业务外包。这对全球视野下国际人力资源管理提出了新的挑战。

4. 管理对象

国际人力资源管理的对象重点是知识型核心员工，随着企业国际化的深入，知识型核心员工的作用越来越明显，研究并管理和激励知识型核心员工的作用已经非常重要。

（二）国际人力资源管理发展的具体趋势

中国人民大学劳动人事学院彭剑锋教授讨论并提示了21世纪人力资源管理未来发展的十大趋势。

策略导向型的人力资源规划成为企业战略不可分割的一部分，持续竞争优势依靠的是智力资本的优势。更多的企业开始重视人力资源管理的战略性，人力资源管理在国际企业中已经逐步得到重视，地位逐步得到提升，管理高层已经意识到应当从战略角度思考人力资源管理。

人力资源管理状况成为识别企业竞争优势的重要指标，企业拥有的人力资源，现有的人力资源的数量、质量、结构，人力资源的流动性及稳定性、员工的满意度成为识别企业的核心竞争优势的重要标志。人力资源状况和企业的财务状况、市场状况一样开始受到重视，成为评判企业竞争优势的重要指标。

人力资源管理人员要成为具备人力资源管理专业知识和经营管理才能的通才，人力资源管理职位成为通往 CEO 的途径，人力资源是一种可以经营的资源，对人力资本、组织资本的经营成为可以给企业带来经营业绩的重要活动。人力资源管理者的角色发生了变化，由于全员客户概念的引入，员工成为客户，人力管理者直接面对市场。人力管理部门从一个辅助部门成为直接面对市场，可以为企业创造经济价值的业务部门。

以人为本的业绩辅导流程管理方式成为主流，通过沟通、辅导、培训达到提升员工能力，提升工作业绩的目的。管理人员的角色将由传统的"裁判员"向"教练员"转变。员工能力的提升和业绩的提高成为衡量管理者工作的重要指标。

人力资源管理的某些服务活动开始外包。业务外包是企业将有限资源集中于核心产品和服务的重要途径，通过外包企业不仅可以降低新开业务的成本，同时可以获得专业化的服务，如人事代理、工资调查、特殊人才的猎头、人事档案等人力资源管理工作。这种外包业务原来由企业人力资源部门来实现，现在是由市场为企业提供服务，让企业仅仅关注其核心产品就足够了。

注重企业与员工共同成长的规划和职业生涯设计，企业、员工建立利益共同体，共同成长，通过有效的职业生涯规划与设计搭建企业与员工之间的共同成长机制。关注员工能力的提高，人力资源的开发与管理同等重要，建立员工与企业的共同成长机制不等于建立终身雇佣制，企业需要最合适的员工而非最优秀的员工。不能适应企业发展的员工将被淘汰出局，而对于无法满足其发展空间的员工，企业鼓励其流动。

动态目标管理绩效评价体系的建立成为人力资源管理核心课，组织注重目标的实现，更关注目标实现的过程。对于传统绩效管理流于形式的弊端，通过对流程的控制，注重行为、强化控制加以改造，目标的实现将顺理成章。目标的制定和达成过程是一个动态的管理过程。目标管理和绩效评价体系的建立是人力资源管理部门面临的新课题。

# 第三章　大数据与人力资源管理

## 第一节　21世纪人力资源管理面临新形势

在了解大数据与人力资源管理的关系之前，应先了解在当前情况下，人力资源管理所面临的形势，也就是较之以往发生了哪些重要变化。

### 一、人力资源管理，已经变成了劳动力管理

在互联网、大数据条件下，碎片化已经成为事实。时间碎片化、学习碎片化、用工碎片化等都是新的事物。一位研究劳动力的专家称，劳动力供给在今天与以往相比已经发生重大变化。

以往的公式是：

$$劳动力供给 = 劳动者人数 \times 劳动时间$$

现在的公式是：

$$劳动力供给 = （全职雇佣的劳动者 + 非全职雇佣的劳动者） \times$$
$$（小时工作时间 + 加班时间 + 碎片化时间）$$

因此，人力资源管理已不能叫"员工管理"，而应该叫"劳动力管理"或"劳动者管理"。劳动者不一定是我的员工，而是我所使用的人。在互联网冲击下，企业的边界正在被打破。同时，企业也获得了更低廉的劳动成本。

最典型的像传媒业、互联网业、创新产业等知识劳动者密集的产业，他们完全可以采取雇用专家组成项目团队的方法来完成工作，创造一般人无法

创造的价值。另外，居住在企业附近的人也可以成为自己的雇员。随着互联网、大数据技术的发展，劳动力管理工具已经能够最大限度整合劳动力资源，帮助企业在合适的地点更精准地找到最合适的人选。

互联网和大数据还改变了劳动者的工作方式，像专栏作家、淘宝店主、酒后代驾、专车司机等都是一些灵活就业者，他们依靠互联网找到了自己满意的工作。在大众创业、万众创新的大背景下，"个体户"的概念也需要重新定义，应该称为"自我雇佣者"。他们的社会福利与社会保障应该跟上时代，有所创新，而这正是人力资源宏观管理部门所忽视的。

## 二、对于人力资源管理来说，征信很重要

这里讲的征信，是指建立基于大数据的个人征信系统。

商务部的研究人员说，"征信就是征集信用记录"。详尽的解释是：授信机构（金融机构或商家）自身或委托第三方机构，对客户信用状况进行调查验证，形成报告，用于决策，以规避风险的事情。对于普通百姓来讲，个人征信状况，主要用于个人申请信用卡、办理车贷房贷、求职、投保等事项。因为当今社会，直接利用现金进行交易的情况越来越少，如果没有社会信用系统支持，风险就会很大。而征信乃是信用体系的基础。

中国人民银行印发《关于做好个人征信业务准备工作的通知》，要求芝麻信用、腾讯征信等八家机构做好征信业务的准备工作，准备时间为六个月。这八家机构包括互联网巨头、保险公司、老牌征信公司、拥有数据资源的新兴公司。由此可以看出，"互联网＋大数据"将在未来征信体系建设中发挥重要作用。

征信业其实是一个很有点历史的行业。最初就是委托调查，已有几百年的历史。到了互联网时代，互联网与征信结合，就出现了互联网征信。"对大数据的分析和信息自动化采集"是互联网征信的最大特点。

上海一位白领在朋友圈发了一条消息：个人信用分数 766 分。在这个分数的旁边还写有四个字"信用极好"。这有什么意义呢？原来凭借这个分数，

她就可以申请到申根签证，持这个签证，就可以在包括芬兰、法国、德国、意大利等 26 个国家通行。

这位白领得到的分数来自"蚂蚁金服"2015 年年初推出的信用服务——"芝麻信用"。支付宝用户可以开通自己的"芝麻信用"功能。"芝麻信用"用五个维度综合了个人用户的信用状况：信用历史、行为偏好、履约能力、身份特质、人际关系。用户的"芝麻信用"分数达到了一定的数值，其租车、住店、网购、办理签证就有望不用交纳押金，或可以先试后买、不用提供存款证明了。

基于购物信息、水电费交纳、支付习惯、黑名单记录等大数据，就可以掌握一个人的信用状况。当然，有的大学生是没有办理信用卡的，但这些人可能早就在网上购物了，甚至已经成为支付宝资深用户了，他们在互联网上留下的足迹和行为数据，已经可以为其信用打分。

目前，互联网征信企业也存在一些问题，如独立性与客观性的问题。互联网征信企业应该努力保持中立、公正。有人指出，有的企业虽然掌握不少数据，但是没有掌握其平台之外的数据，因此是不完整的，尚有待改进。

## 三、大数据在宏观管理方面应用很广

大数据应用于宏观层面的人力资源管理，可以表现在很多方面。

### （一）信息公开能够促进就业

由于推动社会信息公开、透明与共享，使内部与外部利益相关者都提高了工作效率，产生了公共效益。例如，中国人民银行上海总部公开金融信息后，催生了一批金融信息咨询服务公司，拉动了 10 多万人就业。

### （二）实时数据确实促进就业

联合国启动"全球脉动计划"，为各国提供实时数据分析，以便准确了解人类福利状况，降低全球性危机对人类生活的影响。联合国前秘书长潘基文说，联合国必须为自己的服务对象服务，帮助那些失去工作、生病、难以养活自己和家人的人。

### （三）个性服务大大促进就业

传统公共服务强调共性，实际上，个性化需求十分迫切。德国联邦劳工局通过对就业历史数据的分析，区别了不同类型的失业群体，实行有针对性的服务，在每年减少 100 亿欧元的情况下，减少了失业人员平均再就业的时间。

### （四）"千人智库"促进人才创业

"千人智库"是一个依托全球人才资源大数据，对接各级政府、企事业单位人才与项目需求，面向市场提供高端猎聘与咨询服务的民间智库。总部位于湖北武汉光谷。"千人智库"拥有巨大的数据资源，整合了《千人》杂志、科研出版社（亚洲最大的开源电子期刊出版社之一）、汉斯出版社（全球最大的中文开源电子出版社之一）等相关机构的人才资源，掌握全球 1 000 万名以上的科学工作者数据，并形成了每天实时更新的智能化人才大数据。作为一个巨大的信息化平台，"千人智库"能够精确匹配客户的人才需求，已经为天津、湖北武汉、鄂州、襄阳、黄冈，以及浙江余姚、辽宁本溪、江苏南京、北京中关村等地开展人才引进与项目对接服务。与传统的引才方式相比，"千人智库"具有服务范围大、引才效率高、成本付出低的特点。

以上是对大数据应用于宏观管理方面的总体介绍，但这不是本书的重点。本书主要讲的是大数据应用于微观管理方面的一些问题。

## 第二节　基于大数据的人力资源管理

关于大数据人力资源管理，人们有不同的认识。例如，有人认为，当前使用的数据，尚不够大；还有人认为，目前的管理距离大数据管理差得还很远。在互联网时代，大数据已经生成在我们身边。我们使用的互联网就是"互联网""大数据""云计算"。包括简单至极的出行打车，你所使用的手机（移动终端）工具，就是以大数据为基础的。因此，在本节的论述中，均以"基于大数据的××"来加以区别。这是需要说明的。

## 一、基于大数据的人力资源规划

人力资源规划，就是对组织人力资源的进出以及配置做出提前的设想与准备。显然，这需要弄清几个问题：当前本区域内的人力资源总况，当前组织内人力资源余缺，当前本组织最需要的人力资源类型、层次和数量，内部人力资源流动配置计划方案等。

哪些人会离职要特别引起重视。因为人力资源工作者必须保证人力资源能够充分满足组织内各个工作岗位的需要。

通过数据挖掘，专家发现，通过询问"不墨守成规的人，在每家公司都有生存空间"这样一个问题，同意该说法的人，往往跳槽率较高。这是回归方程计算的结果。

沃尔玛公司认为，统计回归不仅可以对员工离职进行预测，而且能同时报告预测的准确程度。沃尔玛从它的雇佣测试回归中学到三件事：一是应聘者在其岗位上能够工作多少时间（比不同意该说法的人少 2.8 个月），二是这种预测的精确率有多大，三是这样的应聘者供职更久的概率是多少。

## 二、基于大数据的人力资源招聘

人才管理从系统论的角度看是一个"进管出"的过程。也就是首先将各类人员包括其高端部分——人才引进组织之中。

大数据时代的招聘以数据作为衡量人才的前提，以模型作为评价人才的标准，能够进行迅速、有效的筛选，保障招聘质量。美国 IBM 公司花费 13亿美元，收购了 Kenexa 的一个招聘培训机构（它每年向 4 000 万工作申请者开展问卷调查，获得基于大数据的人员特质分析），使招聘岗位与应聘者之间实现更加精确的匹配。专家认为，这种形式的招聘，从技术角度看，是持续的数据挖掘过程；从信息角度看，是关联信息不断组合的过程；从专业角度看，是对岗位价值、胜任力的理解过程。

大数据时代的人才招聘，是一个双向选择过程。组织要选人才，人才也要选组织。这是一个双向互动过程。

## （一）借助社交网络

目前，企业招聘已经能够借助社交网络，达到知人的目的。社交网络是拥有大数据集群的最大主体，能够通过它获取应聘者生活、工作、能力状况及社会关系等各方面的信息，形成立体形象，便于企业做到"精确人岗匹配"。融合社交网络的最佳对象，有人认为是 Linkedln。它能够借助社交基因弥补传统网络单向招聘的不足，既能令雇主与应聘者之间彼此深度了解，也能节省招聘成本，提高招聘效率。

## （二）通过人力资源外包公司

现在美国很多人力资源外包公司能够从两个对立的方面为求职者与招聘者提供服务，如 Glassdoor、TalentBin、Identified 等。在 Glassdoor 这家公司注册的求职者，可以了解应聘公司的薪酬水平、工作环境、公司内幕，在与脸书公司整合后，还可以告诉你，应该结识公司里的哪些人，可以提出想到哪个岗位工作。还有的公司借助社交网络，能够告诉求职者应聘公司内部"有哪些认识的人"，公司有没有关于职工婚姻状况的潜规则。要想晋升，需要准备什么样的知识、提高什么样的技能，被聘任之后，可以按照什么样的路线图发展自己等。

作为人才招聘方的企业，自然十分想获得应聘者的信息。TalentBin 公司通过收集社交网络上的个人信息，整理编辑出一个以人为中心的信息库，想招聘什么样的人，可以通过搜索获得。另一家叫作 Identified 的公司，可以对求职者进行打分比较。其核心功能是通过工作经历、教育背景、社交网络为求职者打分，其信息来源为Facebook。

### （三）人才网络招聘

通过互联网进行招聘，目前已经广泛流行。将来，基于大数据的网络招聘，会将网络社交功能引进招聘过程。在新型的网络招聘过程中，求职者可以在网站建立自己的简历，分享求职经验，关注职位信息，建立人脉；组织也可以在上面树立自己的企业形象，吸引优秀人才加盟，发布招贤信息。

人力资源招聘首先需要面试。关于面试的方法很多，这里不再展开论述。比较先进的方法是一种通过游戏识别人才的技巧。

### （四）高效率的视频招聘法

最近出现的基于大数据、人才模型的"欧孚视频招聘法"是一种高效率的招聘法。欧孚视聘董事长黄悦称：这种方法整合了人力资源专家、移动互联网专家、心理学家、视频技术专家、行为分析专家的智慧，共同研发而成。其所依靠的心理技术是"五大职业人格"，而不同之处在于通过采取视频数据，来读懂应聘者的形象、表情、气质、表达、手势。关键点在于应用了机器能力、分析算法，把大数据与人工智能作为武器，完成了将应聘者与所招聘职位的匹配。无论是从准确性来看，还是从效率上来看，都得到了成倍提升。

这种方法被国际学术界称为"科学读心法"，又被称为"人工神入"。最大的革新之处在于不是通过直接询问，而是依据一个人释放的个体信息，包括表情、语言、体势语言、生理特征来判断其内心状态。移动手机用户可以通过微信把一段视频发过去，进行分析。这种方法的主要优长之点是移动化、可视化、精准化、温情化。

### （五）有趣的"芥末侍应"游戏识人法

玩家在游戏中是一家食品店的服务员。他需要依据顾客的表情来给他相应的食品。开心的顾客就要给他代表开心的食品，难过的顾客就给他代表难过的食品。虽然看上去这个游戏与一般游戏没什么两样，但可以对玩家在游戏中每千分之一秒的行为进行解析，考察他们与就业职位相关的性格特征，如责任感和应变能力等。

另外，还有很多这样的游戏能够辨别被测者的智力水平、情绪控制能力、对环境的适应能力。其最大优势是在短时间内进行多项测试，而且无须被测者做出有倾向性的回答，他也无法作弊。这种游戏软件是奈可（Knack）公司开发的。专家说："大数据的应用，使得计算机在处理大量数据时，可以从中挑选出人关注不到的信息。这就能够使人力资源工作者做出更加客观准确的招聘决策。"人才招聘以往主要靠面试与简历筛选。前者误差大，难免受到"以貌取人"的影响。后者也会受到千人一面的困扰。

### （六）人才雷达与雷达人才

人才雷达是基于云端，利用数据挖掘定向分析，帮助企业找到合适人才的信息平台。创始人是周俊博士。他说："通俗一点讲，就是基于数百万计的论文数据、几百万的简历数据，加上微博的支撑，根据企业的招聘需求，搜索关键词，自动匹配求职者，根据个人的求职需求，自动匹配一些职务。"

这种方法能够从 9 个维度给出某个潜在求职者一个分值。在互联网时代，每个人在网络上留下大量数据，其中包括生活轨迹、社交言行等个人信息。依靠对这些数据的分析，能够将锁定的人的兴趣图谱、性格画像、能力状况从中剥离出来。例如，可以从高校网站获取这个人的所受教育经历；可以从其所发表的论文、专业论坛发表的文章、被人引用的次数了解到专业影响力；可以从其所交往的好友辅助判断能力状况；可以从其网上的抽象语言判断性格特征；可以通过分析其网上行为表现而得知职业倾向；可以关注其发微博的时间特点、在专业论坛上的时间来推测其是否符合某种职业的要求。

以上讲的是人才雷达，那么什么是雷达人才呢？

雷达人才是专门等着人才前来登记的一个地方。其网页显眼的位置上写着"雷达那么强，我想去试试""又好又快又不要钱""找工作，雷达一下"。

打开网页，求职者可以将自己的姓名、求职要求填写进去，一周之内，自动登录。其实，这时你就是其人才库的一个成员。你需要找工作，他们也需要你的加入。

"数职寻英"是周涛博士的一个创新。它其实是一个借助手机的"社会众包平台"，又叫"指尖招聘"。周涛解释说，当你在朋友圈分享了一个招聘需求，并被朋友分享给其他人，最后有人获得此信息并被录用了，那么所有转发此信息的人都将获得奖励。这么一来，人人都可以是猎头。

大数据时代的人员招聘，能够结合社交网站，掌握应聘者的各类信息，包括个人视频、工作信息、生活状况、社会关系、个人能力等，都能被了解，从而形成关于应聘者的立体图像，有利于做出正确判断。

## 三、基于大数据的人才选拔

专门研究大数据时代人才寻找的哈尔滨工业大学教授唐魁玉说："国内一流大学在引进长江学者、"973"首席科学家和其他杰出人才时，应在全球范围内人才数据库里加以遴选和聘用。这样做的结果，既可以避免做井底之蛙，也可以防止掌握人事权的人以权谋私，随意聘任自己关系网里的熟人，促进一流大学人才间的流动。"这对有志于寻找高级人才的省市、行业来讲是一个重要提醒。

### 👤 案例：凭借大数据寻才的美国 NBA

在美国 NBA 征战的球队，都有自己专属的大数据工作人员。其中最为重视的非凯尔特人与火箭莫属，而不重视数据的球队总是在联盟中垫底。

22 岁的达雷尔·莫雷成为休斯敦火箭队的总经理助理，第二年成为总经理。他善于利用大数据选人，特别是选到了当时名声不那么显赫的韦斯特、杰弗森和杰拉德。当时争议很多，后来却证明莫雷的选择是正确的。

莫雷还善于利用大数据预测一个队员与其他球员配合时的表现。莫雷曾在选秀中放弃了当时最红的杰伦·戴维斯和约什·麦克罗伯茨，转而选择了身高只有一米八的后卫亚龙·布鲁克斯。很多人对此不解。后来，他的表现压倒了包括当时"榜眼"在内的诸多新秀，成为一颗冉冉上升的新星。但莫雷对自己的计算方法从不向外讲，一直讳莫如深。

### 案例：用数据分析选择棒球队员

对于棒球球员来说，是通过肉眼考察选拔好，还是通过数据选拔好？这个问题一时还很难回答。但美国作家比尔·詹姆斯认为，数据胜于肉眼。他说："肉眼的观察不足以让人了解到评价一个球员的标准。仅凭观察不可能看到上垒率 0.300 的击球手和 0.275 的击球手之间的差别。他们仅仅是每两个周击一下的区别。如果你一年观看 15 场比赛，那么 0.275 的击球手就有40%的可能性比 0.300 的击球手击出更多安打。好的击球手和一般的击球手的差别，是不容易看出来的，只有从他们的记录上才能看出。"

有人发表评论说，在球探们看来，要找到一个好的棒球队员，需要开车走 6 000 多公里，住上百次破烂的汽车旅馆，在 Dennys 餐厅吃无数次的饭，之后才能在 4 个月内看完 200 场高中或者大学的棒球比赛，而且其中有 199场完全没有意义。而要真正能够看到细节，还必须正好坐在球手的正后方。这样的机会可能只有一次。

这里，核心的分歧在于，到底是应该凭经验观察，还是凭统计数据来做出选拔人才的判断。

"奥克兰运动家队"的总经理比利·比恩是读过詹姆斯文章的人，他是赞成以数据选人的人。比恩非常喜欢一个叫杰里米·布朗的人，因为他比别的球员走动得更积极。可是球探们不喜欢这个人，认为他太胖，而身材笨重的人是不可能在球队中打主力的。但是比恩却不信这一套，他丝毫不在乎球员的外表体型怎么样，关注的是能不能打赢。后来布朗的进步比那年买到的球员进步都快，成为显赫的主力，第一场比赛就打出了好成绩。

詹姆斯在《魔球》一书中详尽记录了奥克兰运动家队等球队凭借数据而在自己领域的长期成功。这既是对以数据取胜者持久影响力的礼赞，也是对崭新的选人方法的礼赞（参见《大数据思维与决策》）。

## 四、基于大数据的人力资源配置

关于人力资源配置，人们必然会想到有关"能力模型"的研究。1973年，哈佛大学麦克利兰教授发表论文指出，一个人能不能胜任某项工作，不是要看其智力，而是要看其胜任力。找到能够区分绩效优异与绩效低劣的一些潜在心理特征很重要。从此，有关胜任力模型的研究在美国兴盛起来，并逐渐影响我国。

能力模型的开发过程是严格遵循心理测试标准的。模型做好后，可以以它为基础，开展人才招聘、配置、培训、绩效考评等。实际使用过这种模型的人都会感觉到，其开发过程比较复杂，费用也不菲，但并不实用。伴随着互联网的出现，人们逐步认识到，岗位是不断变化的，基于岗位的能力模型，很难适应这种变化。人们在思考：如果重视一个人的智力水准，加上潜力考察，能不能打破原有的、中心化的、封闭的心理评估工具，代之以能够反映群体智慧的评价方式呢？这种社会化的评价机制，可能就存在于社交媒体中，存在于群体智慧中。世界是否进入了"后能力模型时代"？

## 五、基于大数据的人才测评

人才测评已经进行多年，不少人力资源服务公司都在研究如何才能更精确地进行测评。我们认为，大数据可以在这个领域大显身手。

为什么看好大数据测评？因为马克思说过：人的本质是人的社会关系的总和。试问：在大数据时代到来之前，谁能够把一个人的"社会关系总和"搞清楚？

但是，社会上已经出现大数据"搜索引擎"。搜索引擎越多越好，信息仓库里的信息越多越好。有了这种搜索，不良分子已经难以遁形藏身。能不能反其道而用之——找寻到他的优秀面？大数据能够把人的各种信息踪迹迅速抓取、搜集在一起，并能够进行综合分析。所以，大数据方法是人才研究的利器，也是人才测评的利器。但是，一定要注意道德与法律问题。

更深一层的意思：对于人才测评，不宜将对象分得过细。过细了，便什么也找不到了。不过，能否通过人才品质测评人才，目前尚存争论。先来看看反方，美国一位著名教授的观点。哈佛大学校友汉德法官，在写给哈佛大学校长洛威尔的一封信中说："如果有人能设计出一套诚实的品性测试方法的话，它或许会很管用。但除了能发现显而易见的不良行为外，我怀疑它的可行性。总而言之，在我看来，只能通过学识来选拔学生。"

在讨论人才测评的时候，有一个动态值得关注：计算机识别人的面部表情技术。

当你打开视频网站看到一则广告时，禁不住流露出惊喜的表情。这时，摄像头提示灯忽然闪了闪，这是什么意思？实际上，这是在对你进行测试，包括眼睛定位，寻找嘴部水平中心线，$x$、$y$、$z$ 轴建模，眼轮匝肌、皱眉肌、颧大肌各块肌肉的位移，数据传回，数据库表情匹配。

计算机对人面部识别技术准确率达到 96.9%。对更复杂的复合情绪识别率达到 76.9%。有家美国公司专门为顾客提供情绪反应数据。此方法还可以用来进行表情测谎。原理是：人们进行虚假和真实的感情表达时，使用的大脑映射不同，因此反映在面部肌肉动作上也有不同。这样微妙的变化人类很难区分，对计算机来说却很容易。

笑是人的表情的一个最基本的动作。但是，一般人对笑的详尽分类并没有注意，认为就那么几种。实际上笑有 27 种之多。对于这么多种的笑，靠人的肉眼是分不清的。但是计算机可以做到，可以在千分之一秒之间，捕捉到是哪种笑。它靠的是对面部肌肉的微细动作的分析。也就是说，计算机加上大数据，可以通过模型来分析一个人的笑到底是一种怎样的含义。这对研究知人之术是一种有价值的参考。

## 六、基于大数据的人才使用

在每个企业里面，都会产生大量的数据踪迹。通过分析员工之间的沟通数据，不仅能够了解员工个人的表现，而且能够掌握团队的合作状况，从而能够采取有效措施提高企业内团队的合作效率。甚至在团队组成之前，就能预测出队员间的合作情况，以及可能出现的问题。

利用传感器和数字沟通记录，可以帮助公司高层知道不同团队擅长完成何种类型的任务，从而创造出"团队指纹"，也就是他们中的职工与什么类型的任务能够做到相互匹配。

建立团队指南，不仅会让这个团队在某一个特定项目中获得成功，而且会让公司长期受益。

## 七、基于大数据的人力资源考核

考核是人力资源管理的重要环节。没有考核就没有管理。

在谈到考核问题前，我们先来认识一个在美国已经出现的奇妙东西——社会传感器。

社会传感器是一种具有多种感应功能的装置。最初，它只包含一个红外线收发器、一个麦克风和两个加速度传感器，并在被严格控制的条件下使用。经过改进，传感器增加了显示功能，可以显示滚动信息，还可以戴在脖子上。后来，增加了一个蓝牙无线电设备，一次充电可持续搜集 40 小时，甚至可以做到无线充电。

传感器搜集信息包括两部分内容，即个人的（如是否抑郁）与社会的（与他人的交往）。重点放在互动模式与汇总统计上，它所关注的是不同部门之间如何协作。项目的每个参与者都可以随时删除自己的数据。

在美国，不少公司要求职工一上班就打开计算机记录你一天的工作。由于有了社会传感器，有了计算机对你一天工作的详尽记录，考核就变得十分简单。组织可以通过软件记录员工每天的工作量、具体工作内容、工作成绩，然后使用云计算处理，分析这些数据信息，据此可以清楚知道员工的工作态度、忠诚度、进取心等。基于大数据，考核就变成"人在干，云在看"。

既然考核已经进行，那么，根据考核结果，就可以按劳分配，将不同的薪点与对应的薪酬数量确定下来。有了大数据，对有的组织来说，可以实现"提前考核"。在国内，有的电商利用大数据，能够提前预测出每个员工的工作业绩。比如商品销售额任务是否能够完成，过去只能在年底算账，现在则可以提前预知，并适时对员工予以指导。那么，管理者是怎样知道哪个人无法完成预定指标呢？

原来他们通过大数据方法建立模型，将三个数据联系起来：第一个是"询盘价"，就是前来点击询问的商品价；第二个是下单价，要购买的总的商品价；第三个是实际发生的交易价。这三个数据之间有一定的比例关系。

## 八、基于大数据的人力资源薪酬

实际上有了基于大数据的人力资源考核，确定薪酬就有了办法。

大数据在薪酬方面的应用，在于对企业内薪酬的测定。这个不难，只是个计算问题。还在于对本行业薪酬水准的把握。为了获得国内外同行之间的竞争力，需要参考大数据为你提供的数据来调控本企业薪酬水准。云计算技术使你能够快速解决此类问题。

在谈论薪酬问题的时候，还需要认识一种小东西——社会关系测量器。社会关系测量器是干什么的？

西方国家早就时兴薪酬谈判。就是给你发多少薪酬，劳资双方有一个谈判博弈过程。美国有个叫彭特兰的人，是研究人类动机学的学者，依据大数据原理研究出来一种叫社会关系测量器的新发明。它能够记录在人们无意识情况下输出和处理的信号。彭特兰说，只需30秒的社会关系测量数据，就可以预测出双方在未来薪酬谈判中扮演什么角色。据说它的准确率达到95%。在薪酬谈判中，它有助于洞察谈判对手，提前使自己处于主动地位。

## 九、基于大数据的人力资源培训

当前，人力资源培训的一个重大特点就是在线教育人数大增。在线教育浪潮在美国涌起。一系列智能网络学习平台成为投资重点。著名的在线教育公司与普林斯顿和伯克利、宾夕法尼亚等大学合作，在互联网上免费开放大学课程。

这些学校的课程可以实现全球几十万人同步学习。分布在全世界的学生不仅可以在同一时间听取同一位教师的授课，而且可以和在校生一样，做同样的作业，接受同样的考试和评分。

我们国家也不落后。国家开放大学携各分部、行业（企业）学院、地方学院、学习中心等，与相关行业、企业与工会系统等开展了广泛合作，面向生产和服务的一线职工开展培训活动，实现了产业工人不必耽误工作就能学到与自己职业息息相关的知识，并能获得相应证书。

开放大学是 20 世纪 60 年代出现的世界高等教育领域的一种新型学校。这种大学强调开放教育，强调利用现代信息技术与教育教学的深度结合，向有意愿学习、有能力接受高等教育的人提供学习机会和服务。

英国开放大学是世界上最早成立的开放大学。开放大学由于其独特的教育理念、价值取向和社会效益，日益受到国际社会和各国政府的高度重视。在我国发布的教育规划纲要中曾明确提出，要"大力发展现代远程教育""办好开放大学"。目前，开放大学正在围绕促进全民学习、终身学习、学习型社会建设而进行积极探索。

与此同时，越来越多的培训机构开始开发专业的网络培训软件，供用人单位根据自身需要选择购买。这些软件能够忠实记录每个员工的学习行为数据，并将其归入员工个人学习档案，生成个人学习曲线图，反映个人学习成长过程。

### 专栏：微课与慕课

**微课**：2008 年，美国新墨西哥州圣胡安学院的高级教学设计师、学院在线服务经理戴·彭罗斯，将原本几十分钟、几个小时的课堂内容提炼出要点，制作成十几分钟的微型视频课堂。自此，微课概念出现。

**慕课**：它是以信息技术为基础的更大时空背景下的课程，是在世界范围内任何人都可以自由出入的大学堂。其最不可思议的创举是：进入名牌大学名教授的课堂，竟然可以分文不付。

以互联网与大数据为基础的新的教学生态是：单向传播变为互动传播，通过订阅信息能够构建自己独特的知识结构，废除大学围墙与教室，学习可以随时随处进行，而且不受经费的限制。目前，中国石油大学联合其他院校已经整合构成了1万多学时的"泛在学习资源库"，并开发了适合手机、平板电脑、计算机等多种终端进行学习的方式。

现在，越来越多的企业开始购买网络培训课程。这不仅能够节省培训支出，而且能够记录每个员工的学习行为数据。不仅能够知道每个员工学习情况如何，而且能够根据实际情况给每个员工量身定制课程，提升培训效率。

大数据、互联网、云计算能够把行政办公、教学管理、学生管理、教学资源管理、一卡通集成在一个统一的门户下，为全校师生提供一站式服务。在福建化工学校，每个学生都有一个终身账号，也就是他的学号，即使毕业了，只要有一部手机（或者能联网的计算机），都可以进入学校的数字校园平台学习。学生在工作之后仍可以"回到母校"，开阔视野，参加终身学习。

飞行员培训也可以基于大数据。在飞机上有一种与黑匣子一样重要的东西，叫作"快速存储记录器"（QAR）。实际上是一种带保护装置的飞行数据记录设备。它的功能是通过在飞机机身安装的几千个传感器，搜集到从飞行员走进机舱到飞机落地的全部操纵动作数据。

美国通用电气（GE）公司采集了5 500多架飞机的7 800多万小时的飞行数据，从中整合出4 600多个预置飞行模型，形成了一个强大的数据库。它的功能是能够帮助航空公司实现智能化飞行。这个数据库帮助我国春秋航空精确还原了3年内的23万项飞行数据，能够看到每一个细小操作，并对飞行员的操作习惯进行了跟踪。之后又对数据进行了深度分析，在日后培训中有针对性地改善飞行员的不良驾驶习惯。

## 十、基于大数据的实际操作考试

考试的类别较多，这里仅举一例来说明利用大数据改进的方式方法。

实验操作考试是目前中考的一个项目，但是操作起来比较困难。以山西太原市的一场中考为例，传统的实验操作考试是这样的：全市分物理和化学两个考场，每天考 14 场，每场 15 分钟，场次间隔 20 分钟。每个考场 24 名考生，12 名监考评分教师，每个监考评分教师负责 2 名考生。一天之内，每名教师只能监考 28 名考生。在每场间隔的 20 分钟内，教师还要整理仪器，调整摆放位置。由于教师数量不足，持续时间长，劳动强度大，历来都是实验操作考试的难题。另外，人为地监考评分，难免有失公允，也成为考生及考生家长担心的问题。

太原市教育局在中考理化实验操作考试中，利用现代信息技术手段，在大数据的助力下，创新了考试形式，取得了良好的效果，受到普遍欢迎。

太原市教育局的做法是：成立太原市理化实验操作考试领导小组；在太原市教育装备中心设立实验操作考试工作办公室，研究实验操作考试必须使用的科学手段；在专业公司的技术支持下开发出"互联网＋实验操作考试评价系统"。该操作系统由操作云数据管理中心、考场设备（包括网络摄像头、考生终端、考点管理软件）组成。能够实现考生、学校、考题、考场等所有数据信息化管理，视频监考，实验过程记录，并通过互联网传输至数据库，进行后期追溯与大数据分析。

这种新型的实验操作考试方法已经装备了 41 个考点、82 个考场。在每个考场考生的考题是由每组的第一个考生随机抽取的，抽取过程在大屏幕上实时显示。进入考场后，每个实验台上都有一个数据盒，两旁固定着两个高清摄像头，考生实验操作全过程通过视频数据传输到云数据管理中心，监考老师现场评分，经学生确认后，即时输入分值，提交数据中心，整个考试过程高效、透明、客观、公正。

即使在考试成绩公布后，如有疑问，也可做即时查询。网上阅卷也在很大程度上解决了实验操作考试打分公平性问题。通过实验考评系统的大数据分析，还为实验教研积累了大量真实的基础数据，为实验教研的开展提供了坚实基础。

## 十一、基于大数据的人才评价

很多中国人喜欢唐诗。我问你：你知道哪位唐代的诗人最受欢迎吗？这个问题有点不好回答。因为人们的喜好不同。有人喜欢慷慨激昂的诗，有人喜欢温柔细腻的诗；有人喜欢五言，有人喜欢七律；有人喜欢禅意，有人喜欢朦胧。但是，能不能综合起来，把最受欢迎的诗人找到呢？

回答是能够。这就要通过科学的评价方法。

最近有人通过对四个方面的数据搜集，对最受中国人喜欢的唐诗进行了排序，出版了一本《唐诗排行榜》。这四个方面是历代选本入选唐诗的数据、历代点评唐诗的数据、20世纪研究唐诗的论文数据、文学史著作选介唐诗的数据。另外，互联网上的阅读、评论、载录也统计在内。对这些数据按照一定的方法进行加权处理，按照得分多少，自然就可以把最受喜爱的唐诗找出来，最受喜爱的诗人也就凸显出来了。

大数据还能够评价出诺贝尔奖得主。世界著名的汤森路透公司曾经准确预测到谁是某个年度的获奖者，准确率高达 8/11。

人们不禁要问：他们是怎么预测准确的呢？途径就是凭借大数据。他们说："预测的力量来自引文分析，因为论文之间的引用是基于每个科研人员的学术判断，因而引文数据库就蕴藏了全球科学家的群体判断，并反映出科研活动的延续性和知识的传承。基于大数据的信息分析能够为科技规划和决策提供多方面的支持，包括了解科技革命的趋势、发现机会和风险、制定合理的发展目标指标、根据评估研发投入的产出情况来优化资源的分配等。"

从这里也可看出，大数据在人才发现、预测、预判方面确实可以大显身手。

## 十二、基于大数据的人力资源管理优化

当谈到人力资源管理的时候，首要的就是："那个人今天上班了吗？"如果连一个人今天上班还是没有上班都搞不清，那么，所谓人力资源管理就成了一句空话。

关于上班，首要的又是"点卯"，也就是签到。《西游记》上签到叫"点卯"。卯时就是 5～7 点，可见古时候对上班也是有时间要求的。从新中国成立后到今天，先后经历过"签到""点名""刷门卡""刷指纹"几个阶段，现在又出现了连接企业 Wi-Fi 和微信摇一摇等方式，这也叫"移动签到"。除此之外，通过微博、微信、QQ 社交平台，打开地理地位，加配个人工作照片，正成为当下企业最新的考勤方式。

最早想到改变点名考勤方法的是一位美国教授。为了对付学生逃课他想了各种各样的办法。最简单的是"教授点名"，逐个签到，这适合学生较少的情况，如果几百名学生一起上大课，就不灵光了。后来有个教授把一种叫 dicker 的神器引入课堂，学生只要在课堂按一下，系统就会自动记录下其出勤情况。当然，这个神器还可以用来为学生释疑解惑，一举多得。近年来，随着智能手机的发展，App 在我国校园中开始发挥提高学校综合管理能力的重要作用。有方便起床、饮食、读书、选课的 App，点名功能自然也在其内。不需要纸笔，不需要刷卡，学生只要带着手机进入教室，系统就会自动记录考勤。应该说，是大数据、云计算使一些很难管理到位的事情轻松做到了。

华东师范大学一名女生曾经收到来自学校"勤助中心"的一条短信。短信问："同学你好，发现你上个月餐饮消费较少，不知是否有经济困难？如有，可电话、短信或邮件我。"实际上，那位女生是为了减肥而减少了饭卡支出，没想到，引发了学校饭卡消费数据监测系统的关注。这个监测系统通过饭卡消费数据分析学生的经济状况，推测如果花销显著少于正常状况，校方就会考虑是否应该采取必要的干预措施。这名女生十分感动。她就把这条短信截图发到了微博上，引发了人们的一片赞扬声。人们说："负责的学校，

让冰冷的数据有了人性之美！"

大数据不仅能对个别学生关怀备至，还能大面积导航学生成长。据中国教育报报道，上海闵行区依托大数据，致力于教育管理信息化取得明显成效。学生进出校门，刷一下电子学生证，从其到校、离校时间，就能看出学校是否经常延迟下课、放学时间。这个电子学生证，又是学生健康卡、借书卡，还能了解学生参加了哪些体育运动项目与社会实践活动等。

学生的电子档案包括 4 个维度、14 个一级指标、38 个二级指标、53 个三级指标，具体包括身心健康、学业进步、成长体验、个性技能。家长和老师能够通过这个档案实时了解学生成长的点滴进步与潜在问题。

大数据管理人力资源还包括从反面来做事情。如对进入人才市场人员的筛查。国内有家利用大数据的人才交流机构发现，市场上来来往往的寻职人流中，有万分之一的属于在逃犯。如何防止他们危害社会是一个必须引起重视并应采取相关措施的问题。有的市场已经开始实行人员筛查，成效突出。

这个问题涉及人事系统与公安系统的配合，合作双赢。所以，不能搞信息孤岛，信息封锁，老死不相往来。

大数据研究青年专家周涛在讲解大数据管理的时候，讲了这样一个故事。

他们从成都电子科技大学 3 万多名在校生那里，采集到 2 亿多条关于学生的行为数据。这些数据的来源包括学生的选课、进出图书馆和宿舍、在食堂用餐、到超市购物等方面的记录。通过对学生不同 ID 卡"一前一后刷卡"记录，可以发现一个学生在学校有多少亲密的朋友，如恋人、闺蜜、死党等。他说，通过数据分析，发现了学校里有 800 多个最孤独的人，因为在平均两年半的时间里，他们一个死党都没有。在这些数据的背后，说明这些学生存在一定的社交障碍。其中 17%可能产生心理疾病。由此，他建议学校应该采取适当措施，对这些学生更加关注，有针对性地帮助他们解决心理问题。

大数据在社会性人力资源管理方面也能够大显身手。《中国青年报》曾报道，安徽省芜湖市镜湖区法律援助中心的一名律师，长期关注未成年人案件。以往坐在办公室里，等待家长上门求助，因为不知道需要帮助的孩子是谁。一年下来大致办不到 10 起案件。可是现在已经增加到 30 起。这是为什么呢？

原来，作为全国首批智慧城市，打破了政府部门间的信息壁垒，公安、市容、人社等多个部门信息共享，建立起大数据信息平台。现在信息内容已有 56 个大类、8.3 亿条信息。只要在"信息搜索"栏设置条件，就可以找到辖区内应该重点关注的青少年。过去服刑人员的未成年子女数据很难掌握，如今在保护其隐私的前提下，利用大数据平台能够准确获得相关信息，从而可以"悄悄地"上门服务，进行帮扶，化解矛盾。

大数据还有助于组织机构精简。比尔·盖茨早就指出，信息高速公路开通之后，公司的结构将发生演变。要削平各大公司通常具有的等级差别。只要通信系统足够良好，公司就无须设立那么多管理层。曾经作为上下级指令传输链条上的中间管理人员，现在也不再显得那么重要了。

工业化带来的金字塔式管理层级结构，一方面带来了较高的控制力，另一方面带来了官僚主义。伴随着信息技术的发展，组织里较低层级的员工也可以掌握大量信息，原来纵高式的组织架构就失去了存在的意义，于是扁平化在西方企业将成为潮流。大数据的出现加快了这个过程，像中国小米这样的企业，也出现了扁平化趋势，员工的主动性、创造性进一步得到发挥。

大数据时代的发明层出不穷。全球知名的人力资源管理服务商 Peoplesoft 公司提出"我的个人服务平台"概念，利用信息系统增加员工服务，改善了员工关系，提升了管理质量。通用汽车公司则推出了一个名为"我的苏格拉底"的自助服务网站，使原来 150 名管理储备人员减少至 4 人，等于精简了臃肿的中层工作人员。


# 第三节　加快大数据行动，关键是要做起来


人力资源管理大数据怎样做起来？《促进大数据发展行动纲要》指出：要持续人才培养模式，建立健全多层次、多类型大数据人才培养体系。大力

培养具有统计分析、计算机技术、经济管理等多学科知识的跨界复合型人才。积极培育大数据技术和应用创新型人才。依托社会化教育资源，开展大数据知识普及和教育培训，提高社会整体认知和应用水平。

麦肯锡全球研究所的一份报告认为，未来 6 年，美国需要 150 万精通数据的经理人员、14 万～19 万数据发现专家。中国需要多少大数据人才？目前没有统计。

## 一、领导要重视这项工作

贵阳市在这方面已经走在了全国前列。这件事好像不大好理解。为什么这么讲呢？因为贵阳在我国西部，社会经济发展比较落后。但是，经济社会发展的落后，并不影响在大数据方面领先，我们在这方面与世界发达国家的距离并不大。

贵阳市在大数据发展方面，有了 7 个全国第一：中国第一个大数据重点实验室，中国第一个全域公共免费 Wi-Fi 城，中国第一个块数据公共平台，中国第一个政府数据开放示范城市，中国第一个大数据交易所，中国第一个大数据产业集聚区，中国第一个大数据博览会和峰会。

贵阳市大数据发展已经取得不少实际成效：引进大数据项目 150 多个，投资总额达到 1 402 亿元，产业规模达到 605 亿元，引进全球顶级大数据企业 11 家。

目前，已有 20 朵云在贵阳落户。它们是食品安全云、电子商务云、社区服务云、智慧农业云、智能交通云、医疗健康云、教育云、环保云、旅游云等。

在中国，贵阳能够做得到，恐怕哪里都可以做得到。关键在于重视不重视。

## 二、要提前做好人才准备

大数据人才是当前社会最为短缺的人才。正因为短缺，应该加紧培养。

特别是对应用型人才的培养。

大数据人才从能力构成上讲是多元的。神州数码董事局主席郭为认为，关键是三种能力：IT技术能力、数学统计能力以及业务能力。IT技术能力包括软件和硬件能力，数学统计能力包括数据挖掘能力，业务能力强才能科学建模。就大数据人才类型而言，有人认为，包括数据规划师、数据工程师、数据架构师、数据分析师、数据应用师、数据科学家等。只有实现大数据人才的多元构成，才能实现应有的功能。

## 三、要勇于探索，真的做起来

大数据的实际应用理解为这么几个步骤：理解大数据（懂得知识），借用大数据（开放共享），做个小数据（小试一把），养个大数据（积水成渊），开发大数据（价值回报）。

既然大数据这么重要，那个人从何做起呢？可以从养数据做起。从个人的工作职责思考，也可以从个人爱好出发思考，到底从哪里养起。养是个爱好，是个过程，是种积累。结果呢？积土成山，风雨兴焉！

假如你从事的是人力资源市场工作，那么，你就可以从今天开始关注并记录有关人力资源市场的一些数据。比如，从业人员40.7万人，行业年营业收入8 058亿元，比2013年增长1 113亿元，增长率达到16%。这是全国人才中心副主任陈军在全国人力资源服务业发展高级研修班上讲的，很可靠。像这样的数据记录，一年两年看不出什么，时间长了，就能够看出名堂，发现一些规律性的东西。

所谓"大数据飞轮效应"，是你设想一个平卧在地上有支撑的钢铁巨轮，你想推动它，艰难之极。现在，你开始努力，持续不断地用一个大铁锤敲击它，它开始微微动了起来。这时，不要放弃，继续敲击，飞轮开始转动起来，而且越转越快。这时，你只要轻轻推动它一点点，它就会产生巨大的效果。此之谓飞轮效应。大数据也可以借助这个概念，从一点点数据积累开始，慢慢地形成"大数据"。

任何事情都有简单与复杂之分。大数据也是一样。简单分析比如现状分析（大学生就业）、关于某一项事情的分析（生产成本变化状况）；复杂分析比如年度收益预测分析、五年行业发展趋势分析。现状分析多为描述性的，预测分析多为预判性的。所以后者比前者复杂。万事开头难，有了开头，逐渐尝到甜头，就增加了自信心，也会逐步走向大胆应用。另外，如果刚开始借用第三方数据，之后开发自己的数据，也叫从简单到复杂。

问题的另一面是整个社会要理解数据开放的重要性。大数据要求数据开放，如果各个系统、各个单位都把自己掌握的数据把得紧紧的，不给他人使用，那么大数据就很难搞成。

据国内媒体报道，新华社人事局围绕人力资源大数据管理问题进行了积极探索。他们采用的数据标准是《全国组织人事管理信息系统信息结构与体系标准》，并以此为基础，涵盖在职人员、退休人员、调转人员、返聘人员、海外雇员、外籍专家等多类人员。数据内容包括全社各类人员的基本信息、相关业务信息。人均信息近 400 项，累计信息数量达百万级以上。为了拓宽信息库的内容宽度，他们还采用了面向全体人员的在线学习采集，以及在线办理。与此同时，他们还利用信息网络，形成了"以岗为点，以点结线，以线成网"的信息管理与服务平台。目前，新华社人事局已经开始利用大数据分析人力资源形势，为人事管理决策提供建议，如应届大学毕业生招考趋势分析、派驻国外境外分社人员报考意向分析、人才队伍建设总体情况分析等。新华社人事局的同志说，是大数据点亮了人力资源管理系统的"大智慧"之灯。

## 四、大数据应用中值得注意的几点事项

当重视大数据的时候，首先要注意量力而行，也就是从自身实际出发。比如，自己的公司、单位小，实力有限，那就没有必要投入很多资金干这件事。但是，应该懂得大数据能够干什么，了解其工作原理，做个明白人。等到公司实力大了，可以做了，再把它做起来。

同时，还要明白任何事物都具有两面性。大数据的副作用是可能侵犯个人隐私。大数据无疑能够搜集每个人的大量数据，这就隐含着个人数据被利用的风险。如何防止个人数据不被利用，就成为一个值得重视的问题。据媒体报道，很多人须臾不能离开手机，如果你下载了某个软件，很可能会有20 多项你自己不愿意公开的信息被自动搜集给了软件开发商。如果你戴上了公司发给你的社会徽章，那可能你的一举一动包括一天上了几次厕所都被记录下来，且都能够查询清楚。所以，国外学者呼吁要实行个人数据、信息的立法保护。这是十分必要的。

另外，最重要的是牢记"以道驭技"四个字。为什么？因为大数据毕竟是一种工具、一种方法。用这种工具和方法干什么、怎么干才是最重要的。

上海松江警方破获一起上海某大学城某大学两名大学生入侵校园网数据库案件。该校为提高学生身体素质，每学期要求大学生清晨参加数十次长跑锻炼，制度沿袭已久。但是，越来越多的学生不愿参加此项活动。因此，收费代跑的事情应运而生。雇人代跑已经高达每人次 300 元。而其他高校一般每人次 15～30 元。请不起代跑，又没有钱怎么办？陈某与张某通过黑客手段侵入学校内网的体育成绩系统，使自己的晨跑数据轻易达标。此后就做起了生意，每篡改一次记录收费 15～20 元，短短 4 个月非法获利数万元。

工具理性要与价值理性相结合，也就是要坚持以道驭技、以道驭器。有了正确的发展方向，加上科学有效的方法，我们的人力资源管理就一定能够迎着 21 世纪的曙光，跃上新的层次。

# 第四章　人力资源管理与财务管理

## 第一节　人力资源管理与财务管理的现状与改进分析

当前，世界经济发展的速度尤为迅猛，中国经济正处于转型阶段，对于各行业的企业而言，人力资源管理的水平决定了企业未来发展的速度与进程，管理模式只有具备系统化、合理化、科学化才能使企业在未来更加长远稳定地发展。同时财务管理在企业中的作用也是不可忽视的。本节主要分析了人力资源管理与财务管理的现状和改进建议，将人力资源管理与财务管理结合起来，以期在有限的资源中获得最大的利益。

### 一、人力资源管理与财务管理的现状

#### （一）人力资源管理存在的问题

1. 企业对人力资源管理的程度重视不足

就当前我国企业发展前景来看，部分企业人力资源管理的法制性与程序性建设并不完善，对人力资源管理所投入的力度远不如其他管理。具体表现在以下两个方面：第一，企业对人力资源管理与发展战略的重视程度严重不足；第二，企业员工的工作配置并不完善，所投入的资金总量也不充足。在

实践的过程当中能够看出，目前国内大部分企业并未对人力资源管理工作予以战略性的高度重视。当前我国大部分企业的经营者与管理者将工作精力放在了生产销售等环节，对人力资源管理在企业发展中的重要性认识不够，重视不足。

2. 企业人力资源的管理机制不够健全，存在一定的问题

企业在人才队伍建设的过程当中没有形成科学系统的管理机制，没有相对系统科学的管理办法与章程，导致企业在人才队伍建设方面、在职人员教育培训等方面存在一定的问题，阻碍了企业运营发展的进程。人力资源管理方面的问题主要表现在：员工个人素质能力具有较大的差异性；存在一人多岗的现象，从而导致员工整体的工作效率低下；其他工作配置不科学。

（二）财务管理存在的问题

1. 企业财务管理制度不够完善

企业在实际管理当中财务管理并未实现完全独立，从而导致在完成上级指派的任务时出现诸多的问题。同时由于企业并没有因势利导形成科学有效的内部、外部监督和责任追究制度，判定责任的界限相对模糊，并不能在问题发生之后对责任进行精准地划分，导致企业财务管理水平难以得到有效提升。

2. 企业财务管理监督机制不够健全

当前我国部分企业的财务管理缺乏有效的监督机制。企业的财务管理基本是由内部与外部监督两个部分而组成的，企业一般都具有内部监督机制，但往往都不具备外部监督机制。审计与监督人员在工作当中都不愿承担责任，从而阻碍了企业未来的长足发展。

我国部分企业对财务管理的认识存在一定的误区，企业高层更加重视财务核算工作，但是对财务管理与监督工作的重视程度严重不足，而这两项工作的好坏决定了财务部门工作整体的质量与水平。财务核算只是财务部门工作当中的子模块任务，良好的财务管理与监督工作能够及时地发现并解决问

题，从而使部门整体的工作质量与水平得到改善和不断提高。部分企业的基层管理部门往往会投入大量的人力、物力与财力资源在平常工作中及财务报表统计上，造成因有些财务管理工作不到位而存在隐患。但又因为管理职责划分不清，缺乏有效的管理和监督机制，无法及时发现问题，致使企业的财务管理存在潜在的风险。

## 二、人力资源管理与财务管理存在问题的主要成因

针对企业的人力资源管理与财务管理之间存在的问题，究其原因，是企业没有把握好二者之间的关系，导致两者关系失衡，没有发挥相辅相成的作用。

### （一）企业重财务轻人力

传统运营管理模式的企业核心管理部门一般都是财务管理部门，因为财务管理部门的工作内容与企业经济效益有着较为明显的关系，如财务报表、成本控制等。但如果因此将人力资源管理部门作为辅助型管理部门，轻视人力资源管理就有可能导致企业员工出现一定的问题，造成企业核心竞争力的下滑，不利于企业未来长远稳定地发展。

### （二）企业轻财务重人力

企业轻财务重人力的现象主要发生在刚成立的企业，这类企业在起步之初较为注重人力资源的管理，租用高档的办公场所和优厚的待遇来吸引人才的加入，加大人才的招募力度。但是因企业初期订单盈利会较少，财务部门的职能并未有效地体现出来，从而导致这种现象的发生。企业应该重视两者，充分发挥两者的职能作用。如果财务管理水平较差，企业在经历市场变化与冲击时，资金链会出现一定的问题，从而影响企业长远稳定的发展。

## 三、人力资源管理与财务管理的改进建议

### （一）建立良好的人力资源运营环境

人力资源运营环境大致可以分为以下两个方面：企业内部与外部环境。企业内部环境的主要内容为企业内控管理制度、企业文化等；企业外部环境主要包括劳动力市场的信息环境以及与企业相关的法律法规等信息环境。企业内外部环境对于企业而言是尤为重要的，对企业的发展有着极大的影响。所以，企业应建立起更好的人力资源运营环境，从而促使企业可以更加长远稳定地发展。

### （二）创新人力资源管理理念

企业应创新人力资源管理的理念，注重人员的工作配置，对企业员工的个人信息进行细致地分析与整理，在分配工作时应考虑员工性格、能力、素质等多个方面的信息，科学合理地对员工进行工作分配，实现人尽其才、才尽其用，从根本上提升企业核心竞争力。

### （三）创建更为科学合理的薪酬分配体系

一个企业要做好单位的人力资源财务管理，充分调动财务管理工作人员的积极性，关键是制定好科学合理的薪酬分配制度。人才的薪酬分配必须与工作绩效挂钩，要制定多元化的激励机制，将金钱奖赏与优秀奖励进行有机结合，从而促进财务工作人员自身潜能的发挥，进而充分帮助企业较好地完成预定任务。

### （四）转变财务管理机制

企业要初步形成财务管理的基本架构和体系，自上而下包含决策层、管理层和执行层。决策层要从宏观方面对企业的总体收入支出情况和未来的经

营方向进行指引；职能层则要侧重对财务计划进行深入分析和向决策层汇报结果，尽可能提出一些解决问题的办法；执行层则要严格按照企业的财务管理章程办事。这三个层级必须互相统筹协调，形成良性的沟通。

### （五）建立有效的财务管理监督机制

企业单位的财务管理应形成科学有效的监督机制。要从外部监督与内部监督这两个方面去抓，内部监督与外部监督具有不同的功效与作用。内部监督从组织部门架构及人这两方面进行。外部监督重点则是审计人员与审计部门要履行好自身的职责，对企业财务报表等信息的真实性及有效性承担监督职责，达到维护财务管理公正形象的目的。

企业单位发展的前提是用好人才并留住人才，因此企业单位的人力资源部门和财务部门应做好各自的管理工作，这是因为财务是一个企业、一个单位发展的核心，如果没有了资金，企业单位发展就会受到极大的影响。所以一定要因地制宜根据企业自身的特点，逐步树立正确的管理理念，不断完善财务的分配和奖惩工作。

总之，在企业的发展过程中，单位的人力资源部门与财务部门间的协调、发展关系十分重要。财务在企业的运行和发展壮大过程中，要切实有效地提高企业的预算管理和绩效考核的落实，从而可以最大限度地保证企业经费的使用得到落实。此外，人力资源部门要不断提高企业的人力管理和发展，为企业各个部门的运行提供可靠的人才保障。

## 第二节　人力资源管理与财务管理的双赢模式

一直以来，财务管理都对企业的发展产生了重要的影响，如果一个企业在财务方面管理不当，这个企业则会面临经济损失的风险，这也充分说明财务管理在企业发展中的重要性和地位。但我国企业对于人力资源管理的态度却与财务管理存在较大的区别。之所以产生重财务、轻人力的现象，主要和我国的经济体制接轨具有密切的联系。本节主要就人力资源管理和财务管理的关系展开分析，并探讨建立人力资源管理和财务管理双赢模式，以供参考。

## 一、人力资源管理与财务管理在企业中的地位

近年来，随着经济结构的改革，人力资源管理在企业中的地位显著提升。但是同财务管理相比，人力资源管理还处于较低的位置。为了缩短人力资源管理和财务管理之间的差距，我国在对经济结构进行改革的过程中，积极调整影响经济结构改革的因素。如今，国家经济发展迅速，我国外贸交易快速增长，但经济结构的转变使企业从中谋取的利益减小。因此，只有采用合理的方法将财务管理与人力管理相结合，提升人力资源管理在企业中的地位，这样才可以让企业健康发展。

## 二、人力资源管理和财务管理的关系分析

### （一）企业重财务、轻人力

通过对我国部分企业的调查发现，我国企业在发展的过程中出现了两个极端，其中的一个极端——重财务、轻人力。大部分企业在发展的过程中会制定一系列的规章制度和发展方案，并采取相应的政策对企业进行管理。但是在对企业进行管理的过程中，部分企业过于重视财务管理，严重忽视了人力资源管理。这样就导致企业发展以销售为核心，与产品服务存在一定的差别。如果企业不能转变重财务、轻人力的管理模式，企业的核心竞争力会消失。例如，2008年的金融危机导致很多工厂倒闭，这些工厂没有订单，缺乏产品，无法维持正常的运行。在这次金融危机中，很多国家损失惨重，但德国却没有受到严重的影响。主要是因为德国制造产业发展较早，德国企业十分重视人力资源和财务管理。对录用的员工，企业会进行培训和考核，并为员工提供法律保障，企业和员工共同发展，使企业的发展效果显著增强。

## （二）企业重人力、轻财务

企业发展的另一个极端，则是重人力、轻财务。改革开放后，我国劳动力过于密集，企业员工的管理工作难度增加。重人力、轻财务的问题主要存在于刚刚成立的企业，尤其是科技创新企业，这种企业急需大量的专业人才。很多企业为了引进更多的人才，开始租高档写字楼，提升员工的薪酬，为员工提供各种各样的福利津贴。但这种经营模式对企业的发展产生了严重的影响。由于企业刚成立不久，缺乏资金，一旦银行和投资人无法为企业提供资金，企业则会面临破产的危机。例如，很多团购网站为了获得更好的发展，开始利用高薪聘用人才、留住人才，但由于经营模式不成熟，在经营一段时间后，团购网站开始裁员，甚至倒闭，无法正常经营。

## 三、建立人力资源管理和财务管理双赢模式

### （一）转变传统的企业管理观念

企业要想获得长远的发展就要关注人力资源管理，将人力资源管理列入企业管理的方案中，对人力资源管理和财务管理给予同样的重视，这样才能引起企业员工的重视。企业经营者要发现员工的作用和能力，切勿只将员工作为盈利的工具，要能给员工提供更多的发展空间和机会，提高员工在企业中的地位。这样员工才会感受到自身在企业中的价值，员工的责任感也会因此提升。与此同时，企业要合理进行财务管理，促进财务管理人员和人力资源管理人员的合作，进而为企业的发展打下良好的基础。企业经营者只有转变传统的企业管理观念，企业才会呈现不断上升的发展趋势。

### （二）结合心理学，展开人力资源管理

对企业经营者而言，要想管理好员工，维持企业的正常运行和发展，企业经营者需要了解员工的心理。同时，结合员工的心理，制订相应的人力资

源管理方案，使心理学在人力资源管理中发挥重要的积极作用，帮助企业领导有效分析员工的心理。部分企业员工的压力越来越大，负面情绪不断增多，这些员工的情绪不稳定必然会给企业带来负面的影响。例如，管理者不断对员工进行抱怨、指责，影响员工心情，员工无法全身心地投入工作中，最终导致员工的工作效率下降。因此，为了让员工积极主动地投入工作中，企业在进行人力资源管理的过程中，要融入心理学。可以定期开展心理讲座，聘请心理专家，疏导员工的情绪，缓解员工的压力。像一些中小型公司，企业经营者可以带领员工参加一些娱乐活动，让员工感受到领导的关心和重视。这样有利于企业员工的身心健康，帮助他们树立正确的工作观。人力资源管理的发展需要结合企业实际的发展情况，企业在发展的过程中应为员工提供良好的生活环境和办公环境。同时，视本企业自身情况，可为员工提供住宿，开设员工食堂，给予交通补助和话费补助，为员工办理保险等。此外，企业应该对员工进行定期培训，提升员工的能力，让员工实现自身的价值。

### （三）重视员工存在的压力和情绪

人的情绪主要分为兴趣、愉快、惊讶、愤怒、悲伤、恐惧、厌恶、轻视和羞愧。因此，在制定人力资源管理制度时，经营者需要从人的心理变化出发。在一般情况下，当人在遇到不好的事情时就会产生悲观的想法。如果不能及时消除悲观的想法，人的心理就会受到严重的影响，这样就会产生负面情绪，而这种情绪会影响身边的人。带有消极情绪的人会导致企业工作氛围沉闷、缺乏活力，而带有积极情绪的人则会带动同事的积极性，与同事共同发展。所以，企业要重视员工的情绪管理，让积极的员工调动消极的员工，适当对员工进行鼓励和支持。企业经营者要学会疏导员工的消极情绪，让员工身心愉悦地进行工作。与此同时，企业也要进行压力管理，对于压力管理，企业需要根据不同年龄段的员工制订不同的减压方案。企业经营者只有重视员工情绪和压力的管理，才会得到良好的回报。

（四）企业财务管理实行合伙人制度

对于一些中小型企业来说，尤其是刚刚成立的企业，企业可以选择合伙人制度。合伙人制度需要由两个或两个以上合伙人拥有公司并分享公司利润，合伙人为公司主人或股东的组织形式。其主要的特征有以下几种：首先，合伙人必须共同分享企业的利润，但也要一起承担企业的亏损；其次，合伙人必须参与公司的经营和管理；最后，合伙人可以提出适当的建议，对合伙模式进行调整。在运用合伙人制度的过程中，要促使财务管理制度产生作用，合伙人要一起为企业筹集资金，为企业引进更多的人才，同时要一起承担风险。只有这样，企业才能更好地发展。因此，对于合伙人的选择，企业也要提出相应的要求。企业必须明确合作制度的实现程序，对合伙人的权利和义务进行详细的说明。企业的发展需要大家共同的努力，因此企业员工要做到齐心协力，才可以让合伙制度更有价值。这样一来，员工就会从中获取相应的利益，进而积极主动地参与工作。这种双赢的模式可以为企业引进人才和留住人才。在实行合伙人制度的过程中，企业经营者要能掌握合伙人制度的概念和主要作用，同时遵循相关的要求实行合伙人制度。

（五）财务管理中让员工持有股份

对于一些大型企业而言，在进行财务管理的过程中可以实行员工持股制度。在财务管理中让员工持有股份，可实现员工身份的转变，从过去企业生产发展的执行者，变为企业生产发展的主导者。实行员工持有股份的方式，能从根源上调动员工的参与积极性，加强员工与企业管理层的内部联系和交流，使员工最大限度地发声。企业利益和员工利益将会实现统一，进而达到企业人力资源和财务管理双赢的目的。但同时，在制定员工持有股份的制度中，要制定严格的管理机制，包括如何对外出售、分红企业的股份等。在公平公正的前提下，实现调动企业员工积极性的目的。

我国企业要想实现人力资源管理和财务管理的双赢，就要做到既关注经济利润，又关注企业员工的发展，对人力资源管理和财务管理进行定量分析和定性评价。企业切勿过度重视财务的发展，而忽视员工的感受，否则员工将不会为企业创造更多的价值，甚至会选择离开企业，谋求更好的发展。企业经营者如果想要维持企业的运行就要转变传统的管理观念，深入研究心理学，从心理学的角度分析员工的思想和工作态度。企业经营者要站在员工的角度思考问题，适当为员工减轻压力，减少员工的负面情绪。这样一来，当员工切实地感受到自身的利益没有受到侵犯时，员工才会积极主动地投入工作中，进而提升工作效率，为企业发展做出更多的贡献。在财务管理方面，企业要激励员工，可采取持股制度或合伙人制度等。这样才能激发员工的工作热情，让他们更好地为企业服务。企业只有处理好财务管理和人力资源管理的关系，才能让其更好地发挥作用，进而促进企业的发展。

# 第三节 人力资源管理与财务管理对应模型探讨

近年来，人力资源管理工作逐渐受到了各企业的重视，人力资源部门在企业各部门中的地位也日益提升。尤其是一些转型企业，更是需要大量的人力资源作为重要的支撑力量。财务管理也是企业生产运营中的重点，且其与人力资源管理之间存在一定的对应关系，因而，企业应充分研究、运用这一对应模式，使人力资源管理及财务管理发挥出最大价值，以促进企业健康发展。

## 一、人力资源管理与财务管理的对应分析

20世纪80年代中期，国内很多企业将人力资源会计广泛应用到人力资源管理工作中以及员工业绩评价方面。1980年，我国潘序伦先生提出了在我国开展"人才会计"的建议，从此之后，会计工作者就对人力资源会计中存在的诸多问题进行详细研究与探讨，并取得了非常可观的研究成果。

企业的人力资源分析：企业在对人力资源进行管理的时候，需要将人力当作一种资源来管理，管理过程中如果有人力配置不合理的地方，就会造成资金浪费，给企业经济带来一定的影响。人力资源相较于其他资源有着很大的不同，其具有能动性，以及创造性特点。人能够在经营中自动适应职责需要，并可以根据自身多年的理论经验及实践经验来顺利高效完成自身工作，最大限度地发挥自身潜能，给企业带来更加可观的经济效益。

企业人力资源的财务计算：企业要想使自身人力资源得到更加有效的管理，则需要建立一个较为简单的人力资源分配计算，给人力资源管理工作提供准确的人力资源信息，并为其提供相关的财务信息，从而为企业人力资源管理奠定一个良好的基础。让人力资源管理部门能够根据企业财务及人才的实际情况来进行人力资源的合理分配，能够有效避免人才浪费现象的出现，使企业内部的每一个人才都能够得到充分的重视与任用，让他们发挥出最大的作用，从而大幅提高企业的经济效益。

企业人力资源与财务管理的对应：人力资源管理在整个企业中是至关重要的一部分，因此其在企业的财务报表中也是常常出现的一项内容，由于人力资源会计工作是以人为工作对象，而不是各种货币形式的会计计算，无法让人力资源以货币形式的指标出现在企业财务报表中，大幅增加了审查难度。因此，会计人员在将人力资源使用情况记入财务报表中后，还应当备注人力资源使用分析，从而更加完整地显示出企业人力资源的使用情况，以便于企业对人力资源的管理。

## 二、人力资源管理与财务管理的有效对接

企业财务管理在与人力资源管理相对接的时候，主要是将人力资源融入财务管理中，让财务管理对人力资源所使用的资金数额进行分析，使财务管理实现真正意义上的全面计量。通过对人力资源的科学核算，为企业决策提供可靠依据，以量化方式，对人力资源进行有效管理。

在货币性价值计量中，企业可运用的方法较多。第一，可以运用工资报酬折现法，将企业员工自正式录用开始直至退休的所有薪酬，都用相应的折现率折为现值。第二，可以采用商誉法，将企业往年所获取的收益与该年份行业平均收益相比较，并将超出部分作为人力资源贡献值，通过资本化程序，将其看作人力资源价值。第三，可以运用机会成本法，由企业内部各责任部门投标竞争的方式确定人力资源价值。第四，可以采用调整报酬贴现法，即获取概率系数与工资报酬的现值的乘积。第五，可以采用指数法，即运用基期人力资源价值，对其未来价值进行预测。

在非货币价值计量中，企业也能够运用多种方法。第一，潜力评估法，即对企业员工个人潜在价值进行评估的方法。第二，评估法，就是对员工业务水平、个人素养、健康情况等进行评估，以获取人力资源价值的方法。第三，技能表法，就是将所有员工的各方面指标以表格形式展现出来，并将其作为人力资源价值考核的主要依据。第四，类推法，就是设定一个标准人力资源载体，用其他人力资源载体与其价值进行比较，以类推出其他载体价值。

通常来讲，企业一般员工的价值计量会采用群体计量的方式，通过整体的方式体现其对企业的贡献。对于一些管理人员或是高级员工，则采用个人计量的方式，对单个个体的价值进行计量，采用货币计量和非货币计量相结合的方式，对其进行详细考察，以充分体现人力资源价值。

## 三、优化人力资源管理与财务管理对应模型效果

通过对人力资源管理与财务对应模型的优化，可以使企业的人力资源与财务管理更加完善，具体体现在以下三点。

### （一）注重智力资源

知识经济是信息经济，信息化的普及和互联网的快速发展，IT 技术更广泛地应用于人力资源管理，同时企业管理中"人"的因素越发重要，怎样

提高企业内部人力资源管理效率，怎样吸引高质量的人才，怎样加强绩效评估，怎样减少人力成本的使用，怎样实现人力资源价值，怎样让智力资源创造出价值，是当下所有企业都应当重视的问题。

智力资源主要包括人力资源和无形资产两方面。企业在以往的资源管理工作中，多为注重物力资源的管理，而忽视了智力资源的运用，认为智力资源对企业生存发展的影响较小，机械设备及材料的管理才是提升企业经济效益的有效方法。而在现代市场经济的发展中，智力资源已经成为企业生产经营中的重要生产要素，对企业具有至关重要的作用。因而，企业也应加强对智力资源尤其是人力资源管理的重视，把所有员工既作为财务管理的管理对象，又作为财务管理的服务对象，使其知情权、监督权得以发挥，进一步提升企业人力资源价值和财务管理效果。

### （二）建立完善的薪酬激励制度

合理的薪酬激励制度，能够对员工起到积极的作用，使企业人力资源价值得以充分发挥。在薪酬激励制度的制定中，企业应遵循公正、公平的原则，充分发挥人力资源管理与财务管理对应模型作用。在一般员工的薪酬激励制度制定上，则应做到以岗定薪，遵循以人为本原则，为员工提供其真正需要的福利政策。对一些关键技术岗位的员工，在薪酬激励制度制定上，应保证薪酬标准与市场价位接轨，避免因薪资无法达到市场水平，而导致人才流失。从而使人力资源价值得以充分发挥，实现对人力资源管理与财务管理对应模型效果的优化。

### （三）健全"以人为本"的薪酬激励制度

建立"效率优先、兼顾公平"的分配制度。一是对企业的高层管理人员应当实行年薪制度，根据其岗位实际情况来确定其薪资水平，拉开其与普通职工的薪资差距。二是对一些高技术人才、较为关键的管理人才，应当实行专门的薪酬制度，提高其薪酬待遇，防止人才流失。三是对普通员工实行技能导向型和工作导向型的岗位工资制度，做到以岗位定薪，岗变薪变。

　　人力资源管理与财务管理存在一定的对应关系，企业应正确认识这一关系，并实现人力资源管理与财务管理的充分结合，提升企业整体管理水平，使企业能够在激烈的市场竞争中，获取更多的经济效益，实现市场地位的提升。

# 第五章 企业人力资源管理角色发展研究

## 第一节 人力资源管理角色的内涵

### 一、人力资源管理角色的基本概念

社会学领域中的角色主要是对个体而言。但在组织管理研究中，"角色"一词的内涵和外延都得到了拓展，不仅可以用来指微观层面上的个人，如管理者角色、企业家角色等，也被广泛运用到中观层面和宏观层面，如人力资源管理部门的角色、业务部门的人力资源管理角色，或跨国公司子公司的角色等。从本质上讲，人力资源管理角色是对角色概念的应用与延伸，是在管理学、经济学等不同学科领域下人们对人力资源管理职能价值的思考。

人力资源管理角色研究萌芽于 20 世纪 70 年代，在 80 年代得到发展，在 90 年代则实现了战略性转变，并成为 21 世纪战略性人力资源管理研究的一个重要主题。作为一个新的研究领域，人力资源管理角色概念的内涵和外延还没有得到充分认识。不少学者将人力资源管理角色、人力资源部门角色、人力资源管理专业人员角色、人力资源管理职能角色等术语交替使用，造成了概念之间的混乱，间接阻碍了人们对人力资源角色问题的探讨。

造成这一现象部分缘于人力资源管理学科缺乏自有理论，在阐述相关问题时只能借助于心理学、社会学、产业关系学、经济学和战略管理学等其他学科的理论概念，导致研究基础存在缺陷。基于此，厘清不同术语之间的差异对于深化人力资源管理角色研究具有重要意义。

韦伯是较早论述人力资源管理角色的学者之一。在论及官僚组织结构典型特征时，韦伯对组织内部人力资源管理专业人员的"权利"进行了探讨。他认为组织之所以任命专门的人力资源管理者来承担诸如人员任命、员工指导、富余人员安置等任务，原则上是基于他们具备的经验和资格，这使他们能够胜任"工作描述"所要求完成的任务。人力资源管理者正是通过在管理层级中的正式角色完成其组织任务的。

韦伯的研究开启了人们对人力资源管理角色的探索之路，也为后续研究提供了分析逻辑。一方面，分析人力资源管理的职能角色需要重点考量组织层面的特征，如组织结构形态、管理层级状况、工作任务特点和职责等。这些组织变量都将成为限制或促进人力资源管理职能角色的关键要素。另一方面，分析人力资源管理者的角色则需要从个体层面进行，剖析人力资源管理人员的经验、能力、素质和价值观等人口变量特征对其角色扮演效果的影响。当然，人力资源管理的职能角色与人力资源管理者的角色并不能被完全割裂，而是存在相互依存的内在关系。可以说，前者决定了后者的基本形式，而后者反映了前者的内在特征。

韦伯对人力资源管理角色进行的开创性研究还充分体现了人力资源管理角色的多重性特征（人力资源管理角色并不是单一的，而是由不同具体的子角色构成的角色系统），也在一定程度上吻合了结构主义角色理论隐含的"功能决定角色"的基本观点。但从严格意义上讲，韦伯的论述主要是刻画了人力资源管理角色的本质特征，而没有以术语表述的方式对人力资源管理角色概念给予界定。

进入 20 世纪 80 年代之后，人力资源管理开始出现分权化趋势，由业务部门承担常规性人力资源管理事务的现象日益普遍。业务管理者与人力资源管理者如何分配"人力资源管理角色"导致人力资源管理者面临新的角色困境，即人力资源管理者如何才能体现人力资源管理职能的价值？人力资源管理人员应当如何协调或配合业务部门完成人力资源管理任务等这些问题的出现丰富了人们对人力资源管理角色研究的认识,并逐渐形成战略性人力资源管理研究的一个领域。

当涉及单一(一个)组织的人力资源管理功能角色时,通常是指承担这一功能的人员在日常工作总体层面上的活动,以及对任职于组织结构内这一特定职位的人员的行为模式的期望。卡特里娜强调通过分析人力资源管理者日常的工作(活动)、经历和关系结构来界定人力资源管理角色。在前人观点基础上,高中华等人将人力资源管理角色概念总结为人们对人力资源部门及人员赋予的一种期望,主要研究目的是揭示人力资源部门,以及人员在协助组织实现战略目标、创造价值,并实现自己部门价值的过程中所遵循的行为模式、发挥的作用以及作用机制。

人力资源管理角色是一个跨层面的概念(个体层面、群体层面、组织层面),又因研究对象(人力资源管理者、业务管理者、人力资源管理部门)和研究主题(角色冲突、角色模糊、角色转变等)不同而存在内涵和外延上的差异。

一般而言,人力资源管理角色的内涵主要包括两层含义:第一,它代指人力资源管理的功能性角色,反映了由人力资源管理职能承担的任务内容,以及由此体现出的人力资源管理职能在组织中的地位、关系和作用;第二,它代指人力资源管理者的角色,反映了从事相关人力资源管理职能活动的个人(既可以是人力资源管理专业人员,也可以是公司内部的业务管理者,还可以是组织之外第三方服务机构的工作人员)在具体工作中表现出的一套行为模式。第一层内涵主要概括了人力资源管理部门的基本理念;第二层内涵则主要反映了人力资源管理者的行为特征。

鉴于人力资源管理职能角色与人力资源管理者角色并不能被完全割裂,本书并不刻意区分两者在内涵上的差异,而统一采用"人力资源管理角色"这一术语进行表述,但在具体研究中将主要针对人力资源管理的职能角色展开探讨,即立足于组织层面、探讨人力资源管职能的角色结构特征,剖析人力资源管理职能角色的演化过程与形成机理,并探讨我国企业人力资源管理角色的发展现状。

基于上述分析,本书将人力资源管理角色概念表述为:在组织战略目标实现与价值创造过程中,由企业人力资源管理部门或人力资源管理人员遵循的行为规范、社会期望和组织地位,以及由此发挥的具体作用。在具体的组织情景下,人力资源管理角色既可能体现为人力资源管理专业人员的角色,也可能体现为业务管理者的人力资源管理角色,还可能泛指人力资源管理职能的角色。

## 二、人力资源管理角色发展的基本概念

### (一)企业人力资源管理角色发展的内涵

"角色"一词主要是社会学中提出的,并由其下定义,简单来说,角色即特定模式,只是这种模式具有一致性、规范性,"角色"不是简单、虚幻的内容,其中包含着人们对具有特定身份人的行为期望,这个期望是构成社会群体和组织的重要基础。

人力资源管理角色是对社会概念的一种延伸、发展,将其与角色的定义进行合并,即为人们对企业人力资源管理部门和人员的期望。这个期望也可以看作人力资源管理发展的目标。在企业的发展中,人力资源管理部门是极为重要的,研究其在企业发展中的角色变化,其目的主要是分析企业内部人力资源管理的职能,在具体的人员调动上,体现对企业人员的组织职能。人力资源管理在一定程度上影响着企业的战略目标的形成,战略目标的具体实施是在人力资源管理角色转变中实现的。

对人力资源管理角色进行研究,主要是为了明确人力资源管理的位置。角色研究内容主要包括角色形成、角色转换和角色演化等。研究角色的发展过程,深入分析角色的定位,细化角色,能够全面考虑企业发展的路径和主

线,并在研究中创新、转变多种形态。人力资源管理角色处在动态变化的过程中,在不同的经济条件下,角色细节会有较大的不同,在企业中也会发挥不同的作用。

### (二)企业人力资源管理角色发展的内容

人力资源角色发展,是指在经济全球化的大背景下企业人力资源者在发展中对进行新的角色定位研究的内容。不同的经济环境下,人力资源角色发展情况不同,了解人力资源管理角色的发展情况,有利于提高企业对人力资源管理的认知水平,能够明确定位,制定合适的管理制度、手段,同时也能够提高人力资源管理工作质量和水平。对于人力资源管理角色的发展变化,可以将其看作研究企业职位变化的关键线索。企业中"人"的角色的变化也是职位变化的反映,企业中职能角色变化不是静态的。在很多企业中,人力资源管理角色处在暂时性的地位上,在一定程度上受到确定性角色期望的影响,暂时性变化还会因为人力资源管理部门的需求、个人角色的期望以及某些利益条件的变化而变化。

企业要想促进人力资源管理水平的提高,推动角色发展,可以按照人力资源发展变化的机制从不同的角度观察影响人力资源角色发展的因素,以此提高人力管理决策的准确性。

## 第二节 人力资源管理角色研究的理论依托

兴起于 20 世纪 70 年代的人力资源管理角色研究在经历了 80 年代发展期、90 年代快速成长期后,进入了 21 世纪的多元化繁荣期。由于这一研究现象的复杂性与调查内容的多样性,导致研究者无法采用单一理论框架来解释所有问题,既有研究呈现出纷繁复杂的景象。布兰德和波希勒总结了研究中最常见的几种理论基础,分别是新制度主义理论、战略选择理论、谈判演化理论和共同演化理论。

# 一、人力资源管理角色研究的理论基础

## （一）新制度主义

进入 21 世纪，商业环境变化、科学技术发展、组织结构形式变革使任何组织都无法保持一成不变的状态，对环境变化做出快速回应成为企业生存与发展首先需要面对的问题，也成为促使人力资源管理职能不断调整和发展的重要原因。借助新制度主义理论的观点，早期的研究者分析了制度环境对人力资源管理职能角色的不同影响。

迪马乔和鲍威尔提出的新制度主义理论是研究人力资源管理角色转变的重要理论来源。在新制度主义的一般框架中，为了生存和获得合法性，组织受到强制性、模仿性和规范性压力的影响而对某些行为、流程持共享性期望与认识，并最终表现为组织形式上的同型异构。对此，雅各比、詹宁斯等分析了劳动力市场强度、法律法规和工会、组织集中度等因素对人力资源管理角色转变带来的影响。

也有一些学者从"合法性"需求的视角出发，分析了制度因素对人力资源管理角色选择的作用。在这一流派的研究者看来，为了表现出对某些社会共享价值观和信仰的忠诚，组织在其内部人力资源职能结构设置与管理模式选择等方面会有意进行"模仿性同构"，以此获得组织的合法性地位。

相关研究发现，美国的公共管理部门一般比较强调成本责任，并普遍倾向于雇用有资质的专业人员和为组织配置高端的信息技术。但这些举措的实施并不是希望为组织带来生产效率上的提升，而是组织管理者希望借此向其利益相关者或其他组织传递信息，即组织正在向战略化阶段转变，以此让其他组织认同其合法性特征。

当然，研究者还发现制度因素也会通过组织内因间接影响到人力资源管理角色转变的方向和进程。例如，组织内外的专业人员会通过培训或系统性评估等方式影响管理者的决策假设，从而迫使组织服从于专业领域内盛行的某些制度安排。雷尼的一项实证分析指出，采购组织在人力资源管理方面的决策方式及管理模式直接影响了供应商组织的雇佣方式及其结果。

### （二）战略选择和谈判演化理论

与新制度主义理论的解释不同，相当一部分研究者主张从企业内部因素来分析影响人力资源管理职能角色转变的机制。这一导向促使研究者开始采用战略选择和谈判演化理论作为分析人力资源管理角色问题的基础。这两个理论都认为人力资源管理角色是策略选择的产物；只是前者更强调组织战略对人力资源管理角色形成与发展的影响；而后者更关注于人力资源管理部门及其管理者在进行角色选择时的一些策略行为。比如，人力资源管理部门会通过象征性行动与政治策略的方式来增强其在组织中的权威和可信度，进而对业务管理者在人力资源管理角色上的感知带来影响。

20 世纪 30 年代中后期，国内外市场管制的减少、竞争的加剧和生产效率的压力迫使雇主将更多的注意力放在了员工身上，并寄希望于以此实现对产品质量和服务需求的满足。同时，由于组织层级削减、结构重组、裁员和对竞争优势的不断关注，企业战略管理方式发生了很大的转变。在不同战略模式下，人力资源管理职能配置方式（集权或分权）也经历了阶段性的发展变化，并推动了人力资源管理从传统角色向战略性角色发生改变。

在集权式人力资源管理模式下——设立单独的人事管理职位和任命专门的人力资源管理人员来承担员工管理任务是组织的典型特征之一。这一特征模式潜在地削弱了职能管理者的功能性角色，却为人力资源管理者提升其组织地位提供了机会。

米尔沃德等人的研究显示，随着组织在员工关系管理上的改革，人事管理实践者在组织中的地位和身份有了稳定的提高，并成为行政事务和员工关系的管理者。然而，随着竞争环境的激烈变化，集权式的人力资源管理模式表现出在回应环境需求方面的缓慢和无效。

20 世纪 80 年代后期，在欧美一些企业中将人力资源管理事务向业务管理者授权的新现象引发了众多争论,人们纷纷探讨分权化人力资源管理模式对人力资源管理职能及其专业人员所带来的影响。雅各布的一项针对欧洲十国企业的研究发现,1985—1990 年,约 58.7% 的欧洲企业开始将人力资源管理职能向职能管理者下放;而到了 1990—1995 年,这一比例上升到了 66.7%。丹麦和瑞士被认为是分权化最彻底的两个国家。这两个国家的企业多数已经将招聘甄选、薪酬管理、培训开发、员工关系管理、健康与保健、人力资源规划这六项职能下放到了职能管理部门。

　　几乎同一时期,布鲁斯特等人也对欧洲各国人力资源管理模式及其角色关系展开了讨论。他们发现雇员在 200 人以上的欧洲企业倾向于采取集中制定人力资源管理政策,而由职能部门与人力资源管理专业人员共同承担人力资源管理事务这一方式。但在这一管理模式下欧洲各国人力资源管理者在组织中扮演的角色却略有差异。比如,法国人力资源管理人员主要扮演顾问角色;西班牙人力资源管理人员仍然从事的是一般性事务,其管理角色的层次偏低。尽管针对人力资源管理职能配置方式(集权或分权)与人力资源管理角色关系的结论并不统一,但相关研究还是显示出分权化人力资源管理模式对人力资源管理职能角色转变的推动作用。

　　研究者普遍认为,分权方式一方面使组织开始减少人力资源专业人员的配备数量,另一方面并未降低对人力资源管理职能的要求。现实的矛盾不仅促使人力资源管理职能开始寻求新的转变,同时也使职能管理者在人力资源管理事务方面的能力培养成为被关注的焦点。

　　由此可见,伴随人力资源管理职能下移而产生的职能管理者的人力资源管理能力不仅成为影响人力资源管理者角色转变的重要因素,也成为人力资源管理能否实现角色转变的关键条件。

　　从一定意义上看,战略选择与谈判演化理论主要运用于解释人力资源管理角色转变的机理和过程,是对新制度主义理论分析框架下研究人力资源管理角色类型做出的有益补充。这两个理论都强调了人力资源管理的策略选择与组织宏观层面约束间的交互演化过程及结果。

（三）资源基础观和组织动态能力理论

西方学者在战略管理与产业组织经济学基础上构建的资源基础观也是分析人力资源管理角色问题的主要理论来源。

受彭罗斯等人企业核心优势来源思想的启发，沃纳菲尔特首次系统阐述了企业资源基础观。随后，普拉哈拉德将之发展为新的战略分析框架。尽管自诞生之日起资源基础观就饱受语义问题的诟病，却并不影响研究者对它倾注的热情，特别是随着它在各管理分支学科的运用，越发显示出其理论生命力。

此后，在实践研究层面上，卡佩利运用资源基础观从三个方面解释了人力资源在组织战略制定与实施中的特殊意义。威尔逊通过分析人力资源管理系统在四种组织胜任力形成过程中的作用，探讨了在构建组织竞争优势中人力资源管理系统的不同角色。而借助于资源基础观，巴尼和赖特从价值性、稀缺性、模仿性和组织四个维度构建了著名的分析人力资源管理角色特征的 **VRIO** 框架模型。此后，多数学者沿用了将资源基础观作为分析人力资源管理角色的逻辑范式。

但是资源基础观无法合理解释企业在竞争优势发展过程中的动态性和复杂性，后续研究者加快了理论创新的步伐。1994 年，蒂斯和皮萨诺首次提出了动态能力概念，随后以追求迅速进行资源整合来获得动态环境下企业竞争优势的动态能力理论发展起来。动态能力理论强调将能力与资源有效区分——能力是组织在使用资源，尤其是整合、重构、获取和放弃资源的过程中具备的对复杂市场环境的适应性。这成为人们重新评价企业竞争优势来源的新标准。这一新标准的提出为研究者阐述人力资源管理的战略性角色注入了新的思想。比如，图尔分析了在组织边界与界面管理中，人力资源开发通过扮演四种角色（领导胜任力的开发者，战略与结构的塑造者，提供便利和创造的干预者，跨界管理者）对知识数据库与知识交换网络做出的贡献。

从理论层面看，资源基础观与组织动态能力理论为揭示人力资源管理职能角色提供了新来源，而此后在实践层面上的研究成果进一步丰富了人们对上述理论的理解，巩固了人们对人力资源管理新角色的认同。

（四）共同演化理论

不同于从单一层面因素分析人力资源管理角色问题，共同演化框架强调从不同层面因素（宏观、中观和微观）出发，整合性地分析各种因素之间的交互作用，及其对人力资源管理角色形成与发展带来的影响。共同演化理论体现了整体分析视角的特征，是一种权变思想。在具体的分析过程中，因研究者选择的变量不同及研究路径的不同，基于共同演化理论的研究成果呈现出高度的离散性。

共同演化理论的主要贡献在于，它克服了从单一视角分析人力资源管理角色问题可能存在的弊端，能够更加全面地看待人力资源管理角色的差异性和共同性，也能对人力资源管理角色转变的偶然性与必然性做出更合理的解释。

## 二、人力资源管理角色类别的相关研究

在人力资源管理角色研究问题中，针对人力资源管理角色类别的分析较为充分。研究者主要采用静态研究范式，围绕人力资源管理部门及管理者在组织价值创造与目标完成过程中扮演了哪些基本角色展开了讨论，并分析了不同角色形式的一般效果。

20 世纪 70 年代初期，一些学者注意到，与其他组织职能相比，人力资源管理在组织价值创造中的贡献遭到企业管理人员的广泛质疑，组织中人力资源管理人员地位尴尬、角色模糊以及权力困扰等问题普遍存在，人力资源管理遭遇前所未有的信任危机。为了寻求对这一现象的合理解释，研究者开始针对人力资源管理角色的类别进行探讨。

许多评论者建议按照人力资源管理工作的本质以及组织职能间的关系来对人力资源管理角色进行分类。然而迄今为止，人们仍然对这一问题无法达成普遍共识。尽管如此，回顾人力资源管理角色类别的探索历程，一条清

晰的逻辑主线始终贯穿其中,即人力资源管理角色类别的界定与人力资源管理职能的转型升级存在紧密的关系。当然,这一逻辑主线下研究结论在具体角色的概念化与内涵解释上也呈现出高度多元化特征。

学者图西首先从多重利益相关者视角阐述了从人事管理阶段向人力资源管理阶段转变的趋势下,人力资源管理人员应该扮演的新角色。图西把这些角色命名为:各级客户(高层、直线经理、员工)需求的满足者、为相关群体提供传统服务的行政者以及顾问角色。

与图西的研究几乎同步,泰森和费尔以智力程度的高低为维度,提出了人力资源管理角色连续体模型,泰森和费尔认为,组织人力资源管理的角色可以通过一条自左向右的连续体来表示。连续体的最左端是"雇员"角色,它反映了在工作中人力资源管理人员运用智力的程度最低。而代表最高智力程度的则是处于连续体最右端的"建筑师"角色,"契约管理者"角色位于"雇员"和"建筑师"角色之间。而对于智力程度高低的衡量,泰森和费尔认为主要取决于高层管理决策方式、人力资源活动的计划范畴、人力资源专员的专业程度及人力资源人员参与组织文化创建的卷入程度这四个参数。相比于图西的研究,泰森和费尔的理论模型不仅刻画了人力资源管理角色的不同类型,而且具体分析了影响人力资源管理角色的相关因素。尽管这一角色分类方法随着时代发展而出现了若干问题,但仍然经受住了时间的考验。

20世纪80年代后期,受战略管理思想由外生论向内生论转变的影响,大多数研究者开始从组织战略管理过程视角剖析人力资源管理角色类别。霍尔德提出了帮助组织界定战略需求和满足战略需求,成为组织"战略伙伴"的观点;并认为战略伙伴角色是人力资源管理者在新环境下的关键角色。

韦利阐述了人力资源管理角色在战略层面、法律层面和运营层面的不同表现。在战略层面上,人力资源管理者主要承担顾问、评价者、诊断者、变革代理、战略促进者、业务伙伴、成本管理者等角色;法律层面上的角色则表现为顾问、审计师、法律推动者、调解人;在运营层面,需要成为顾问、变革代理者、消防员、员工支持者，以及政策制定者。

　　舒勒则分析了在技术变革加速等背景下越来越多的组织将人力资源管理职能向直线部门转移的普遍趋势，以及人力资源管理者面临重新定位自身角色以避免被消亡的迫切性。他认为，人力资源管理人员需要从"专业的个人贡献者"向"人力资源问题的领导者"转变，并力争成为"管理团队的参与者"。为此，人力资源管理者需要扮演业务人员、变革塑造者、组织咨询师/职能部门伙伴、战略规划师、人才管理者、资产管理者，以及成本控制者等具体角色。同时，舒勒还对人力资源管理者在平衡新、旧角色时可能出现的角色冲突等问题进行了探讨，他认为能否处理好传统角色与新角色间的平衡将是角色转换的一个关键。

　　舒勒等人开创性地将人力资源管理从服务型角色向战略伙伴角色推进了一步，拓展了人力资源管理角色内涵的广度，但就其研究深度而言，基本上还是停留在将人力资源管理与组织战略简单衔接，并未从理论高度对人力资源管理战略角色内涵进行系统的挖掘。研究突破出现在 20 世纪 90 年代，部分学者从资源基础观与组织动态能力管理理论获得了探讨人力资源管理战略角色的理论依据，并明确将参与组织战略决策制定、推动战略实施与参与组织变革等作为人力资源管理"战略性伙伴"角色的根本特征。

## 第三节　企业人力资源管理角色发展的策略

　　在经济全球化的大背景下，世界经济竞争日益激烈，在经济竞争中，知识与人才竞争成为现代经济竞争的重中之重，也可以说经济竞争的本质属性就是知识与人才的竞争，企业要想实现发展，就要提高企业的经济竞争实力，经济实力的提升离不开"人才"，企业中人力资源管理则为企业的发展输送高素质、全方面发展的人才。企业的人力资源管理主要是对企业内外的人力资源进行合理的配置、管理，保证各个部门的人力需求，满足企业经济发展的需求。在进行人力资源的运用上，应该坚持"以人为本"的原则，重视企业人才的作用，根据企业经济的发展形势促进人力资源管理观念的转变，促进企业的人力资源管理。

# 一、多视角下的人力资源管理角色发展动因

## （一）被动接受视角下的人力资源管理角色发展动因

被动接受视角一般认为人力资源管理角色变化是对外界环境变化的被动接受。人力资源在特定的时期会呈现出短暂性的角色稳定状态，呈现出共同的角色特征。但这种稳定性不是恒定的，在纵向时间内，就会发生差异化。在角色纵向发展过程中，人力资源管理职能发生转变，逐渐由行政管理向战略合作的角色转变，这是当今的经济世界的外部综合因素的影响。人力资源管理角色发展主要受到以下因素的影响。

1. 技术特征的影响

外部世界的技术＝生产技术＋管理技术＋信息技术，其中外部世界技术是随着自变量而发生变化的，只有生产、管理、信息技术提高，外部技术水平才会提高。

其中，信息技术的应用对人力资源管理角色变化起着重要的作用，会直接影响企业人力资源角色的形成、演进，能够对市场人力资源的信息和流动情况进行控制，能够控制人力资源的结构位置，促使企业管理者能够获得充分的人力资源信息。随着经济全球化的发展，知识经济的地位不断提高，企业人力，知识经济促进企业的竞争。企业要想实现发展，就要重视推进日常管理工作的发展进程，在企业发展中掌握知识管理的主动权，从而掌握经济人才，在市场经济竞争中占据主导地位。但是，信息技术的应用也会受到一些因素的影响，在一定的条件下，信息技术的使用会受到技术系统以及技术使用员工的感知差异的影响，由此在人力资源管理角色的定位上，企业家应该根据组织技术环境的特征不断调整。

2. 产业关系体系

产业结构关系是平衡治理代理人、雇主和雇员关系的重要方式，产业结构在现代企业的发展中，对于人力资源管理角色发展有重要的影响。产业关系的影响主要体现在制度约束上，在一定程度上会阻碍人力资源管理实践活动的进行，在制约的过程中，都是由企业工会组织来实现的。在市场经济关系发展、变化中，工会组织的工作效率高，企业的人力资源管理作用将会显著降低。

3. 劳动力市场结构

根据研究可知，劳动力市场结构（价值观差异）影响人力资源管理结构的组成以及质量。在市场经济中，一旦出现新生劳动力，就会对企业的人力资源管理角色产生冲击，促使结构发生变化，同时市场雇佣模式的改变也会促使企业的人力资源管理职能发生变化。

（二）主动选择视角下的人力资源管理角色发展动因

主动视角下的人力资源管理的角色发展动因分别是组织战略和组织权力。企业的组织能动性对企业人力资源管理的角色发展具有推进作用，其中组织战略是极为重要的，企业要想发展，制定合适的组织战略，才能够提高企业在市场上的竞争力。一般来说，企业的组织战略包括独立性战略、防御性战略以及依赖性战略等多种方式，企业在市场经济中如何制定合适的战略是当前企业的发展必须要思考的关键问题，同时企业的人力资源管理角色的发展变化也在一定程度上受到组织战略的影响。企业制定合适、科学的组织战略就是极为重要的，企业一旦出现战略选择性失误，就会对人力资源管理角色发展造成负面影响。

组织权力的影响主要体现在企业人力资源管理的行为，以及政治策略等多方面，企业组织权力越大，企业的人力资源的管理层的权力就越大，越有利于信息传递和接收，信息传递、接收的过程会对相关人员的利益价值进行判断，企业能够根据相关评价准则来对人力资源管理的角色价值进行评价。由此看来，企业站在主动接收的视角上，加强组织权力以及组织战略的建设是很有必要的。对组织障碍以及权力的准确性进行研究，可以促进人力资源管理角色的健康发展，由此提高战略的准确性。

### （三）共同演化视角下的人力资源管理角色发展动因

在共同演化视角下，主要是从全面的角度对人力资源管理角色的发展进行阐述，将角色变化、发展的动态过程表现出来。

1. 环境不确定性的影响

环境不确定导致企业的人力资源管理的角色呈现出暂时性的特点，随着市场经济的变化，人力资源管理结构也会发生变化。在企业发展的过程中，人力资源管理的职能逐渐从机械式向有机式转变，由集权向分权模式转变，由一体化向业务外包模式转变。企业的人力资源管理角色出现变化，企业的业务、人力资源管理者的角色也会重新分配，在企业发展的过程中，市场变量也会影响业务管理者的管理能力。企业要想实现发展，既要提高业务管理者的综合素质，也要确立明确的企业发展组织要求。

2. 组织文化的影响

要想明确企业的人力资源管理角色变化，就要对企业的组织文化进行了解。企业的组织文化受到人力资源管理能力、氛围影响，其中人力资源管理部门的社会资本影响人力资源管理职能构型，进而将对人力资源管理角色发展产生影响。组织价值结构直接影响人力资源管理职能构型设计，组织文化影响人力资源管理角色发展，如人力资源管理者与业务管理者之间的关系以及人力资源管理部门在组织网络中的地位等是潜在地影响员工对人力资源管理变革接受程度的重要因素。组织文化关系的改变将导致角色发生变化，高层管理人员的支持和开展人力资源管理工作的氛围对角色定位和调整有着重大影响，因此企业应该做好组织文化建设工作。

## 二、人力资源管理角色的转换

当前，人力资源管理已成为管理的核心内容，其角色发生了重要转变。

在全球逐渐走入知识新经济时代的背景下，旧有的人力资源管理模式和定位已经无法处理现今面对的挑战和快速复杂的变化。既然"人才"成为企业最主要的竞争差异因素，人力资源管理就不应该停留于过去执行人事行政事务的配角上，而是应该顺应新时代、新使命的需求，转型成为企业管理的主流，协助高层主管妥善管理企业的人才，并发挥其最大的效益。

### （一）人力资源版图的改变

由于新经济时代企业经营大环境的改变，人力资源管理的版图也相应地跟着有所改变。人力资源管理部门应该是被定位为一个服务及咨询的部门，为企业各个职能部门提供人员信息、绩效评估标准、组织和实施培训等，其主要的改变如下。

1. 服务对象的改变

现代人力资源管理的服务对象由个别的员工及其福利变成企业主管、各级组织单位的主管以及企业的股东。

2. 工作重点的改变

工作重点由传统的强调人事政策的制定、执行，以及福利措施的行政管理，变成强调、协助企业面对众多具体业务挑战的绩效管理工具，组织效益及发展的咨询。

3. 达成目标的改变

在达成目标上，由传统的强调内部控制、内部平衡以及稳定的工作环境，改变成为强调提供量身定制的不同解决方案、强化组织效能。只有在清楚认识以上这些转变的基础上，才能有效地掌握人力资源管理的新趋势，积极主动地改变和调整人力资源的角色，在协助企业面对新时代的挑战上，扮演积极有效的角色，为企业创造有效的附加价值，赢得最大的经济效益。

### （二）人力资源的角色转型

在对我国人力资源管理进行研究的过程中发现，要提高人力资源管理的战略地位，实现人力资源管理与企业经营管理的全面对接，人力资源管理必须在企业中扮演战略伙伴、专家顾问、员工服务者和变革推动者四种角色。

人力资源管理通过这样的角色定位，必然能够有效地支撑企业的核心能力，帮助企业在激烈的竞争中获得竞争优势。这样的转变是知易而行难的，首先就要改变人力资源同人们的心态，然后要认真地构建这些新的能力和格局，同时也需要努力与其他企业主管沟通协调。这是一条艰巨但是必经的道路，只有认真执行，才会有所作为，才能协助企业从容面对当今这种大范围并且十分复杂激烈的竞争。

# 第六章　企业人力资源管理的岗位分析与工作设计

## 第一节　岗位分析概述

### 一、岗位分析的专用术语

#### （一）工作要素

工作要素是指工作活动中不能再继续分解的最小的劳动单位。如拧一颗螺丝钉，按开关启动机器，按键盘输入文字。每项工作都由一些工作要素组合而成。

#### （二）任务

任务是指工作中为了达到某种目的而进行的一系列活动。任务可以由一个或多个工作要素组成。例如工人给产品贴标签这一任务只有一个工作要素；饭店的迎宾服务任务包括两个工作要素，即开门、请客人进来。

#### （三）工作

工作是指组织为达到目标必须完成的若干任务的组合。一项工作可能需要一个人完成，如公司总经理的工作；也可能需要若干人完成，如计算机的网络管理人员的工作。

### （四）职责

职责是指任职者为实现一定的组织职能或完成工作使命而进行的一个或一系列工作。

### （五）职位

职位也叫岗位，是指担负一项或多项责任的一个任职者所对应的位置。一般情况，组织有多少个职位就有多少个任职者。例如，经理、秘书、财务总监等。应该注意的是职位是以事为中心而确定的，它强调的是人所担任的岗位，而不是担任这个岗位的人。职位是确定的，而职位的任职者是可以更换的。

### （六）职务

职务是由一组主要责任相似的职位组成的。在不同的组织中根据不同的工作性质，一种职务可以有一个或多个职位。例如，处长这一职务，在不同的部门都有这个职位。职务具有职务地位和职务位置的双重含义。即在同一职位，职务可以不同，如同是副厂级干部，却分为第一副厂长、第二副厂长等。虽然都是副厂级，但其职务地位却不同。一个职务也可以有多个职位。如办公室需要两个秘书，即一个职务有两个职位或需要更多的人来承担这一工作。而对于科长，则由一人担当，它既表示职位又表示职务。

一般情况，职务与职位是不加以区别的。但是，职务与职位在内涵上是不同的。职位意味着要承担任务和责任，它是人与事的有机结合体。而职务是指同类职位的集合体，是职位的统称。如行政管理部门的处级干部，职务都是处级干部，但是，职位却相当多。职位又称为编制。所以职位的数量是有限的。一个人担当的职务不是终身制，但对这一职务他可以是专任也可以是兼任，可以是常设，也可以是临时的，所以职务是经常变化的。但是职位是不随人员的变动而变动的，它是相对稳定的。职位可以进行分类，而职务一般不进行分类。

### （七）职权

职权是指依法赋予的完成特定任务所需要的权力，职责与职权紧密相关。特定的职责要赋予特定的职权，甚至于特定的职责等同于特定的职权。例如，企业的安全检查员对企业的安全检查，这既是他的职责又是他的职权。

## 二、岗位分析的概念

根据目的和用途，岗位分析可分为两类：一类是对工作的分析，它为人力资源管理提供信息；另一类是方法和时间研究，其任务是改进工作方法和制定劳动定额。

岗位分析的概念目前也有多种说法，比如，岗位分析就是确定完成各项工作所需要的技能、责任和知识的系统过程，它是一种重要而普遍的人力资源管理技术。

岗位分析又称职务分析，是指对某一特定工作做出明确的规定，并确定完成这一工作所需要的行为的过程。

岗位分析是指全面了解、获取与工作有关的详细信息的过程，具体来说，是对组织中的某个特定职务的工作内容和职务规范（任职资格）的描述和研究的过程，即制定职务说明和职务规范的系统过程。

岗位分析是通过一系列标准化的程序找出某个职位的工作性质、任务、责任及执行这些工作所需要具备的知识和技能。

从以上概念我们可以看出，岗位分析实际涉及的是两个方面的问题。一是工作本身，即工作岗位的研究。岗位分析要研究每一个工作岗位的设置目的，该岗位所承担的工作职责与工作任务，以及与其他岗位之间的关系等。

二是对从事该岗位的作业人员特征进行研究，即研究其任职资格，研究能胜任该项工作并能完成目标的任职者所必须具备的条件与资格。

所以，岗位分析是对组织中某个特定工作职务的目的、任务、职权、隶属关系、工作条件、任职资格等相关信息进行收集与分析，以便对该职务的工作做出明确的规定，并确定完成该工作所需要的行为、条件、人员的过程。

### 三、岗位分析的目的与意义

企业组织人力资源管理，通过对各项工作的任务、责任、性质，以及工作人员的条件予以分析研究而进行岗位分析，其目的和意义主要有如下几个方面。

#### （一）为企业的人事决策奠定坚实的基础

进行全面而深入的岗位分析，可以使组织充分了解各种工作的特点和具体内容以及对员工各方面的要求，这样就为组织的人力资源决策提供了科学的依据。

#### （二）避免人力资源的浪费

通过岗位分析对组织中每个人的工作职责做出明确的界定，职权分明，这就提高了个人与部门的工作效率及和谐性，避免了工作重叠和劳动重复等资源浪费现象。

#### （三）科学地评价员工的工作实绩

通过岗位分析，每一个职位都明确界定了员工应该做什么、应该达到什么要求，这样，以岗位分析为依据对员工工作实绩进行评价就比较合理与公平，从而达到科学地评价员工工作实绩的目的。

（四）人尽其才

岗位分析明确地指明工作岗位需要什么样的人才，这样就可以尽量减少"大材小用"或"小材大用"的现象。企业组织在招聘和晋升中可以让最适当的人员得到最适当的工作职位。

## 四、岗位分析的内容

尽管不同的组织进行岗位分析的内容千差万别，但是，岗位分析的主要内容还是相同的。对工作信息的收集、分析和综合，应是岗位分析的核心，也是工作活动质量的根本保证。岗位分析的内容总体包括两个方面：工作描述和工作说明。这也是岗位分析的任务，岗位分析的结果是要形成新的工作描述和工作说明书。

（一）工作描述

工作描述具体说明了某一工作的物质特点和环境特点。它主要包括以下几个方面。

1. 工作名称分析

工作名称的命名必须准确，因为标准化的命名才能使他人从名称上了解工作的性质与内容。

2. 工作活动与程序分析

要达到全面认识工作整体的目的，具体要做的工作活动和程序有：对工作任务的分析与描述；明确规定工作行为，包括对工作的中心任务、工作内容、工作的独立性和多样化程度、完成工作的方法和步骤、使用的设备和材料等的规定；对工作责任的分析；对工作相对重要性的了解，并据此来配备相应的权限，从而保证责任和权利的对等；对工作关系的分析，目的是了解在工作中与其他员工的正式人际关系以及接受领导的性质和范围；对劳动强度的分析，目的是确定标准的工作活动量。

125

### 3. 工作环境分析

工作环境分析可以分为工作物质条件和社会条件两方面的分析。物质环境指数有湿度、温度、照明度、噪声、震动、异味、粉尘、空间、油漆等，以及工作人员每日与这些因素接触的时间长短。社会环境包括工作所在地的生活方便程度、工作环境的孤独程度、上级领导的工作作风以及同事之间的协作程度。也可以从劳动群体的成员数量以及工作操作所需要的人际反应量上去测量社会环境指数。还要注意的一点，就是对工作的安全环境的思考，包括工作的危险性、可能发生的事故、过去事故的发生频率、事故的原因，以及给事故人员造成的危害程度、劳动安全卫生条件、易患的职业病及其发生率。

### 4. 对聘用条件的分析

这是对工作人员履行工作职责时，应具备的最低资格的确认。每一项工作，都会对执行其职责的人员，提出特定的技能、教育和训练背景、与工作相关的工作经验、身体特征以及必要的态度品质等与工作有关的特征要求。通常，可以将这些要求概括为必备的知识、必备的经验、必备的操作能力以及必备的心理素质。

## （二）工作说明书

工作说明书要求说明从事某项工作的人员必须具备的生理要求和心理要求。它主要包括以下几个方面。

### 1. 一般要求
主要包括年龄、性别、学历、工作经验等。

### 2. 生理要求
主要包括健康状况、力量和体力、运动的灵活性、感觉器官的灵敏度等。

### 3. 心理要求
主要包括观察能力、集中能力、记忆能力、理解能力、学习能力、解决问题的能力、创造性、数学计算能力、语言表达能力、决策能力、特殊能力、性格、气质、兴趣爱好、态度、事业心、合作性、领导能力等。

# 第二节　岗位分析的程序和方法

## 一、岗位分析的程序

岗位分析是一个全面的评价过程，这个过程可以分为四个阶段：准备阶段、调查阶段、分析阶段和完成阶段。这四个阶段关系十分密切，它们相互联系、相互影响。

（一）岗位分析的准备阶段

准备阶段是岗位分析的第一阶段，主要任务是了解情况、确定样本、建立联系、组成工作小组。具体任务如下。

1. 明确岗位分析的意义、目的、方法、步骤。

2. 向有关人员宣传、解释，消除误解，建立友好合作关系。

3. 与岗位分析有关的工作员工建立良好的人际关系，并使他们做好心理准备。

4. 以精简、高效为原则组成工作小组，对岗位分析者进行培训，使其掌握岗位分析的内容、方法和具体步骤及注意事项。

5. 确定调查和分析对象的样本，同时考虑样本的代表性。

6. 把各项工作分解成若干工作元素和环节，确定工作的基本难度。明确调查方法，设计调查方案。

（二）岗位分析的调查阶段

调查阶段是岗位分析的第二阶段，其主要任务是对整个工作过程、工作环境、工作内容和工作人员等方面做一个全面的调查，其具体任务如下。

1. 编制各种调查问卷和提纲。

2. 灵活运用各种调查方法，如面谈法、问卷法、观察法、参与法、实验法、关键事件法等。

3. 广泛收集有关工作的特征以及需要的各种数据。定位于工人的活动，所采用的机器、工具、设备和辅助工作等信息以及需要的各种数据，这些对岗位分析都是很重要的。

4. 重点收集工作人员必需的特征信息。

5. 要求被调查的员工对各种工作特征和工作人员特征的重要性和发生频率等做出等级评定。

（三）岗位分析的分析阶段

分析阶段是岗位分析的第三阶段，其主要任务是通过调查阶段收集的有关资料，对有关的工作特征和工作人员特征的调查结果进行深入全面的分析与综合，其具体工作如下。

1. 认真仔细审核整理已收集到的各种信息，确定各种信息的用途，选择有用信息。

2. 创造性地分析、发现有关工作和工作人员的关键成分。

3. 归纳、总结出岗位分析的必需材料和要素。

（四）岗位分析的完成阶段

完成阶段是岗位分析的最后阶段。前述三个阶段的工作都是为本阶段打基础，以完成本阶段的任务作为目标。此阶段的任务就是根据规范和信息编制出"工作描述"和"工作说明书"。有时，"工作描述"和"工作说明书"可以编制在一起，称之为"工作分析表"。

## 二、岗位分析的方法

岗位分析的方法有很多种，此处重点介绍几种常用的岗位分析方法。

（一）问卷调查法

问卷调查法就是根据岗位分析的目的、内容等，事先设计一套岗位调查问卷，由被调查者填写，再将问卷加以汇总，从中找出有代表性的回答，形成对岗位分析的描述信息的一种方法。问卷法主要可以分为两种：一般岗位分析问卷法和指定岗位分析问卷法。其中，一般岗位分析问卷法适合于各种工作，问卷内容具有普遍性；指定岗位分析问卷法适合于每一种指定的工作，问卷内容具有特定性，一张问卷只适合于一种工作。

问卷调查法的具体实施步骤如下。

1. 问卷设计

设计问卷时要做到：

（1）提问要准确；

（2）问卷表格要精练；

（3）语言通俗易懂，问题不可晦涩难懂；

（4）激发被调查人兴趣的问题放在前面，问题排列要有逻辑。

2. 问卷发放

岗位分析问卷发放时，应该先集合各部门各级主管进行说明，说明内容有岗位分析目的、岗位分析问卷填答方法等，并清楚告知此次活动的进行不会影响到员工权益，确定各主管皆明白如何进行后，由主管辅导下属进行岗位分析问卷的填答。

3. 填答说明与解释

虽然在岗位分析问卷填答前有过详细的说明，也进行了问题解答，但是问卷填答期间还可能有许多问题产生，因此，在此期间岗位分析人员必须注意各部门的填写情况，并予以协助。

4. 问卷回收及整理

对于回收的问卷，首先岗位分析人员必须检查其是否填写完整，并仔细查看是否有不清楚、重叠或冲突之处；若有，应由岗位分析与人力资源主管进行讨论，以确认资料收集的正确性。

如果事先已请填写者将内容转换成计算机档案,则岗位分析人员只需对原档案进行修改即可,不需再花费许多时间将问卷内容转换成计算机文书文件,且只要资料确认无误,即可完成职务说明书的撰写。

问卷法的优点在于费用比较低、速度快,可以节省时间和人力;而且问卷可以在员工工作之余填写,不至于影响正常工作;同时问卷法可以使分析的样本量很大,因此适用于需要对很多职务进行分析的情况;分析的资料也可以数量化,资料由计算机进行数据处理后,可用于多种目的、多种用途的岗位分析。缺点是设计理想的问卷要花费大量时间、人力和物力,岗位分析人员在使用问卷前还要进行测试,以了解员工理解问卷中问题的情况;而且,问卷缺乏面对面交流带来的轻松合作的气氛,缺乏对被调查者回答问题的鼓励或支持等肯定性反馈,因此被调查者可能不积极配合和认真填写,从而影响调查的质量。

（二）访谈法

访谈法是访谈人员就某一岗位与访谈对象,按事先拟订好的访谈提纲进行交流和讨论的一种岗位分析方法。访谈对象包括:该职位的任职者,对工作较为熟悉的直接主管人员,与该职位工作联系比较密切的工作人员,任职者的下属。为了保证访谈效果,访谈人员一般要事先设计访谈提纲,交给访谈者准备。在收集岗位分析信息时,可以使用以下三种访谈法:个人访谈法、集体访谈法和主管人员访谈法。

个人访谈法适用于各个员工的工作有明显差别,岗位分析时间又比较充分的情况;集体访谈法适用于多名员工做同样工作的情况。在进行集体访谈时,要请工作承担者的主管到场。如果主管人员当时不在场,事后也应请主管人员谈一谈他对于被分析工作中所包含的任务、职责等有何看法。主管人员访谈法是指岗位分析员同一个或多个主管人员面谈。因为主管人员对工作内容有相当多的了解,岗位分析人员与主管面谈可以节省岗位分析的时间。

进行访谈时应注意以下原则。

1. 明确面谈的意义。

2. 建立融洽的气氛。

3. 准备完整的问题表格。

4. 要求按工作重要性程度排列。

5. 面谈结果让任职者及其上司审阅修订。

访谈法的优点是能够简单而迅速地收集到所需要的资料，适用面广。由任职者亲口回答问题，其内容较具体准确，可以使岗位分析人员了解到短期的直接观察不易发现的问题，还可以使岗位分析人员了解到员工的工作态度和工作动机等较深层次的内容。此外，访谈还可以为组织提供一个良好的机会来向大家解释岗位分析的必要性及功能，也可以使被访谈者有机会释放因受到挫折而带来的不满。访谈法的缺点，最主要的是收集到的信息有可能不够真实，被访谈者往往把岗位分析看成是工作绩效评价，认为岗位分析会影响到他们的报酬，因而夸大其承担的责任和工作难度，从而使岗位分析的资料失真和扭曲。

（三）观察法

观察法是指在工作现场运用感觉器官或其他工具，观察员工的实际工作运作，用文字或图表形式做记录，来收集工作信息的一种方法。

观察法应遵循以下几点操作原则。

1. 观察的工作应相对静止，即在一段时间内，工作内容、工作程序和对工作人员的要求不会发生明显的变化。

2. 适用于大量的以标准化的、周期短的体力活动为主的工作。

3. 要注意工作行为样本的代表性，有时候某些行为在观察过程中可能未表现出来。

4. 观察人员尽可能不要引起被观察者的注意，至少不应干扰被观察者的工作。

5. 观察前要有详细的观察提纲和行为标准。

观察法的优缺点主要表现为：采用观察法进行岗位分析所得出的结果比较客观、准确，但需要岗位分析人员具备较高的素质。它适用于外部特征较明显的岗位工作，如生产线上工人的工作、会计人员的工作等。不适合长时间的心理素质的分析，也不适合工作循环周期很长的工作和脑力劳动的工作，偶然、突发性工作也不易观察，且不能获得有关任职者要求的信息。

# 第三节　工作设计概述

## 一、工作设计的概念与内容

所谓工作设计，就是为了有效地达到组织的目标，提高工作效率，对工作内容、工作职能、工作关系等方面进行变革和设计。工作设计主要是组织向其员工分配工作任务和职责的方式。工作设计是通过满足员工对工作的需求来提高工作绩效的一种管理方法。因此，工作设计是否得当，对激发员工的工作动机、增强员工的工作满意程度，以及提高生产率都有重大的影响。

工作设计与岗位分析的关系十分紧密。岗位分析的主要目的是对各项工作的任务、责任、性质以及工作人员的条件予以分析研究；工作设计的主要目的则是要说明工作如何做，以及如何使工作者在工作中得到满足。工作设计所涉及的内容包括工作内容和方法设计、工作职能和工作之间的关系设计等。工作设计在人力资源管理中具有十分重要的意义。

工作设计主要包括以下几个方面的内容。

### （一）工作内容

工作内容包括确定工作的一般性质等问题，它具有多样性、自主性、复杂性、常规性、整体性等特征。

### （二）工作职能

工作职能也就是做每种工作的基本要求和方法，包括工作责任、工作权限、工作方法、工作协调和信息沟通等。

### （三）工作关系

工作关系是指工作中人与人之间的关系，包括上下级之间的关系、同事之间的关系、个体与群体之间的关系等。

### （四）工作绩效

工作绩效是指工作的成绩与效果的好差。它包括工作任务完成所需达到的具体标准（如产品的产量、质量、生产效率等），以及员工对工作的感受与反应（如满意程度、出勤率、离职率等）。

### （五）对工作结果的反馈

对工作结果的反馈是指任职者从工作本身所获得的直接反馈以及从上级、下级或同事那里获得的对工作结果的间接反馈等。

## 二、工作设计的作用

工作设计之所以在当代社会引起人们的高度重视，主要是其基于以下几个方面的重要作用。

### （一）工作设计改变了工人和工作之间的基本关系

对于这个问题，科学管理者是这样处理的：把工作的物质要求与工人的生活特征相结合，然后剔除那些不符合要求的人。行为科学家进入工业领域后，他们试图通过改进对工人的挑选和培训来完善这个过程。然而和科学管理者一样，他们把重点放在工作身上，职务被看作是不可变的固定物。而工作设计打破了这个传统，它是建立在这样的假设基础上的，即工作本身对员工的激励、满意和生产率有强烈的影响。

### （二）工作设计能推进员工工作的积极态度

工作设计不是试图首先改变员工的工作态度，而是假定在工作得到适当的设计后，员工积极的态度就会随之而来。

### （三）工作设计使职责分明

良好的工作设计可以减少员工的辞职、旷工及怠工等情况。

### （四）工作设计有利于改善人际关系

工作设计有利于改善人际关系，直接影响到员工的工作满足感。

### （五）工作设计重新赋予工作以乐趣

工作设计直接影响到员工的生理与心理健康，一些诸如腰腿病、耳聋、高血压、心脏病等职业病都与工作设计有着密切的关系。

## 三、工作设计的要求

工作设计的要求主要包括以下几个方面。

1. 提高组织效率。
2. 符合组织的总目标。
3. 工作与人相适应。
4. 责任体系与总目标相符。

# 第四节 工作设计的原则和方法

## 一、工作设计的原则

工作设计是十分重要的科学管理技术,好的工作设计是好的工作的先决条件。现代工作设计十分强调工作生活质量的改进,力求做到人与工作的完善配合,在提高工作效率的同时保证工人有较高的工作满意度。为此,工作设计立足于工作本身内在特性的改进,增强工作本身的内在吸引力,相当大地改变了工作活动的性质、功能、人员关系与反馈方面的特性。根据工作设计的基本目的与要求,好的工作设计应该符合以下三条原则。

### (一)效率原则

工作设计应使工作活动具有更高的输出效率,有效地提高职工工作效率。良好的工作设计,可以使组织成员更好地明确工作的职责与分工范畴,形成良好的工作协调与合作关系,提高组织活动的有序性、均衡性与连续性,创设符合职工个体特性的工作活动模式,促进职工能力的充分发挥。工作的简单化与专门化曾被视为提高工作效率最有效的法宝。确实,工作的简单化与专门化设计有助于职工较快地提高工作的熟练程度,迅速掌握工作方法,形成工作经验,也有助于职工发挥劳动特长。但专业化程度如果太高,就会导致工作的单调乏味,令人生厌,反而会造成工作效率下降。

### (二)工作生活质量原则

工作设计应符合职工对工作生活质量的要求。工作生活质量体现了职工与工作中各个方面之间关系的好坏,反映了职工的生理与心理需要在工作中得到满足的程度。工作生活质量的提高,可使职工对工作产生更为满意与向往的心情，增强归属感，并由此形成良好的组织气氛，提高组织的活动效能。在工作设计中应注意考虑的工作生活质量要素包括：工作的挑战性和吸引力，工作的自主性与自由度，工作的多样化与丰富化，合理的工作负荷与节奏，安全舒适的工作环境，工作中个人需要的适度满足，以及上下左右之间的良好工作关系等。

（三）系统化设计原则

工作设计是一项复杂的系统工程，设计者应充分考虑工作中各有关方面，包括组织体系、工艺技术、管理方式、工作者、工作环境等，努力寻求各方面因素的最佳结合，使之在工作系统中构成良好的协调关系。

## 二、工作设计的方法

研究表明，有以下几种基本方法与工作设计有关。

（一）激励型工作设计方法

激励型工作设计方法在组织行为学和管理学文献中可以找到其深厚的基础。它所强调的是可能会对工作承担者的心理价值以及激励潜力产生影响的那些工作特征，并且它把态度变量（比如满意度、内在激励、工作参与以及像出勤、绩效这样的行为变量）看成是工作设计的最重要结果。激励型工作设计方法所提出的设计方案往往强调通过工作扩大化、工作丰富化等方式来暂时提高工作的复杂性，它同时还强调要围绕社会技术系统来进行工作的构建。与此相对应，一项对213种不同工作所进行的研究发现，工作的激励特征与这些工作对工作承担者的智力要求是正相关的。激励法的例子之一是赫茨伯格的双因素理论。这一理论指出，相对于工资报酬这些工作的外部特征而言，个人在更大的程度上是受到像工作内容的有意义性这类内部工作特征激励的。

强调激励的工作设计方法通常倾向于强调提高工作的激励潜力。工作扩大化、工作丰富化以及自我管理工作团队等管理实践都可以在激励型的工作设计方法中找到自己的渊源。尽管针对这些工作设计方法所进行的大多数研究都表明它们提高了员工的满意度和绩效水平，但是它们却并非总是能够带来绩效数量的增加。

（二）机械型工作设计方法

机械型工作设计方法是扎根于古典工业工程学之中的，它强调要找到一种能够使得员工工作效率达到最大化的最简单方式来构建工作。在大多数情况下，通常包括降低工作的复杂程度从而提高人的效率，也就是说，让工作变得尽量简单，从而使任何人只要经过快速培训就能够很容易地完成它。这种方法强调按照任务专门化、技能简单化以及重复性的基本思路来进行工作设计。

（三）社会技术型工作设计方法

社会技术型工作设计方法的实质是设计工作时应该考虑工作技术体系和相伴随的社会体系两个方面。根据这个概念，雇主应该通过对整个工作场所（包括物理环境和社会环境）进行整体或系统的观察来设计工作。很少有工作涉及同样的技术要求和社会环境，因此社会技术型工作设计方法是因情景而设定的。社会技术型工作设计方法尤其要求工作设计者仔细地考虑员工在这个社会技术体系中的职责、所要完成任务的本质和工作小组的自主权。在理想情况下，社会技术型工作设计方法把组织的技术需要与决策中所涉及的员工的社会需要结合起来。

社会技术型工作设计方法已被应用于许多国家，通常冠以"自治工作小组"或"个人民主"这样的名称。以自我管理工作小组或团体为基础的现代工作设计，通常是以社会技术型工作设计方法为基础的。

总而言之，在进行工作设计的时候，理解仅仅使用一种工作设计方法所可能产生的内在优缺点是非常重要的。管理者如果希望按照某种能够使任职者和组织的各种积极结果都达到最大化的方式来进行工作设计，他们就需要对这些不同的工作设计方法都有充分的认识，理解与每一种方法相联系的成本和收益，在它们之间进行适当的平衡，从而为组织谋取优势。

# 第七章　企业人力资源管理的员工招募与筛选

## 第一节　人员招聘概述

### 一、招聘的基本概念

#### （一）招聘的含义

在人类出现雇佣关系的同时，招聘活动就出现了。招聘的含义随着招聘活动的科学化和丰富化而不断得到充实和提炼。招聘是企业获得合格人才的渠道，是根据组织人力资源规划和工作分析的数量与质量要求，通过信息的发布和科学甄选，获得本企业所需的合格人才，并安排他们到企业所需岗位工作的过程。

可以这样看待招聘的含义：首先，招聘是人力资源管理的基础，它将关系到组织的生存和发展，企业要想在竞争中胜出，必须重视挑选成员的方式，因为这将影响组织的生存能力、适应能力和发展能力；其次，招聘是一个过程，这一过程包括吸引应聘者，对应聘者进行筛选、录用等环节；最后，人力资源管理人员应根据职位需求、应聘者的素质条件、企业的人力资源等，进行人员的选拔、招聘工作。

（二）招聘的目的

招聘的目的是为企业寻找合适的员工。在恰当的时候以最小的代价招聘组织最需要的、合适的员工，并将其安排在适合的岗位上使其发挥作用，这是任何组织招聘员工的根本目的。

1. 满足现实需要

为职务寻找符合资格要求的申请人。

2. 满足未来需要

为企业未来的人才需要，超前性地选择潜在的任职者，建立企业与潜在求职者之间的联系，建立人才库，尝试人才开发计划。如美国花旗银行认为，只要是真正的人才，就是聘用人数超过实际需要的 1 倍也值得。

3. 满足效率的需要

企业要以最低成本招聘到高质量人才，招聘不同层次人员的工资比率应低于他们的贡献比率。例如，同一岗位有本科生和专科生两个合格备选人，可据以往资料估算本科生工资与专科生工资之比、本科生业绩与专科生业绩之比两项指标，如果本科生工资与专科生工资之比小于本科生业绩与专科生业绩之比，就招聘本科生，以尽可能低的成本获取尽可能大的回报。

（三）招聘的意义

各个组织所面临的外部环境、内部环境和人力资源自身因素的变化会引起各种各样的人员招聘需求。如空缺岗位需要人员补充；组织因业务扩张突发人员需求，为确保新业务正常运营补充新员工；组织人员流动需要招聘；预先安排组织人力资源规划的需要，为调整不合理的员工队伍需要招聘。

为满足企业各种招聘需求，人力资源管理人员必须做好员工招聘工作。招聘工作的有效实施不仅对人力资源管理本身，而且对整个企业都具有非常重要的意义。它可以确保录用人员的质量，提高企业的核心竞争力；降低招聘成本，提高企业的工作效率；为企业注入新的活力，增强企业创新力；扩大企业知名度，树立企业良好形象；减少离职率，增强企业内部的凝聚力；

有利于人力资源的合理流动，提高人力资源潜能发挥的水平。有效的人力资源招聘能给企业带来无穷活力。

## 二、招聘的程序

### （一）招募

招募是招聘工作的第一阶段，是组织为了吸引更多、更好的候选人来应聘而进行的若干活动。人员招募的主要程序大致可以分为以下几个步骤。

1. 明确招募需求

招募需求的产生可能来源于以下三种情况。

（1）一名员工离职或者调动到其他部门，产生职位的空缺。

（2）根据年度计划预算招聘人员。

（3）由于业务量的变化，现有的人员无法满足需要。

通常企业在事先制订好的人员预算中的招聘计划是可以直接执行的。但当用人部门发现人手紧张时，人力资源管理部门其实很有必要判断一下是否必须通过招人来解决；即使是招人，是否一定要招聘正式员工，以免产生不必要的招聘。有的时候职位空缺或人手不够，企业可以通过以下途径来解决。

（1）将其他部门的人员调配过来。一个部门人不够，另外的部门可能有富余人员，而这些人员就可以填补职位空缺。

（2）现有人员加班。有些任务是阶段性、季节性的，如果招聘了正式员工进来，短暂的繁忙期过去后就会出现冗员。如果现有人员适当加班就可以解决问题，那么就不需要招聘新人了。

（3）工作的重新设计。有时人手不够可能是由于工作的流程不合理或者工作的分配不合理，如果企业能够对工作进行重新设计，人手的问题就可能迎刃而解。

（4）将某些工作外包。有些非核心工作任务完全可以外包给其他机构来完成，这样，就可以免去招聘新人的麻烦，而且也减轻了企业管理的负担。

2. 准备工作职责和任职资格描述

在准备招聘一个新人之前，招聘者必须清楚地知道空缺职位的工作职责和对任职者的资格要求，因为只有这样，招聘者才有充分的依据对候选人进行评判。一般来说，这部分工作由用人部门的空缺职位的直接主管完成，人力资源部门的招聘负责人和用人部门的上级主管将在这个过程中给予指导和帮助。公司应该对职位描述的内容和格式有统一的规定。

3. 组建招募团队

由胜任者来进行招募工作是保证有效招募的前提。一般情况下，招募工作是由组织的人力资源部门和具体用人部门共同协作完成的。而具体参与招募的人选因职位的不同有很大的差异。一般来说用人部门主要从专业角度出发，多方面、深层次地测试申请者的资格，而人力资源部门更多的是辅助和建议。另外，直接参与招募的人员应当经过良好的培训，因为他们的言谈举止代表了组织的形象。

4. 选择招聘方法

在确定招聘渠道后，招聘者就应有针对性地选择最合适的招聘方法。招聘的人员不同，采用的招聘方法也就不同。招聘方法不同，招聘成本也就不同。组织要以最低的成本在有限的时间内招聘到所需的人员，因此要根据招聘的人员类型、招聘渠道，科学选择招聘方法。

（二）甄选

甄选则是组织从"人与事"两个方面出发，从招募得来的人员信息中，挑选出最合适的人来担当某一职位，具体工作如下。

1. 审查求职申请表，进行初步筛选。

2. 确定测试内容、测试人员、测试方式、测试程序、被测试人员名单。如招聘文员时，招聘者让应聘者填写应聘表（5分钟）、电脑操作（8分钟）、笔试（30分钟）、面谈（20～40分钟）等。

3. 安排笔试、面试。招聘者发出测试通知（时间、地点、联系人，带好资料），确定接待人员、主试人员（一般由人事经理与用人主管担当），准备笔试试题和面试问题。根据应聘者提供的材料，对其个人情况、背景、经历、离职原因、爱好、特长、工资待遇期望值、个人发展目标等列出需要进一步了解的问题。

4. 组织测验、测评。

5. 对拟录用的候选人进行体检和背景调查。

## （三）录用

录用是企业对甄选出的人员进行初始安置、适应性培训、试用，最后决定是否正式录用的过程。

## （四）评估

评估是招聘过程中不可缺少的重要阶段，包括招聘成效评估、录用人员质量评估、对招聘人员工作的评估和招聘活动总结。

# 第二节　人员甄选

## 一、人员甄选的概述

人员甄选是指通过运用一定的工具和手段对求职者进行鉴别和考察，以区分他们的人格特点与知识技能水平，预测他们的未来工作绩效，从而最终挑选出组织所需要的、能填补恰当空缺职位的活动。

## （一）进行人员甄选的原因

### 1. 降低员工招聘的风险

在员工甄选过程中所用到的各种人员测评方法可以让企业了解个人的

143

能力、性格特点、工作风格等与工作相关的各方面素质，得出一些诊断性的信息，从而分析出该员工是否胜任该工作。人员甄选可以让企业找到适合岗位要求的人，降低因企业招用不合格人员所带来的风险。

2. 有利于人员的安置和管理

人员测评可以让企业对员工各方面的素质有一个大致的了解，得知员工个人能力在各方面指标上的高低。这样，企业在安置员工时可以扬长避短，做到人岗匹配。另外，主管人员在了解了录用员工的情况之后，可以尽可能地结合员工的特点进行个性化管理。

（二）人员甄选中应当注意的问题

1. 不是选最优秀的，而是选最合适的

很多企业在选拔人才的时候希望选到最优秀的人才，这其实是一个误区。人员甄选最重要的是合适。对于非常优秀的人才来说，一些岗位丝毫没有挑战性和吸引力，那么，即使招收他们进来，他们的工作积极性和工作稳定度都不会太高。一些小企业会花大价钱来引进高端人才，但却没有足够的能力留住人才，反而造成了资本和人才的浪费。

2. 要将候选人与评价标准进行比较，而不是在候选人之间比较

人员选拔要有一定的客观标准，企业应当将候选人的个人能力与工作要求的各项指标进行比较。而事实上一些招聘者会在候选人之间进行比较，然后挑出候选人中最好的那个，但是，候选人中最好的并不一定是最适合岗位要求的。

3. 尽量不要降低标准来录用人员

当所有的候选人都不能满足招聘标准时，招聘者往往不得不重新思考招聘的标准，是不是标准定得过高才导致没有人能满足？有的情况下的确如此。但还有相当多的情况下并不是这样。因此，考虑降低录用标准时一定要谨慎，否则会造成标准的混乱，对于其他员工不够公平。

## 二、人员甄选的工具与方法

### （一）面试

面试是指在特定时间、特定地点进行的，有着预先精心设计好的、有明确目的和程序的谈话。这是通过面试者与被面试者双方面对面地观察、交谈等双向沟通的方式，了解被测试者的性格特征、个人能力，以及求职动机等方面情况的一种人员甄选与测评技术。

面试的广泛性使用也使得面试的方法与技巧变得尤为重要，公司在招聘新进人员时必须适当地利用面试来选拔人才。

### （二）笔试

笔试是让求职者在试卷上笔答事先拟好的试题，然后由主考人根据求职者解答的正确程序予以评定成绩的一种测试方法。

通过笔试，招聘者通常可以测量求职者的基本知识、专业知识、管理知识、相关知识，以及综合分析能力、文字表达能力等素质能力的差异。

笔试的长处在于笔试的题型和题量可以涵盖比较广的知识面，对知识、技能和能力的考察信度和效度较强；可以大规模地进行评价，因此花费时间少、效率高，比较经济；被测试者的心理压力相对较小，容易发挥正常水平；成绩评定比较客观，可以保存被测试者回答问题的真实材料。

笔试的局限性在于候选人不能直接和应聘者见面，不能直观全面地考察求职者的工作态度、品行修养，以及组织管理能力、口头表达能力和操作技能等，而且不能排除作弊和偶然性。因此，使用笔试招聘时需要采用其他的测试方法进行补充。

## 三、人才测评的主要内容

### （一）能力因素

国内有人主张把能力按其来源不同，划分为科学智能和社会智能，前者来自人与自然交往过程中的直接经验或者人通过书本学习间接得到的经验，后者则是来自社会实践，通过人与人之间的交往、联系、竞争与合作来获得。

### （二）动力因素

在动力因素中，价值观是层次最高、影响面最广的因素。所谓价值观，就是人们关于目标或信仰的观念，它使人们的行为带有个人的一致的方向性。除了价值观以外，动机也是动力因素的重要成分。所谓动机，是指推动一个人行为的内在原因。动机强烈与否往往决定行为过程的效率和结果。在动力因素中，兴趣是层次最低的因素。兴趣是指个体对某种活动或某种职业的喜好。当人的兴趣与行为一致时，可以使行为更加有效。

### （三）知识和技能

知识是以概念及其联系的方式存储和积累下来的经验系统。这里主要指与岗位工作相对应的知识。岗位工作知识是从事工作最基本的素质之一，因此也被看成是岗位的最基本的素质要求。为此，许多组织都对各类岗位制订了一定的指标，并进行相应的测验，以考察员工对知识的掌握情况。技能是指以活动的方式固定下来的经验系统。这里是指岗位工作所要求的具体操作活动，如汽车驾驶、打字、电脑操作等。生产线上的工作一般要求具备良好的动手操作技能，眼、手、脚、躯体之间的相互协调等。

# 第三节　招聘面试

## 一、面试的种类

### （一）非结构化面试

面试官可以向应聘人员提出随机想起的问题。面试没有应遵循的特别形式，谈话可以向多个方向展开。作为面试官，可以在一定的工作规范指导下，向每位候选人提出不同的问题。

### （二）结构化面试

结构化面试又称标准化面试，是指面试前就面试所涉及的内容、试题的评分标准、评分方法、分数使用等一系列问题进行系统的、结构化设计的面试方式。面试过程中，面试官不能随意变动，必须根据事先拟订好的面试提纲，逐项对被试者进行测试，被试者也必须针对问题进行回答。被试者的回答要素评判必须按分值结构合成。面试的结构严密，层次性强，评分模式固定，面试的程序、内容，以及评分方式等标准化程度都比较高。

### （三）行为面试

行为面试是基于行为的连贯性原理发展起来的。面试者通过求职者对自己行为的描述来了解两方面的信息：一是根据求职者过去的工作经历，判断他选择本组织发展的原因，预测他未来在本组织中发展的行为模式；二是了解他对特定事件所采取的行为模式，并将其行为模式与空缺职位所期望的行为模式进行比较分析。面试过程中，面试者往往要求求职者对其某一行为过程进行描述。例如，面试官会提问"你能否谈谈你过去的工作经历与离职的原因""请你谈谈你之前向你们公司总经理辞职的经过"等。

## 二、面试的技巧

### （一）注意面试考官的选择

1. 面试考官必须具备良好的个人品格和修养，为人正直、公正，具备相关的专业知识和丰富的社会工作经验，能借助工作经验的直觉判断来正确把握候选人的特征。因为在面试评价中，定性评价往往多于定量评价。了解组织状况和职位要求，这样才能为公司选出真正需要的人才。

2. 面对各类候选人，面试考官必须能熟练运用各种面试技巧，控制面试的进程；能客观、公正地评价候选人，不受候选人的外表、性格或背景等各项主观因素的影响。

3. 要求面试考官掌握相关的员工测评技术，能对岗位与能力的匹配度做出判断与估计，也能对候选人的素质、潜能、经验及各种能力做出较为正确的判断。

### （二）提问的技巧

1. 封闭式

应聘者只需要回答"是"或"不是"。一般封闭式提问表示招聘人员对应聘者答复的关注，或者想让应聘者结束某一话题的谈论。

2. 开放式

开放式提问可以让应聘者自由发表意见或看法，以获取信息。一般在面试刚开始的时候运用，可以缓解紧张气氛，让应聘者充分发挥自己的水平。

3. 引导式

问话的目的在于引导应聘者回答面试官希望听到的答案。如"你对目前的市场形势如何看待？"这种问法一般来说最好避免，除非面试官自己心中有数。

4. 假设式

如"如果你处于这种状况，你会怎样安排呢？"这种问法，若是使用得当，可以让考官了解应聘者的想法和能力。

5. 重复式

对应聘者回答的重复，可以让应聘者知道对方已经接收到他的信息，从而达到检验获得信息准确性的目的。

（三）倾听的技巧

在整个面试过程中，70%的时间都是应聘者在陈述，面试考官要做一个好的听众。在倾听的过程中，积极的肢体语言无疑可以帮助应聘者放松心情。例如，对应聘者积极的回应、眼神的沟通等，都是鼓励应聘者继续说下去的好方式，这些方式可以让其更好地表达自己，从而使面试考官收集到更加全面的信息。

# 第四节　招聘评估

## 一、评价招聘工作的标准

一次招聘活动成功与否，应该符合以下五个标准。

（一）有效性

测试应围绕岗位要求拟定测验项目，测试内容必须正确、合理，必须与工作性质相吻合。这要求负责招聘的人员必须真正了解空缺职位的要求。例如，如果要挑选市场调查研究员，则招聘时所要测试的内容必须与行销、调查、统计和经济分析的知识有关，否则测试便无意义了。

（二）可靠性

它是指评判结果能客观反映应聘者的实际情况，测试成绩能表示应聘者在受试科目方面的才能、学识高低。而能否达成这一效果则主要取决于选拔方法的效度。例如，应聘者在行销学方面的测试成绩为 90 分，就应该表示他在这方面的造诣也确有 90 分的水准。

（三）客观性

一方面，指招聘者对应聘者进行客观的评价，不受主观因素的影响，如个人的偏见、偏好、价值观、个性、思想、感情等因素的影响；另一方面，招聘者不会因应聘者的身份、社会地位、种族、性别、籍贯和容貌等因素不同而有评价高低之差别。招聘要达到客观性，就必须在评分时摒弃以上两种主观的障碍，这样才能达到公平。

（四）广博性

它是指测试的内容必须广泛到能测出所要担任的工作所需的每一种能力，并且每一测试科目的试题应该是广泛的，而不是偏狭的。因此，招聘者应注意测评内容是否具有完整性，能否全面反映招聘岗位所需的各项要求。要想全面地对应聘者进行评价，首先需要明确各岗位、各方面的任职资格要求，如要招聘一位医药业务代表，其测试的科目不能只限于医药专科知识一科，还得包括社交能力、英文、推销技巧等科目。

（五）经济性

主要是考虑人员期望薪资成本是否在预算之内，与收益相比是否过大，要考虑企业招聘成本的承受能力。

当招聘工作符合上述有效性、可靠性、客观性、广博性和经济性五个标准时，招聘到的人选必然是符合企业要求的人选。

## 二、招聘成本评估

招聘成本评估是指对招聘过程中的费用进行调查、核实，并对照预算进行评价的过程。

招聘工作结束后，负责招聘的人员要对招聘工作进行核算。招聘核算是对招聘的经费使用情况进行度量、审计、计算、记录等的总称。通过核算，企业可以了解招聘中经费的精确使用情况，以及是否符合预算、主要差异出现在哪个环节等情况。

招聘成本包括在招募和录取过程中。招募、选拔、录用和安置的成本，是为了吸引和确定企业所需内外人力资源而产生的招募人员的直接劳务费用。主要包括招募人员的直接劳务费用、直接业务费用（如招聘洽谈会议费、差旅费、代理费、广告费、宣传资料费、办公费、水电费等）、间接费用（如行政管理费、临时场地及设备使用费等）。

选拔成本由对应聘人员进行鉴别选择，已作出决定录用或不录用这些人员时所支付的费用构成。一般情况下，主要包括以下几个方面：① 初次口头面谈，进行人员初选；② 填写申请表，并汇总候选人员资料；③ 进行各种书面或口头测试，评定成绩；④ 进行各种调查和比较分析，提出评论意见；⑤ 根据候选人员资料、考核成绩、调查分析评论意见，召开负责人会议，讨论决策录用方案；⑥ 最后的口头面谈，与候选人讨论录用后的职位、待遇等条件；⑦ 获取有关证明资料，通知候选人体检；⑧ 体检，在体检后通知候选人录取与否。以上每一步骤所产生的选拔费用不同，其成本的计算方法也不同。

录用成本是指经过招募选拔后，把合适的人员录用到某一企事业单位中所产生的费用。录用成本包括录取手续费、调动补偿费、搬迁费和旅途补助费等由录用引起的相关费用。

安置成本是为了安置录用员工到具体的工作岗位所产生的费用，一般由各种行政管理费用、为新员工提供工作所需要的装备条件以及录用部门因安置人员所损失的时间成本而产生的费用构成。

## 三、录用人员评估

录用人员评估是指根据招聘计划对录用人员的质量和数量进行评价的过程。

### （一）判断招聘数量

判断招聘数量的一个明显方法就是看职位空缺是否得到满足，雇佣率是否真正符合招聘计划的设计。

### （二）衡量招聘质量是按照企业的长短期经营指标来分别确定的

在短期计划中，企业可根据求职人员的数量和实际雇佣人数的比例来认定招聘质量。在长期计划中，企业可以根据接收雇佣的求职者的转换率来判断招聘的质量。

录用人员的质量可用以下几个数据来表示。

录用比：录用比＝录用人数/应聘人数×100%

招聘完成比：招聘完成比＝录用人数/计划招聘人数×100%

应聘比：应聘比＝应聘人数/计划招聘人数×100%

如果录用比小，相对来说，录用者的素质就越高；反之，则可能录用者的素质较低。

如果招聘完成比等于或大于100%，则说明企业在数量上全面或超额完成招聘计划。

如果应聘比较大，说明发布招聘信息效果较好，同时说明录用人员可能素质较好。

除了运用录用比和应聘比这两个数据来反映录用人员的质量，另外企业也可以根据招聘的要求或工作分析的要求对录用人员进行登记排列来确定其质量。

# 第八章　企业人力资源管理的
# 员工培训与开发

## 第一节　培训原则和培训制度

### 一、培训的基本原则

培训是提高人力资源管理效率和效果的重要手段。目前在各类组织中存在着形式、内容各异的培训，但各类培训坚持的原则基本是一致的。这些基本原则主要如下。

#### （一）长期性原则

员工培训需要企业投入大量的人力、物力，这对企业的当前工作可能会造成一定的影响。有的员工培训项目有立竿见影的效果，但有的培训尤其是管理人员和员工观念的培训要在一段时间以后才能反映到员工工作效率或企业经济效益上。因此，要正确认识智力投入和人才开发的长期性和持续性，要用"以人为本"的经营管理理念做好员工培训工作。

#### （二）全员教育培训和重点提高相结合原则

全员教育培训，就是有计划、有步骤地对所有在职员工进行的教育和训练。全员培训的对象应包括企业所有的员工，这样才能全面提高企业的员工素质。同时，全员培训也不是说对所有员工平均分摊培训资金。在全员培训的基础之上还要强调重点培训，要分清主次先后、轻重缓急，制定规划，分散进行不同内容、不同形式的教育培训。在全员教育培训的同时，重点培训对企业的发展起着关键作用的领导人才、管理人才和技术骨干，优先培训急需人才。此外，人员培训的内容还应该与员工的任职标准相衔接，同时，兼顾专业知识技能与职业道德两方面。

### （三）严格考核和择优奖励原则

严格考核是保证培训质量的必要措施，也是检验培训质量的重要手段。员工只有培训考核合格，才能择优录用或提拔。鉴于很多培训只是为了提高素质，并不涉及录用、提拔或安排工作问题，因此对受训人员择优奖励就成为调动其积极性的有力杠杆。根据考核成绩，设立不同的奖励等级，并记入档案，与今后的奖励、晋级等挂起钩来。

激励是调动组织成员为实现组织目标共同努力的主要动力。培训的对象既然是组织内的员工，就要求员工把培训看作是某种激励的手段。如果他们接受了培训，并从中获得了自身的发展，带来了益处，他们就会乐于参与和支持企业的培训计划。企业员工在接受培训的同时感受到了组织对他们的重视和发展，提高了员工对自我价值的认识，也增强了员工职业发展的机会。

### （四）投资效益原则

员工培训是企业的一种投资行为，和其他投资一样，也要从投入产出的角度考虑效益大小及远期效益、近期效益问题。员工培训投资属于智力投资，它的投资收益应高于实物投资收益。但这种投资的投入产出衡量具有特殊性，培训投资成本不仅包括可以明确计算出来的会计成本，还应将机会成本纳入进去。培训产出不能纯粹以传统的经济核算方式来评价，它还包括潜在的或发展的因素，另外还有社会的因素。在投资培训时，投入是较容易计算的，但产出回报是较难量化计算的，并且有些培训还较难确定是长期效益还是短期效益。

## 二、培训制度的主要内容

### （一）培训服务制度

1. 培训服务制度条款

"制度条款"需明确以下内容。

（1）员工正式参加培训前，根据个人和组织需要向培训管理部门或本部门负责人提出的申请。

（2）在培训申请被批准后需要履行的培训服务协约签订手续。

（3）培训服务协约签订后方可参加培训。

2. 培训服务协约条款

"协约条款"一般要明确以下内容。

（1）参加培训的申请人。

（2）参加培训的项目和目的。

（3）参加培训的时间、地点、费用和形式等。

（4）参加培训后要达到的技术或能力水平。

（5）参加培训后要在企业服务的时间和岗位。

（6）参加培训后如果出现违约的补偿。

（7）部门负责人的意见。

（8）参加人与培训批准人的有效法律签署。

培训服务制度是培训管理的首要制度，虽然不同组织有关这方面的规定不尽相同但目的都是一样的，主要是符合企业和员工的利益并符合国家法律法规的有关规定，应予以重视。

此制度的主要内容和条款有以下几方面。

（1）培训的意义和目的。

（2）需要参加的人员界定。

（3）特殊情况下员工不能参加入职培训的解决措施。

（4）入职培训的主要责任人（部门负责人或是培训管理者）。

（5）入职培训的基本要求标准（内容、时间、考核等）。

（6）入职培训的方法。

## （二）入职培训制度

入职培训制度就是规定员工上岗之前或任职之前必须经过全面的培训，没有经过全面培训的员工不得上岗或任职的一种制度。它体现了"先培训，后上岗""先培训，后任职"的原则，适应企业培训的实际需要，有利于提高员工队伍的素质，提升工作效率。

## （三）培训考核评估制度

培训考核评估制度需要明确的内容，主要有以下几方面。

（1）被考核评估的对象。

（2）考核评估的执行组织（培训管理者或部门负责人）。

（3）考核的标准区分。

（4）考核的主要方式。

（5）考核的评分标准。

（6）考核结果的签署确认。

（7）考核结果的备案。

（8）考核结果的证明（发放证书等）。

（9）考核结果的使用。

设立培训考核评估制度的目的，既是检验培训的最终效果，为培训奖惩制度的确立提供依据，同时也是规范培训相关人员行为的重要途径。需要强调的一点是，培训评估考核必须100%进行，并且要标准一致，评估考核过程开放、公平，方可达到培训评估考核的目的。

# 第二节　培训需求分析

## 一、培训需求分析的含义和作用

培训需求分析就是判断企业是否需要培训及培训内容的一种活动或过程。需求分析对企业的培训工作至关重要，它是真正有效地实施培训的前提条件，是培训工作实现准确、及时和有效的重要保证。

培训需求分析具有很强的指导性，它既是确定培训目标、设计培训计划的前提，也是进行培训评估的基础。培训需求分析作为现代培训活动的首要环节，具有重要的作用。其作用具体表现如下。

### （一）确认差距

培训需求分析的基本目标就是确认差距，即确认任职者的应有状况与现实状况之间的差距。差距确认一般包括三个环节：一是必须对所需要的知识、技能、态度进行分析，即理想的知识、技能、态度的标准或模型是什么；二是必须对实践中所缺少的知识、技能、态度进行分析；三是必须对理想的或所需要的知识、技能、态度与现有的知识、技能、态度之间的差距进行比较分析。这三个环节应独立有序地进行，以保证分析的有效性。

### （二）提供前瞻性分析

由于组织外部环境的不确定性，企业的发展过程是一个动态的、不断变化的过程，当组织发生变革时，培训计划均要满足这种变化。因此，那些负责培训和开发的人们应该在制订合适的培训计划之前迅速地把握住这种变革。

## （三）保证人力资源开发系统的有效性

人力资源开发的过程就是人力资源培训的过程，没有培训就谈不上人力资源开发。所以人力资源管理人员在设计培训计划时，就要充分考虑到人力资源开发的需要，为人才储备做好基础性工作。

## （四）提供多种解决问题的方法

解决需求差距的方法很多，有些可能是与培训无关的选择，如人员变动、工资增长、新员工吸收，或者是几个方法的综合等。针对不同情况企业可选择不同培训方法。最好的方法是把几种可供选择的方法综合起来，制定包含多样性的培训策略。

## （五）分析培训的价值及成本

当进行培训需求分析并找到了解决问题的方法后，培训管理人员就能够把成本因素引入培训需求分析中去。如果计算后发现培训的损失小于培训的成本，则说明当前还不需要或不具备条件进行培训。由于很多项目不能用数字量化，因而做这项工作是比较困难的。

## （六）获取内部与外部的多方支持

无论是在组织内部还是外部，企业通过需求分析收集关于制订培训计划、选择培训方式的大量信息，这无疑能给将要制订的培训计划的实施提供支持。如中层管理者和受影响的工作人员由于参与培训需求分析过程，所以他们通常会支持建立在扎实需求分析基础之上的培训计划。

## 二、培训需求分析的内容

企业的培训需求是由多个方面的原因引起的，企业确定进行培训需求分析并收集到相关的资料后，就要从不同层次、不同方面、不同时期对培训需求进行分析。

## （一）培训需求的层次分析

### 1. 组织层次分析

主要是确定组织范围内的培训需求，以保证培训计划符合组织的整体目标与战略要求。通过对包括政府的产业政策，竞争对手的发展情况，企业的发展目标、发展战略，企业生产效率、事故率、疾病发生率、辞职率、缺勤率和员工的行为等在内的组织的外部环境和内部环境进行分析，发现组织目标与培训需求之间的联系。

### 2. 工作岗位层次分析

主要是确定各个工作岗位的员工达到理想的工作业绩所必须掌握的技能和态度。岗位分析、绩效评价、质量控制报告和顾客反映等都能为这种培训需求提供重要的信息。这个层次的培训需求决定了培训的内容。

### 3. 员工个人层次分析

主要是确定员工目前的实际工作绩效与企业的员工绩效标准之间存在多大的差距。这一层次的分析主要是为了将来评价培训的结果和评估未来培训的需求。信息来源包括员工业绩考核的记录、员工技能测试成绩及员工个人填写的培训需求问卷等资料。

## （二）培训需求的对象分析

### 1. 新员工培训需求分析

新员工的培训需求主要产生于新员工对企业文化、企业制度不了解而不能融入企业，或是对企业工作岗位的不熟悉而不能很好地胜任新工作。对于新员工的培训需求分析，特别是对于低层次岗位的新员工的培训需求，企业通常使用任务分析法来确定其在工作中需要的各种技能。

### 2. 在职员工培训需求分析

由于新技术在生产过程中的应用、在职员工的技能不能满足工作需要等而产生培训需求，企业通常采用绩效分析法评估在职员工的培训需求。

### （三）培训需求的阶段分析

**1. 目前培训需求分析**

针对企业目前存在的问题和不足而提出的培训要求，主要是分析企业现阶段的生产经营目标、生产经营目标的实现状况、未能实现的生产任务、企业运行中存在的问题等方面，找出这些问题产生的原因，并确认培训是不是解决问题的有效途径。

**2. 未来培训需求分析**

这类培训需求主要是为满足企业未来发展过程中的需要而提出培训的要求。一般采用前瞻性培训需求分析方法，预测企业未来工作变化、员工调动情况、新工作岗位对员工的要求及员工已具备的知识水平和尚欠缺的部分。

## 第三节  培训对象选择

### 一、运用绩效分析方法确定培训需求和培训对象

绩效评价本身就是需求分析与缺失检查的一种类型，主要分析员工个体现有状况与应有状况之间的差距，在此基础上确定谁需要和应该接受培训及培训的内容。它为培训决策的制定提供了机会和依据。

运用绩效分析方法确定培训对象，主要经过以下几个步骤。

### （一）通过绩效考评明确员工的绩效现状

绩效考评能够提供考评员工现有绩效水平的有关证据。绩效考评的结果是对目标员工工作效率的种种表现所做的描述。

绩效考评可以运用从纯粹的主观判断到客观的定量分析之间的各种方

法。如果某项工作绩效要求已被界定，那么就可以向专家请教所需培训的类型；如果某项工作的要求是已知的，那么可以请组织的领导者对实际绩效进行分等。两种方法中，优先顺序的确定都依赖于对整个工作中"哪些工作领域是最重要的和哪种培训效果是最好"的判断。然而，最可靠的需求分析基于实证性的数据。企业要尽可能客观地收集和分析数据，并在此基础上决定是否真正地需要培训。

（二）根据岗位说明书或任务说明书分析绩效标准或理想绩效

岗位说明书能够明确岗位对任职者的绩效要求。员工从事该岗位所需要的知识、技能和态度可以通过任务目录或技能目录来描绘。在职员工的知识、技能和态度是什么？企业通过资料收集来确定岗位需要同个体能力之间的差距，以及对工作绩效的影响状况。

主要项目指标如下。

1. 岗位的工作标准。

2. 岗位的绩效标准。

3. 岗位绩效目标与部门目标、组织目标之间的关系。

4. 领导如何要求下级工作、获取何种绩效目标。

5. 领导在多大程度上希望维持这种理想状态（个人达到的绩效目标、部门达到的绩效目标）等。

（三）确认理想绩效与实际绩效的差距

有关员工现有绩效水平的数据资料，能够表明全体员工中有多少人未达到、达到或超过了理想的绩效水平。在每一工作领域里，未达到理想绩效水平的员工的百分比这一数据能够表明，工作的哪些方面存在差距、差距有多大、哪些人员应对这些差距负责。

（四）分析产生绩效差距的原因

把绩效差距分解为知识、技能、态度、环境等具体方面，分析造成绩效差距的具体原因；了解在过去一段时间内，这种差距的变化趋势。

（五）根据绩效差距原因分析确认培训需求和培训对象

企业根据绩效差距原因分析确认：是否需要培训，需要在哪些方面进行培训，需要培训多久，哪些人员需要培训及哪些人员需要优先进行培训。如果考评的结果表明工作效率低的程度并不明显，选派人员参加培训项目的必要性就不大；如果不是因培训不足而产生绩效问题，企业应寻找其他可行的有效的解决方案。

## 二、运用任务与能力分析方法确定培训需求和培训对象

（一）根据任务分析获取任务的相关信息

对于每个特定工种的具体培训需求来说，任务水平分析可以提供三个方面的信息。

1. 每个工作所包含的任务（即工作描述中的基本信息）。

2. 完成这些任务需要的技能（来自工作说明书与工作资格表）。

3. 衡量完成该工作的最低绩效标准。

对各项任务进行分析，在企业制订和选择培训计划时是非常有用的。一般来说，企业可以利用一些标准独立地对每项工作进行有关上述问题的分析，然后设计出一套培训权衡表。这三个方面的信息可分别从目前的员工、人事档案、管理人员处收集后综合得出。

（二）对工作任务进行分解和分析

企业以工作说明书、工作规范或工作任务分析记录表作为确定员工是否达到企业要求其必须掌握的知识、技能和态度的标准的依据，通过岗位资料分析，将其和员工平时工作中的表现进行对比，以判断员工要完成工作任务的差距所在。

工作任务分析记录表可以分解为以下指标：主要任务和子任务、各项工作的执行频率、绩效标准、执行工作任务的环境条件、所需的技能和知识及学习技能的途径和场所等。

企业对各种任务进行分析后设计出一套培训权衡表。毫无疑问地，培训的重点应放在那些发生频繁的、重要的或相对而言较难掌握的任务上。培训者在选择培训工具、培训时间或其他事项时，也会考虑其他综合性因素。

（三）根据工作任务分析结果确定培训需求和培训对象

工作任务分析的重点在于如何提供改善和提高的机会。培训者根据员工的素质差距，为他们提供必要的指导、培训，使他们获得必需的技术和能力。用这种方法分析培训需求可以大致将其分为三类。

1. 重复性需求

如对每个新员工的就职培训。一般来说，新员工都对企业文化、规章制度、从事某项工作的特殊方法等缺乏了解。因此，企业通过岗前引导计划来满足所有新员工的这种重复性的需求。

2. 短期性需求

如培训员工学会如何使用企业新购置的新设备。

3. 长期性需求

企业为每一个工作岗位设计一个培训计划，以帮助员工通过更系统化的方法来提高基本技能，为职业评价与开发打下基础。

## 三、确定培训对象的基本原则

根据组织需要及员工绩效与能力确定培训对象的总原则是：当其需，当其时，当其位，当其愿。企业据此确定培训对象来源的范围、层次及类别，并制订符合实际、操作性强的培训计划。确定培训对象的基本原则如下。

（1）在最需要的时候选最需要培训的人员进行培训。

（2）针对具体的岗位及其在组织运营中的重要程度选拔人员。

（3）充分体现员工个人发展愿望与组织需要的结合。

# 第四节　培训的方法及评估

## 一、培训方法的选择

培训方法的选择要和培训内容紧密相关，不同的培训内容适用于不同的培训方法。在实际工作中，培训者要依据企业培训的需要和可能、培训的内容及培训的对象等方面，合理地选择采用培训方法。不同的培训方法有不同的特点，其自身也是各有优劣。

### （一）以掌握知识为目的的直接传授培训方法

直接传授培训方法是指培训者直接通过一定途径向培训对象发送培训中的信息。这种方法的主要特征就是信息交流的单向性和培训对象的被动性。其具体形式主要如下。

1. 讲授法

讲授法即按照准备好的讲稿系统地向受训者传授知识。它是最基本的培训方法。讲课教师是讲授法成败的关键因素。讲授法适用于各类学员对学科知识、前沿理论的系统了解，主要有灌输式讲授、启发式讲授、画龙点睛式讲授三种方法。

优点：传授内容多，知识比较系统、全面，有利于大面积培养人才；对培训环境要求不高；有利于教师的发挥；学员可利用教室环境相互沟通；学员能够向教师请教疑难问题；学员人均培训费用较低。

局限性：传授内容多，学员难以吸收、消化；单向传授不利于教学双方互动；不能满足学员的个性需求；教师水平直接影响培训效果，容易导致理论与实践相脱节；传授方式较为枯燥单一，受训者容易倦怠。

2. 专题讲座法

专题讲座法形式上和讲授法基本相同，但在内容上有所差异。讲授法一般是系统知识的传授，每节课涉及一个专题，接连多次授课；专题讲座法是针对某一个专题知识，一般只安排一次培训。

适用范围：适用于管理人员或技术人员了解专业技术发展方向或当前热点问题等方面知识的传授。

优点：培训不占用大量的时间，形式比较灵活；可随时满足员工某一方面的培训需求；讲授内容集中于某一专题，培训对象易于加深理解。

缺陷：讲座中传授的知识相对集中，内容可能不具备较好的系统性。

3. 研讨法

研讨法是在教师引导下，学员围绕某一个或几个主题进行交流，相互启发的培训方法。

适用范围：适宜各类学员围绕特定的任务或过程，培训其独立思考的能力、判断评价问题的能力及表达能力，主要有集体讨论、分组讨论、辩论式讨论等形式。

选题应注意：题目要具有代表性、启发性；题目难度适当；研讨题目应事先提供给学员，以便做好研讨准备。

优点：强调学员的积极参与，有利于培养学员的综合能力；全方位信息交流，加深对知识的理解，提高其运用的能力；研讨法形式多样，适应性强，可针对不同的培训目的。

难点：对研讨题目、内容的准备要求较高；对指导教师的要求较高，教师的选择难度大。

（二）以掌握技能为目的的实践性培训方法

实践法是让学员在实际工作岗位或真实的工作环境中，亲身操作、体验，掌握工作所需的知识、技能的培训方法，在员工培训中应用最为普遍。这种方法将培训内容与实际工作直接相结合，具有很强的实用性，是员工培训的有效手段。适用于从事具体岗位所应具备的知识、技能和管理实务类培训。

实践法的主要优点。一是经济。受训者边干边学，一般无须特别准备教室等培训设施。二是实用、有效。受训者通过实干来学习，使培训的内容与受训者将要从事的工作紧密结合，而且受训者在"干"的过程中，能迅速得到关于他们工作行为的反馈和评价。

### 1. 工作指导法

工作指导法也称教练法、实习法，这种方法是由一位有经验的工人或直接主管人员在工作岗位上对受训者进行培训。负责指导的教练的任务是教给受训者如何做，提出如何做好的建议，并对受训者进行激励。

这种方法的优点是应用广泛，可用于基层生产工人，如让受训者通过观察教练工作和实际操作，掌握机械操作的技能。或用于各级管理人员的培训，让受训者与现任管理人员一起工作，后者负责对受训者进行指导，一旦现任管理人员因退休、提升、调动等而离开岗位时，已经训练有素的受训者便可立即顶替，如设立助理职务来培养和开发企业未来的高层管理人员。

这种方法并不一定要有详细、完整的教学计划，但应注意培训的要点：一是关键工作环节的要求；二是做好工作的原则和技巧；三是须避免、防止的问题和错误。

### 2. 工作轮换法

这种方法是让受训者在不同时期内变换工作岗位，使其获得不同岗位的工作经验。以利用工作轮换进行管理培训为例，让受训者有计划地到各个部门学习，如生产、销售、财务等部门，在每个部门工作几个月。实际参与所在部门的工作，或仅仅作为观察者，了解所在部门的业务，扩大受训者对企业各环节工作的了解。

优点：能丰富受训者的工作经验，增加其对企业各项工作的了解；使受训者明确自己的长项和弱项，找到自己适合的位置；改善部门间的合作，使管理者能更好地理解各个部门相互间的问题。

缺点：工作轮换法鼓励"通才化"，适合于一般直线管理人员的培训，尤其是中高级管理人才的培训，对职能管理人员的专业化培训来说并不适合。

提高这种方法的培训效果，应注意的实施要点：一是工作轮换计划需根据每个受训者的具体情况制订，应将企业的需求与受训者的兴趣、能力倾向和职业爱好相结合。受训者在某一部门工作的时间长短，应视其学习进度而定。二是配备有经验的指导者。受训者在每一岗位工作时，应由富有经验的指导者进行指导，最好指导者经过专门训练，负责为受训者安排任务，并对其工作进行总结、评价。

3. 个别指导法

这种方法和以前企业中的"学徒工制度"相似。目前我国仍有许多企业在实行这种帮带式培训方式，其主要特点在于通过资历较深的员工的指导，新员工能够迅速掌握岗位技能。

优点：新员工在指导者指导下开始工作，可以避免盲目摸索；有利于新员工尽快融入团队；可以消除刚从学校毕业的学生进入工作时的紧张感；有利于企业传统优良工作作风的传递；新员工可从指导者处获取丰富的经验。

缺点：为防止新员工对自己构成威胁，指导者可能会有意保留自己的经验、技术，从而使指导流于形式；指导者水平高低对新员工的学习效果有极大影响；指导者不良的工作习惯会影响新员工；不利于新员工的工作创新。

## 二、培训效果的评估

### （一）培训效果与培训评估的含义

培训效果是指企业和受训者从培训当中获得的收益。对受训者的好处是，他们可以学习各种新的技能和行为方式，而企业则可获得经济效益的提升或员工精神面貌的改善等。

培训评估是指收集培训成果以衡量培训是否有效的过程。企业培训评估的价值与作用在于，培训评估是培训工作的最后阶段，培训评估技术是通过建立培训效果评估指标及评估体系，对培训是否达到预期目标、培训计划是否具有成效等进行检查与评价，然后把评估结果反馈给相关部门作为制订下一步培训计划的依据的一种方法。

### （二）培训评估的层次和方法

企业要评估某一培训项目，应明确根据什么来判断项目是否有效。企业对培训效果的评估可在四个层面上进行。

1. 反应评估

反应评估是第一级评估，即在课程刚结束时，了解学员对培训项目的主观感觉或满意程度。第一级评估目标往往包括对培训项目的意见反馈和既定计划的完成情况。

反应评估需要评估以下几个方面：内容、讲师、方法、材料、设施、场地等。对这个层次的评价，首先要有总体的评价，比如询问学员感觉这个课怎么样。或在课后采取问卷的方式了解学员对培训课程、讲师等的反应。在这一层面，评估方法主要可以采取问卷、面谈、座谈、电话或网络调查等方式。

2. 学习评估

学习评估是第二级评估，着眼于对学习的度量，即评估学员在知识、技能、态度或行为方式方面的收获。评估的方法很具体，无论是测试、模拟、技能练习还是教师的评价，都是为了评估学员学习的情况。学习评估往往在培训之中或之后进行，由教师或培训辅导员来负责实施。

学习层面主要的评估方法有考试、演示、讲演、讨论、角色扮演等多种方式。这个层面评估的优点是：对培训学员有压力，使他们更认真地学习；对培训讲师也是一种压力，使他们更负责、更精心地准备课程和讲课。但问题在于压力是好事也可能是坏事，有可能使学员报名不太踊跃。此外，这些测试方法的可靠度和可信度有多大？测试方法的难度是否合适？学习评估对工作行为转变来说并非是最好的参考指标。

3. 行为评估

行为评估即评估学员在工作中的行为方式有多大程度的改变。行为层面的评估主要有观察、主管的评价、客户的评价、同事的评价等方式。这个层面评估的好处是：培训的目的就是改变学员的行为，因此这个层面的评估可以直接反映课程的效果；可以使高层领导和直接主管看到培训的效果，从而让他们更支持培训。

对于第三级评估来讲，其目标涉及更广泛的领域，即培训的应用领域，包括重要的在岗活动。评估的实施时间往往是在培训结束后的几周或几个月之后。由于这种评估将涉及几方面人员的参与，包括培训和开发人员、部门经理等，所以在运作的初期企业管理者就必须明确这个问题的重要性。但是，这个层面的评估要花很多时间和精力，人力资源部门可能忙不过来；问卷的设计非常重要却比较难做；因为要占用相关人员较多时间，大家可能不太配合；员工的表现多种多样。如何剔除其他因素的影响也是一个问题。

4. 结果评估

这是第四级评估，其目标着眼于由培训项目引起的业务结果的变化情况。其目标可以包括对每个项目的度量方法。通过诸如质量、数量、安全、销售额、成本、利润、投资回报率等企业或学员的上级最关注的并且可量度的指标来考查、判断培训成果的转化，并与培训前进行对照，看最终产生了什么结果。时间的间隔取决于学员多长时间才能取得持续不变的业务效果，往往是培训结束后的几个月。收集四级评估的数据所涉及的责任人包括学员自己、主管或者外部的评估人员。

# 第九章 企业人力资源管理的职业生涯管理

## 第一节 职业生涯规划概述

### 一、职业的概念

所谓职业，是指人们从事的相对稳定的、有收入的、专门类别的工作。"职"字的含义是职责、权力和工作的位置，"业"字的含义是事情、技术和工作本身。进一步来说，是一个人的权利、义务、职责，即是一个人社会地位的一般性表征。也可以说，职业是人的社会角色的一个极为重要的方面。

现代管理学的发展趋势是，越来越讲求组织运行中的社会层和文化内容，这使组织成员"人"的地位逐渐回归。在现代管理活动中，组织也就日益注意员工个人的职业问题，而不仅仅是从"组织分工"的单一角度出发进行人力资源的开发与管理，在最具有现代管理理念的组织中，甚至从员工的个人意愿和生涯出发进行人力资源的开发与管理。

### 二、职业生涯基本分析概述

#### (一) 职业生涯概念

"生涯"，有人生经历、生活道路和职业、专业、事业的含义。在人的一生中，有少年、成年、老年几部分，成年阶段无疑是职业生涯最重要的时期。这一时期之所以最重要，正因为这是人们从事职业生活的关键时期，是人生全部生活的重要阶段。因此，人的一生在职业方面的发展历程就是职业生涯。

麦克法兰德指出：生涯是指一个人依据心中的长期目标所形成的一系列工作选择及相关的教育或训练活动，是有计划的职业发展历程。美国著名职业问题专家萨帕指出：生涯是生活中各种事件的前进方向和历程，是整合人一生中的各种职业和生活角色，由此表现出个人独特的自我发展组型；它也是人自青春期开始直至退休之后，一连串有酬或无酬职位的综合，甚至包括副业、家庭和公民的角色。

职业生涯是指一个人一生在职业岗位上度过的、与工作活动相关的连续经历。职业生涯是一个动态过程，它一方面反映人们参加工作时间的长短，同时也涵盖了人们职业的发展、变更的历程和过程；另一方面是以心理、生理、智力、技能、伦理等人的潜能的开发为基础，以工作内容的确定和变化，工作业绩的评价，工作待遇、职称职务的变动为标志，以满足需求为目标的工作经历和内心体验的经历。

（二）工作三阶段

在人生漫长的职业生涯各个时期中，从人在工作岗位的角度，可以分为早期、中期、后期三个时期，在这三个时期，人们的职业生涯有着不同的、特定的任务。

## 三、职业选择理论

英国经济学家舒马赫指出职业具有三个关键功能："一是给人们提供一个发挥和提高自身才能的机会；二是通过和别人一起共事来克服以自我为中心的意识；三是提供生产所需的产品和服务。"而职业选择实际上是实现上述三方面功能的前提。在人的整个职业生涯乃至整个人生当中，职业选择是极其重要的环节。大哲学家罗素说："选择职业是人生大事，因为职业选择

了一个人的未来，选择职业，就是选择将来的自己。"

职业选择就是劳动者依照自己的职业期望和兴趣，凭借自身能力挑选职业，使自身能力素质与职业需求特征相符合的过程。职业选择是一项非常复杂的工作，会受到多种因素的影响，人们一般会从自己的职业期望和理想出发，根据个人的兴趣、能力、特点等自身素质，从社会现有的职业中选择适合自己的职业。鉴于职业选择对个人事业及生活的重要影响，许多心理学家和职业指导专家对职业选择问题进行了专门的研究，提出了自己的理论。

## （一）帕森斯的人与职业相匹配理论

人与职业相匹配的职业选择理论，是由美国波士顿大学的帕森斯教授提出的，是用于职业选择与职业指导的最经典理论之一。1909 年，帕森斯在其所著的《选择一个职业》一书中提出了人与职业的匹配是职业选择的焦点的观点。他认为，每个人都有自己独特的人格模式，每种人格模式的个人都有与其相适应的职业类型，所以人们选择职业应寻求与个人特性相一致的职业。他认为，有三大因素影响职业选择：第一，要了解个人的能力倾向、兴趣爱好、气质性格特点和身体状况等个人特征；第二，分析各种职业对人的要求，以获得相关的职业信息，这包括职业的性质、工资待遇、工资条件及晋升的可能性、求职的最低条件（如学历要求、身体要求、所需的专业训练等），以及其他各种能力、就业的机会等；第三，以上两个因素的平衡，即在了解个人特征和职业要求的基础上，选择确定一种适合个人特点又可获得的职业。

帕森斯理论的内涵即是在清楚认识、了解个人的主观条件和社会职业需求条件的基础上，将主客观条件与社会职业岗位相对照、相匹配，最后选择一种职业需求与个人特长匹配的职业。该理论在职业指导和职业选择实践中有着深刻的指导意义。

## （二）霍兰德的职业性向理论

美国约翰斯·霍普金斯大学心理学教授约翰·亨利·霍兰德是美国著名

的职业指导专家。他于 1971 年提出了具有广泛社会影响的职业性向理论，他认为职业选择是个人人格的反映和延伸，职业选择取决于人格与职业的相互作用。

这一理论首先将职业归属为六种典型的"工作环境"。现实型的：建筑、驾驶卡车、农业耕作。调研型的：科学和学术研究。艺术型的：雕刻、表演和书法。社会型的：教育、宗教服务和社会性工作。企业型（开拓性）的：销售、政治和金融。常规型的：会计、计算机技术、药理学。

根据自己对职业性向测试的研究，霍兰德认为职业性向是决定一个人选择何种职业的重要因素，进而提出了决定个人选择何种职业的六种基本的"人格性向"：现实型、调研型、艺术型、社会型、企业型、常规型。由于不同类型的人的人格特点、职业兴趣各不相同，从而所选择和匹配的职业类型也不相同。因此，所能选择和对应的职业也相应地分为六种基本类型。

霍兰德职业性向理论的实质在于寻求人的人格类型所对应的职业性向与职业类型的对应。按照这一理论，最为理想的职业选择应是个人能够找到与其人格类型相重合的职业环境。在这样的环境中工作，个人就容易感到内在的满足和舒适，最有可能发挥其才能，即职业性向与职业类型的相关系数越大，二者适应程度越高；二者相关系数越小，相互适应程度就越低。

# 第二节　职业生涯管理理论

## 一、职业生涯管理的内涵

### （一）职业规划与管理

职业规划是指对人们职业生涯的规划和安排，包括个人计划与组织计划两个层次。从个人层次看，每个人都有从现在和将来的工作中得到成长、发展和获得满意的强烈愿望和要求。为了实现这种愿望和要求，他们不断地追求理想的职业，并希望在自己的职业生涯中得到顺利的成长和发展，从而制定了自己成长、发展和不断追求满意的计划。从组织的层次看，职业规划是指组织为了不断地增强员工的满意感并使其能与组织的发展和需要统一起来而制定的，协调员工个人成长、发展与组织需求和发展相结合的计划。

（二）职业生涯管理

职业生涯管理，又称职业管理，是对职业生涯的设计与开发的过程。它同样需要从个人和组织两个不同的角度进行。从个人角度讲，职业生涯管理就是一个人对自己所要从事的职业、要加入的工作组织、在职业发展上要达到的高度等做出规划和设计，并为实现自己的职业目标而积累知识、开发技能的过程。它一般通过选择职业、选择组织、选择工作岗位，通过工作使技能得以提高、职位得到提升、才干得到发挥。而从组织角度讲，则是指对员工所从事的职业所进行的一系列计划、组织、领导和控制的管理活动，以实现组织目标和个人发展的有机结合。

现代企业人力资源管理要求企业组织具有"职业发展观"。职业发展观的主要内容是：企业要为其成员构建职业发展通道，使之与组织的需求相匹配、相协调、相融合，以达到满足组织及其成员的各自需要，同时实现组织目标与员工个人目标的目的。职业发展观的核心是使员工个人职业生涯与组织需求在相互作用中实现协调与融合。要实现该目标，组织对员工的职业管理就必不可少。职业生涯管理是组织与员工双方的责任，它贯穿于员工职业生涯发展的全过程和组织发展的全过程，是一种持续的、动态的管理。

## 二、员工职业生涯管理的意义

现代社会，人的一生中大部分时间是在职业中度过的，职业生涯跨越人生中精力最充沛、知识经验日臻丰富和完善的几十年，职业成为绝大多数人生活的最重要的组成部分。职业不仅提供了个人谋生的手段，而且创造了迎接挑战、实现自我价值的大好机会和广阔空间。企业也越来越认识到，人才是其最本质、最重要的资源。企业一方面想方设法保持员工的稳定性和积极性，不断提高员工的业务技能以创造更好的经济效益；另一方面又希望能维持一定程度的人员、知识、观念的更新换代以适应外界环境的变化，保持企业活力和竞争力。而开展职业生涯管理则是满足员工与企业双方需要的最佳方式。

（一）职业生涯管理对员工个人的意义

职业生涯管理对员工个人而言其意义与重要性主要体现在以下三个方面。

第一，职业生涯开发与管理可以使员工个人了解到自身的长处与不足。通过职业生涯规划与管理，员工不仅可以养成对环境和工作目标进行分析的习惯，而且可以使员工合理计划、安排时间和精力开展学习和培训，以完成工作任务，提高职业技能。这些活动的开展都有利于强化员工的环境把握能力和困难控制能力。

第二，职业生涯管理可以帮助员工协调好职业生活与家庭生活的关系，更好地实现人生目标。良好的职业规划和职业生涯开发与管理的工作可以帮助员工从更高的角度看待职业生活中的各种问题和选择，将各个分离的事件结合在一起，相互联系起来，共同服务于职业目标，使职业生活更加充实和富有成效。同时，职业生涯管理帮助员工综合地考虑职业生活同个人追求、家庭目标等其他生活目标的平衡，避免顾此失彼、左右为难的困境。

第三，职业生涯管理可以使员工实现自我价值的不断提升和超越。员工寻求职业的最初目的可能仅仅是找一份可以养家糊口的差事，进而追求的可能是财富、地位和名望。职业规划和职业生涯管理对职业目标的多层次提炼可以逐步使员工的工作目的超越财富和地位，追求更高层次自我价值实现的成就感和满足感。因此，职业生涯管理可以发掘出促使人们努力工作的最本质的动力，升华成功的意义。

（二）职业生涯管理对组织的意义

职业生涯管理对组织而言，同样具有深远的意义，主要体现如下。

第一，职业生涯管理可以帮助组织了解内部员工的现状、需求、能力及目标，调和它们与存在于企业现实和未来的职业机会与挑战间的矛盾。职业生涯管理的主要任务就是帮助组织和员工了解职业方面的需求和变化，帮助员工克服困难，提高技能，实现企业和员工的发展目标。

第二，职业生涯管理可以使组织更加合理与有效地利用人力资源，合理的组织结构、组织目标和激励机制都有利于人力资源的开发利用。同薪酬、地位、荣誉的单纯激励相比，切实针对员工深层次职业需要的职业生涯管理具有更好的激励作用，同时能进一步开发人力资源的职业价值，而且，职业生涯管理由于针对组织和员工的特点"量身定做"，同一般奖惩激励措施相比，具有较强的独特性与排他性。

第三，职业生涯管理可以为员工提供平等的就业机会，对促进企业持续发展有重要意义。职业生涯管理考虑了员工不同的特点与需要，并据此设计不同的职业发展途径和道路，以利于不同类型的员工在职业生活中扬长避短。在职业生涯管理中的年龄、学历、性别差异，不是歧视，而是不同的发展方向和途径，这就为员工在组织中提供了更为平等的就业和发展机会。因此，职业生涯管理的深入实施有利于组织人力资源管理水平的稳定与提高。尽管员工可以自由流动，但职业生涯的管理开展使得全体员工的技能水平、创造性、主动性和积极性保持稳定提升，这对于促进组织的持续发展具有至关重要的作用。

## 三、职业生涯发展理论

在个人漫长的职业生涯中，尽管个人的具体情况、职业选择与职业转换等情况各不相同，但职业发展是每个人的共同追求。职业生涯发展是指个体逐步实现其职业生涯目标，并不断制定和实施新的目标的过程。职业生涯发

展的形式多种多样,主要可分为职务变动发展与非职务变动发展两种基本类型。职务变动发展包括晋升和平行两种方式,而非职务变动发展则包括工作的范围扩大、观念改变及方法创新等内容,两种形式都是个人发展的路径选择,也都意味着个人能力的提高和收益的增长。

更普遍的是,伴随着年龄的增长,每个人在不同的年龄阶段表现出大致相同的职业特征和职业需求及职业发展任务。因此,一些著名的职业管理专家对于职业生涯的发展过程经过长期研究,发现并总结出了许多关于职业生涯发展的理论和规律。这些理论主要有职业生涯发展阶段理论及职业锚理论。

（一）职业生涯发展阶段理论

人的生命是有周期的,我们常常把人生分为幼年、少年、青年、壮年和老年几个阶段,而作为人生组成部分的职业生涯同样也要经历几个阶段,通常也将其称作职业周期。在职业周期的不同阶段,人的性格、兴趣、知识水平及职业偏好都有不同。美国著名的职业管理学家萨柏将人的职业生涯分为以下五个主要阶段。

1. 成长阶段

成长阶段大体上可以界定为0～14岁这一年龄段。在这个阶段,个人通过对家庭成员、朋友、老师的认同,以及与他们之间的相互作用,逐渐建立起了自我的概念。在这一时期,儿童将尝试各种不同的行为方式,使得他们形成了人们如何对不同行为做出反应的印象,并帮助他们建立起一个独特的自我概念和个性。到这一阶段结束的时候,进入青春期的青少年经历了对职业的好奇、幻想到兴趣,开始对各种可选择的职业进行带有现实性的思考了。

成长阶段又由三个子阶段构成:幻想期（10岁之前）:从外界感知到许多职业,对于自己觉得好玩和喜爱的职业充满幻想,并进行模仿;兴趣期（11～12岁）:以兴趣为中心理解、评价职业,开始做职业选择;能力期（13～14岁）:开始考虑自身条件与喜爱的职业是否符合,有意识地进行能力培养。

2. 探索阶段

探索阶段大体上发生在15～24岁这一年龄段上。在这一时期,人们将认真地探索各种可能的职业选择。人们试图将自己的职业选择与他们对职业的了解，以及通过学校教育、休闲活动和业余工作等途径所获得的个人兴趣和能力匹配起来。在这一阶段的初期，人们往往做出一些带有试验性质的较为宽泛的职业选择，但随着个人对选择职业及自我的进一步了解，他们的这种最初选择往往又会被重新界定。待这一阶段结束的时候，一个看上去比较恰当的职业就已经被选定，他们也已经做好了开始工作的准备，人们在这个阶段需要完成的最重要任务就是对自己的能力和天资形成一种现实性的评价，并根据各种职业信息做出相应的教育决策。

探索阶段又可分为以下三个子阶段：试验期（15～17 岁）：综合认识和考虑自己的兴趣、能力与职业社会价值、就业机会，开始对未来职业进行尝试性选择；转变期（18～21 岁）：正式进入劳动力市场，或者进行专门的职业培训，由一般性的职业选择转变为特定目标职业的选择；尝试期（22～24 岁）：选定工作领域开始从事某种职业，对职业发展目标的可行性进行试验。

3. 确立阶段

确立阶段一般为 25～44 岁这一年龄段。这是大多数人职业生涯中的核心部分。人们一般希望在这一阶段尤其是在早期能够找到合适的职业，并随之全力以赴地投入有助于自己在此职业中取得永久发展的各种活动中。然而，在大多数情况下，在这一阶段人们仍然在不断地尝试与自己最初的职业选择所不同的各种能力和理想。

确立阶段本身又由三个子阶段构成。尝试期（25～30 岁）：在这一阶段，一个人确立当前所选择的职业是否适合自己，如果不适合，就会重新做出选择。稳定期（31～44 岁）：在这一阶段，人们往往已经定下了较为坚定的职业目标，并制定了较为明确的职业计划来确定自己晋升的潜力、工作调换的必要性及为实现这些目标需要开展哪些教育活动等。职业中期危机阶段（30～40 岁之间的某个时段）：在这一阶段，人们往往根据自己最初的理想和目标对自己的职业进步情况做一次重要的重新评价。人们可能会发现，自己并没有朝着自己所梦想的目标靠近，或者已经完成了他们自己所预定的任务后才发现，自己过去的梦想并不是自己所想要的全部东西。在这一时期，人们还有可能会思考，工作和职业在自己的全部生活中到底有多重要。在通常情况下，在这一阶段的人们第一次不得不面对一个艰难的抉择，即判定自己到底需要什么，什么目标是可以达到的，以及为了达到这一目标，需要做出多大的牺牲。

4. 维持阶段

此阶段在 45～65 岁，是职业的后期阶段。这一阶段的人们长时间在某一职业上工作，在该领域已具有一席之地，一般达到常言所说的"功成名就"，已不再考虑变换职业，力求保住这一位置，维持于取得的成就和社会地位，重点是维持家庭和工作间的和谐关系，传承工作经验，寻求接替人选。

5. 衰退阶段

人达到 65 岁以上，其健康状况和工作能力逐步衰退，即将退出工作，结束职业生涯。因此，这一阶段要学会接受权力和责任的减少，学习接受一种新角色，适应退休后的生活，以减轻身心的衰退，维持生命力。

萨柏以年龄为依据，对职业生涯阶段进行划分。在不同的人生阶段，人的生理特征、心理素质、智能水平、社会负担、主要任务等都不尽相同，这就决定了在不同阶段其职业发展的重点和内容也是不同的，但职业生涯是个持续的过程，各阶段的时间并没有明确的界限。其经历的时间长短常因个人条件的差异及外在环境的不同而有所不同，有长有短，有快有慢，有时还有可能出现阶段性反复。

（二）职业锚理论

职业锚是由美国著名的职业指导专家埃德加·H·施恩教授提出的。他认为职业发展实际上是一个持续不断的探索过程，在这一过程中，每个人都在根据自己的天资、能力、动机、需要、态度和价值观等慢慢地形成较为明晰的与职业有关的自我概念。随着一个人对自己越来越了解，这个人就会越来越明显地形成一个占主要地位的职业锚。

所谓职业锚，是指当一个人不得不做出选择的时候，他无论如何都不会放弃职业中的那种至关重要的东西，正如其中"锚"字的含义一样，职业锚实际上就是人们选择和发展自己的职业时所围绕的中心。一个人对自己的天资和能力、动机和需要及态度和价值观有清楚的了解之后，就会意识到自己的职业锚到底是什么。具体而言，是个人进入职业生涯早期的工作情境后，由习得的实际工作经验所决定，并在经验中与自身的才干、动机、需要和价值观相符合，逐渐发展出的更加清晰全面的职业自我观，以及达到自我满足和补偿的一种长期稳定的职业定位。

施恩教授通过研究提出了以下五种职业锚。第一，技术或功能型职业锚，即职业发展围绕着自己所擅长的特别技术或特定功能而进行。具有这种职业锚的人总是倾向于选择那些能够保障自己在既定技术或功能领域中不断发展的职业。第二，管理型职业锚，具有这种职业锚的人会表现出成为管理人员的强烈动机。他们的职业发展路径是沿着组织的权力阶梯逐步攀升，承担较高责任的管理职位是他们的最终目标。第三，创造型职业锚，这种人的职业发展都是围绕着创造性努力而组织的。这种创造性努力会使他们创造出新的产品或服务，或是搞出创造发明，或是创办自己的企业。第四，自立与独立型职业锚，具有这种职业锚的人总是愿意自己决定自己的命运，而不依赖于别人，愿意选择一些自己安排时间、自己决定生活方式和工作方式的职业，如教师、咨询、写作、经营小型企业等。第五，安全型职业锚，具有这种职业锚的人极为重视长期的职业稳定和工作的保障性，他们愿意在一个熟悉的环境中维持一种稳定的、有保障的职业，倾向于让雇主来决定他们去从事何种职业，如政府公务员。

# 第三节　个人职业生涯管理

## 一、个人职业生涯的影响因素

任何人的职业生涯都不可能是一帆风顺的，它要受到个人和环境两方面多种因素的影响，了解这些因素无论对个人还是企业组织都具有非常重要的意义。

**（一）影响职业生涯的个人因素**

职业生涯是一个人一生的最佳年华，能否成功地开创和发展自己的职业生涯，首先与个人对自己的认知和剖析程度有很大的关系。通过自我剖析，明确自己的职业性向、能力水平、职业偏好，这样才能做出切合实际的职业选择。

1. 职业性向

霍兰德教授提出的职业性向模型，将人的性格与职业类型划分为现实型、调研型、艺术型、社会型、企业型、常规型六种基本类型。通过对自我职业性向的判断，选择与其相对应或相关性较大的职业，将会感觉到舒适和愉悦，获取职业成功的可能性也会增加。

2. 能力

对企业组织的员工来讲，其能力，也是指劳动的能力，也就是运用各种资源从事生产、研究、经营活动的能力。它是员工职业发展的基础，与员工个体发展水平成正比，具体包括一个人的体能、心理素质、智能在内的全面综合能力。体能即生理素质，主要就是人的健康程度和强壮程度，表现在对劳动负荷的承受能力和劳动后消除疲劳的能力。心理素质指人的心理成熟程度，表现为对压力、挫折、困难等的承受力。智能包括三方面的内容。第一，智力，即员工认识事物、运用知识解决问题的能力，包括观察力、理解力、思维判断力、记忆力、想象力、创造力等。第二，知识，即员工通过学习、实践等活动所获得的理论与经验。第三，技能，即员工在智力、知识的支配和指导下操作、运用、推动各种物质与信息资源的能力。

个人能力对个体职业发展有着重要的影响。第一，能力越强者，对自我价值实现、声望和尊重的要求越高，发展的欲望越强烈，对个体发展的促进也越大；同时，能力强者接受新事物、新知识快，能力与发展呈良性循环，不断上升。第二，在其他条件一定的情况下，能力越强，贡献越大，收入相对越高。高收入一方面为个人发展提供了物质保证，另一方面能激发更多自我发展的潜质。所以，能力既对员工个人发展提出了强烈要求，又为个体自我发展的实现提供了可能条件，是个人职业发展的重要基础和影响因素。

3. 职业锚

正如前文所述，职业锚是人们选择和发展自己的职业时所围绕的中心。职业锚作为一个人自身的才干、动机和价值观的模式，在个人的职业生涯及组织的事业发展过程中都发挥着重要的作用，职业锚能准确地反映个人职业需要及其所追求的职业工作环境，反映个人的价值观与抱负，了解自己的职业锚类型，有助于增强个人的职业技能，提高工作效率，进而取得职业成功。

4. 职业发展阶段

每个人的职业生涯都要经历许多阶段，只有了解不同阶段的特征、知识水平要求和各种职业偏好，才能更好地促进个人的职业生涯发展。萨柏教授的职业生涯阶段为个人判断自己所处的职业生涯阶段及分析所处阶段的特点和要求提供了很好的参照。

（二）影响职业生涯的环境因素

1. 社会环境因素

（1）经济发展水平。一个地区的经济发展水平不同、企业规模的数量不同，个人职业选择的机会也不一样。一般来说，经济发展水平高的地区，企业尤其是优秀企业比较多，个人择业和发展的机会相对较多，就会有利于个人的职业发展。

（2）社会文化环境。这具体包括教育水平、教育条件、社会文化设施等。一般来讲，在良好的社会文化氛围中，个人能受到良好的教育和熏陶，从而有利于个人职业的发展。

（3）领导者素质和价值观。一个企业的员工职业发展是否能够顺利实施，在很大程度上取决于领导者的重视程度，而其是否重视又取决于领导者的素质和价值观，所有这些都会影响到员工的职业发展。

2. 组织环境因素

（1）企业文化。前面我们已经提到过，企业文化决定了一个企业如何看待其员工，所以，员工的职业生涯是被企业文化所左右的。一个主张员工参与管理的企业，显然比一个独裁的企业更能为员工提供更多的发展机会；渴望发展、追求挑战的员工，也很难在论资排辈的企业受到重用。

（2）管理制度。员工的职业发展，归根到底要靠管理制度来保障，包括合理的培训制度、晋升制度、考核制度、奖惩制度等。企业价值观、企业经济哲学，也只有渗透到制度中，才能得到切实的贯彻执行。没有制度或者制度定得不合理、不到位，员工的职业发展就难以实现，甚至可能流于空谈。

（3）领导者素质和价值观。一个企业的文化和管理风格与其领导者的素质和价值观有直接的关系，企业经济哲学往往就是企业家的经营哲学，如果企业领导者不重视员工的职业发展，这个企业员工的职业生涯也就没有希望了。

3. 经济环境因素

职业生涯影响因素的关系可概括为知己、知彼、抉择。经济环境对职业生涯的成功也起着重要作用。

职业生涯成功是个人职业生涯追求的最终目标。职业生涯成功的含义因人而异，具有很强的相对性，对于同样的人在不同的人生阶段也有着不同的含义。每个人都可以对自己的职业生涯成功进行明确界定，包括成功意味着什么，成功时发生的事和一定要拥有的东西、成功的时间、成功的范围、成功与健康、被承认的方式、想拥有的权势和社会的地位等。对有些人来讲，成功可能是一个抽象的、不可量化的概念，如觉得愉快，在和谐的气氛中工作，有工作完成后的成就感和满足感。在职业生涯中，有的人追求职务晋升，有的人追求工作内容的丰富化，对于年轻员工来说，职业生涯的成功应是在其工作上建立满足感与成就感，而不是一味地追求快速晋升；在工作设计上，设法扩大其工作内容，使其工作更具挑战性。

职业生涯成功能使人产生自我实现感，从而促进个人素质的提高和潜能的发挥，职业生涯成功的标准与方向具有明显的多样性。

目前大家共识的有五种不同的职业生涯成功方向。

进取型——使其达到集团和系统的最高地位。

安全型——追求认可、工作安全、尊重和成为"圈内人"。

自由型——在工作过程中得到最大的控制而不是被控制。

攀登型——得到刺激、挑战、冒险和"擦边"的机会。

平衡型——在工作、家庭关系和自我发展之间取得有意义的平衡,以便工作不至于变得太耗费精力或太乏味。职业生涯成功和标准也具有多样性。

## 二、个人职业计划

对于员工职业发展的管理,企业组织应当承担重要责任。但对职业成功负有主要责任的还是员工自己。在这当中就个人而言,最重要的是制定适当的个人职业计划。

### (一)制定个人职业计划的原则

1. 实事求是

这要求员工应准确地认识自己,并能客观地自我评价,这是制定个人职业计划的前提。

2. 切实可行

个人的职业目标一定要同自己的知识、能力、个人特质及工作适应性相符合。同时,个人职业目标和职业道路的确定,要考虑到客观环境和条件。

3. 个人职业计划要与组织目标协调一致

离开组织目标,就不可能有个人的职业发展,甚至难以在组织中立足。员工应积极主动地与组织沟通,获得组织的帮助和支持,以此来制订一个适合自己的职业计划。

4. 在动态变化中制定和修正个人职业计划

随着时间的推移,员工本人的知识、经验、技能、态度等情况及外部环境条件都会发生变化,这就要求员工及时调整自己的个人职业计划,修正和调整计划中一些不断变化的内容,如职业发展的具体活动、短期职业目标等。

## (二)职业计划设计

职业计划设计是员工对自己一生职业发展的总体计划和总体轮廓的勾画,它为个人一生的职业发展指明了路径和方向。在设计职业计划中一般应考虑以下因素。

### 1. 个人自我评价

个人自我评价是对自己的各方面进行分析评价。员工只有充分认识自己之后,才能设定可实现的目标,自我评价要对包括人生观、价值观、受教育水平、职业锚、兴趣、特长、性格、技能、智商、情商、思维方式和方法等进行分析评价,全面认识自己、了解自己,这样才能选定自己的职业发展路线,增加事业成功的机会。

橱窗分析法是自我评价的重要方法之一。心理学家把个体对自己的了解比作一个橱窗。为了便于理解,可以把橱窗放在一个直角坐标系中加以分析。坐标的横轴正向表示别人知道,负向表示别人不知道,纵轴正向表示自己知道,负向表示自己不知道。

坐标橱窗图明显地把自我分成了四部分,即四个橱窗。

橱窗 1 为"公开我",是自己知道、别人也知道的部分,属于个人展现在外、无所隐藏的部分。

橱窗 2 为"隐私我",是自己知道、别人不知道的部分,属于个人内在的隐私和秘密的部分。

橱窗 3 为"潜在我",是自己不知道、别人也不知道的部分,是有待进一步开发的部分。

橱窗 4 为"背脊我",是自己不知道、别人知道的部分,就像自己的背部一样,自己看不到,别人却看得清楚。

在进行自我剖析和评论时,重点是了解橱窗 3——"潜在我"和橱窗 4——"背脊我"。"潜在我"是影响一个人未来发展的重要因素,了解和认识"潜在我"有助于发掘个人潜能。"背脊我"是准确对自己进行评价的重要方面，如果能够诚恳地对待他人的意见和看法，就不难了解"背脊我"。当然，这需要开阔的胸怀和正确的态度，否则就很难听到别人的真实评价。

2. 职业发展机会评估

职业发展机会评估，主要是评估各种环境因素对自己职业发展的影响。如前所述，环境因素包括经济发展、社会文化和政治制度等社会环境和企业环境等因素。在设计个人职业机会时，应分析环境发展的变化情况、环境条件的特点，对人与环境的关系（包括自己在此环境中的地位、环境对自己提出的要求及环境对自己有利的条件与不利的条件）等，只有充分了解和认识这些环境，才能做到在复杂多变的环境中趋利避害，设计出切实可行、有实际意义的职业计划。

3. 选择职业

职业选择得正确与否，直接关系人生事业的成败，这是职业发展计划中最关键的一步。在选择职业时，要慎重考虑自己的职业性向、能力、职业锚、人生阶段等重要因素与职业的匹配性。

4. 设定职业生涯目标

设定职业生涯目标是指预先设定职业的发展目标，这是设计职业计划的核心步骤。职业生涯目标的设定是在继职业选择后对人生目标做出的又一次抉择，它是依据个人最佳才能、最优性格、最大兴趣和最有利环境的信息所做出的。职业生涯目标通常分为短期目标、中期目标、长期目标和人生目标。短期目标一般为1～2年，中期目标为3～5年，长期目标为5～10年。

在确定目标的过程中要注意如下几个方面的问题。

① 目标要符合社会与组织的需要，有需要才有市场，才有位置。

② 目标要适合自身特点，并使其建立在自身的优势之上。

③ 目标要高远但不能好高骛远，一个人追求的目标越高，其才能发展得越快。

④ 目标幅度不宜过宽，最好选择窄一点的领域，并把全部身心投入进去，这样容易取得成功。

⑤ 要注意长期目标与短期目标的结合，长期目标指明了发展的方向，

短期目标是长期目标的保证，长短结合更有利于目标的实现。

⑥ 目标要明确具体，同一时期的目标不要太多，目标越简明、越具体，就越容易实现，越能促进个人的发展。

⑦ 要注意职业目标与家庭目标，以及个人生活与健康目标的协调与结合，是事业成功的基础和保障。

5. 职业生涯路线的选择

在确定职业和发展目标后，就面临着职业生涯路线的选择。例如，是向行政管理路线发展，是走专业技术路线，还是先走技术路线再转向行政路线等。由于发展路线不同，对职业发展的要求也不一样。因此，在设计职业生涯时，必须做出抉择，以便为自己的学习、工作及各种行动措施指明方向，使职业沿着预定的路径和预先设计的职业计划发展。

在进行生涯路线选择时，可以从以下三个问题出发思考。

① 个人希望向哪一条路发展，主要考虑自己的价值观、理想、成就、动机，确定自己的目标取向。

② 个人适合向哪一条路发展，主要考虑自己的性格、特长、经历、学历等主观条件，确定自己的能力取向。

③ 个人能够向哪一条路发展，主要考虑自身所处的社会环境、政治与经济环境、组织环境等，确定自己的机会取向。职业生涯路线选择的重点是对生涯选择要素进行系统分析，在对上述三方面的要素综合分析的基础上确定自己的生涯路线。

6. 制定行动计划与措施

无论多么美好的理想与想法，最终都必须落实到行动上才有意义，否则只能是空谈。在确定了职业计划表与职业生涯路线后，行动便成为关键的环节，这就是贯彻落实目标的具体措施，包括工作、训练、教育、轮岗等方面的措施。

7. 评估与调整

如前所述，影响职业计划设计的因素很多，其中环境变化是最为重要的因素。在现实社会生活中，要使职业计划设计行之有效，就必须不断地对职业计划进行评估与调整，如职业的重新选择，职业生涯路线的选择，人生目标的修正，以及实施措施与计划的变更等都是调整的主要内容。

### 三、个人职业发展趋向

人格（包括价值观、动机和需要等）是决定一个人选择何种职业的一个重要因素，其具体的表述可归纳为决定个人选择何种职业的六种基本趋向。

#### （一）实际趋向

具有这种趋向的人会被吸引从事那些包含体力活动并且需要一定技巧、力量和协调的职业，如采矿工人、运动员等。

#### （二）调研趋向

具有这种倾向的人会被吸引从事那些包含着较多认知活动的职业，而不是那种以感知活动为主的职业，如研究学者和大学教授等。

#### （三）社会趋向

具有这种趋向的人会被吸引从事那些包含大量人际交往活动的职业，而不是那些有大量智力活动或体力活动的职业，如心理医生和商务人员等。

#### （四）常规趋向

具有这种趋向的人会被吸引从事那些包含大量结构化和规则性的职业，如会计人员和银行职员等。

#### （五）企业趋向

具有这种趋向的人会被吸引从事那些包含大量影响他人为目的的人际活动的职业，如管理人员、律师等。

## （六）艺术趋向

具有这种趋向的人会被吸引从事那些包含大量自我表现、艺术创造、感情表达和个性化的职业，如艺术家、广告创意人员等。

职场上每个人不是只包含一种职业趋向，更多的是几种职业趋向的混合。当这种趋向越相似，则一个人在选择职业时面临的内在冲突和犹豫就越少。简单地说，只要不断成熟的个性和兴趣支持了原先的职业趋向，自然职业锚也就成为可能。

# 第四节　组织职业生涯管理

## 一、组织职业计划设计

一般而言，开发一个职业计划，就是把本企业组织中存在的人力资源职责和结构有机地整合在一起，从而在人力资源的各个方面的相互强化中产生协同作用。

### （一）确定个人和组织的需要

一项职业计划应当能够满足管理者、员工个人和组织的需求。一方面，为了建立目标和完善职业计划，个人需要认识自身的知识、技能、能力、兴趣和价值观，并寻找有关职业选择的信息；另一方面，管理者应在个人业绩和有关组织工作、感兴趣的职业机会等方面的信息上，以反馈的形式对员工个人提供帮助，而组织要负责提供有关任务、政策和计划的信息，并支持员工进行自我评估、培训和发展。当个人的动机与企业组织所提供的机会相融合时，就会极大地促进其职业的发展。

1. 组织的需要

同其他人力资源规划一样，组织的需要是一项职业计划的开始和基础，它所关注的是在未来一段时期，企业组织的主要战略问题。

① 在未来一段时期内企业组织将面临的最关键的需求和挑战是什么。

② 为了满足这些挑战所需要的关键技能、知识和经历是什么。

③ 企业组织将需要什么水平的人员配置。

④ 企业组织是否有必要为满足这些关键性的挑战而提供工作舞台。

2. 个人职业的需要

从个人职业需求看，要确定个人在企业组织内是如何发现机会的，具体包括：是发挥个人的力量？是提出个人的发展需要？是提供挑战？是满足自我的兴趣？是符合自我的价值观？还是与个人的风格相匹配？

对需要的评价可采用多种方法，如测试、非正式组织的讨论、面试等，并且应该通过不同团体的人员来进行。对从这些方面所确定的要求和问题，为企业组织的职业机会奠定了基础。职业计划的管理就是将组织的需要与个人的职业要求有机地联系在一起。

（二）创造有利的条件

实施职业计划需要具备一些基本的条件，从而为职业机会开发创造一个有利的环境。

1. 管理层的支持

职业计划要想成功，就必须得到企业组织高层管理者的全力支持。高层管理者是企业组织的决策者，他们的思想往往代表着组织的文化政策。试想，一个没有人本观念的领导者，很难去重视员工的职业生涯，更谈不上制定有益于员工发展的职业计划。所以，企业组织应当从上到下共同设计能够反映组织文化目标的职业发展计划系统，为员工指明有关其自身职业发展的方向。

2. 确定职业目标

对组织尤其是对员工个人，在开始其职业规划之前，他们不仅需要清楚地认识组织的文化，而且更重要、更直接的是要求他们明确地了解组织的近期目标，这样他们才能在知道其自身目标与组织目标相匹配的情况下，为个人的变化和成长做出规划。

3. 人力资源管理政策的变化情况

企业组织的人力资源管理政策对职业计划有很大的影响，要确保其职业计划有效，企业组织可能需要改变或调整目前的人力资源管理政策。例如，调换职位就可能要求员工改变工作团体、工作场地或组织单位，也可能会要求员工做必要的迁移，到外地工作。对组织来讲，调换职位可以使员工到那些最需要其服务的地方及他们可以学到新知识和技能的地方去；而对员工而言，则不仅要适应新的环境，而且还要更新其技能、知识和能力。

4. 公布计划

职业计划应该在企业组织内进行广泛的宣传，以使每一个管理者和员工都能清楚地了解和认识组织的目标和工作机会。例如，可将其公布在企业宣传物上，可以编辑在员工手册里等。

（三）展示工作机会

1. 工作能力的要求

从企业组织角度讲，需要了解一项工作对于个人所要求掌握的知识和技能水平。这就是要进行工作分析。研究显示，一项工作需要有三种基本能力：技术诀窍、解决问题的能力和责任心。其中技术诀窍可分为三种类型的工作知识：技术型、管理型和人际关系。要对每一项工作的三种主要能力进行评分，而且对每一个工作都要计算其总价值。

2. 工作提升

工作提升是一个新员工可能会经历的等级，包括从起始工作一直到需要更多知识和技能的工作。企业组织可能根据工作的重要性对其所需的技能进行确定，在此基础上进行工作提升的规划。一般企业组织都采用管理型、专家型和技术型的工作提升，也就是说从人力资源管理的角度为员工提供一个清晰、明确的职业晋升路线，以此作为个人发展的基础和阶梯。

**3. 安排双重职业成长道路**

作为职业计划的制定，应该为员工提供多条职业成长途径。比如，一个员工最终可能变成一个管理者，这不仅使员工得到了企业组织的认可，同时也是一条补偿技术专业人员的职业途径。尤其是对于一些特殊领域，如财会、市场营销和工程，可以用向其提供相当于不同层次管理者所获取的薪金作为给予员工的一种晋升。

**4. 培训的需要**

在一个人的职业成长道路中，在工作之外接受培训是必需的。通过适当的培训，才能适应全新工作方式的要求和保持高效的工作业绩。当然，不同的员工因职位的不同其所需的培训也不一样。

**（四）测量员工的潜能**

要保证员工能在职业成长道路上获得成功，就要在职业计划中提供测量员工潜能的工具和技术，这是职业计划的一个重要目标，这个目标可以不同的方式得以实现，但都要有员工自身的积极参与。

**1. 职业计划工作手册**

职业计划工作手册是通过涉及价值观、兴趣、能力、目标和个人发展计划的自我评价系统来分别引导员工。许多大公司及一些出版书刊都用其来帮助员工个人研究各种各样的职业决策问题，以规划他们各自的职业。

**2. 职业咨询**

职业咨询是指作为企业组织与员工讨论其当前的工作表现、他们的职业目标、个人技能及合适的职业发展目标的过程。职业咨询在企业里一般是自愿进行的，一些企业组织将咨询作为年度绩效评估的一部分。职业咨询由人力资源部的职员、监考者、专门的人事咨询员或外部的咨询专家来组织进行，对员工的职业发展具有重要的指导意义。

## 二、职业生涯阶段管理

在组织里面进行职业生涯管理，主要是对员工的职业发展进行正确引导，协调企业目标与员工目标，尽量让员工目标与组织目标保持一致。帮助员工制定员工职业发展计划，让员工和企业共同成长和发展。在职业发展的不同阶段，企业进行直接管理的重点也不尽相同。

## （一）招聘时的职业生涯管理

员工的职业生涯管理是一个长期的动态过程，所以从招聘新员工时就应该开始。招聘的过程实际上是应聘者和组织相互了解的过程。企业组织在招聘时，向应聘者提供目前企业状况与未来工作的展望，向其传达企业组织的基本理念和文化理念，以使他们尽可能真实地了解企业组织。同时，企业组织还要尽可能全面地了解候选人，了解他们的能力倾向、个性特征、身体素质、受教育水平和工作经历等，以为空缺职位配备合适的人选，并为新员工未来的职业发展建立良好的开端。

## （二）职业生涯早期管理

职业生涯早期阶段是指一个人由学校进入组织，在组织内逐步"组织化"并为组织所接纳的过程。这一阶段一般发生在 20～30 岁之间，是一个人由学校走向社会、由学生变为雇员、由单身生活变为家庭生活的过程，一系列角色和身份的变化，必然要经历一个适应过程。在这一阶段，个人的组织化及个人与组织的相互接纳是个人和组织共同面临的职业生涯管理任务。所以对于企业组织来讲，其职业管理的主要任务如下。

1. 协调企业目标与个人目标

第一，树立人力资源开发思想。人力资源管理应坚持以人为本，强调企业不仅要用人，更要培养人。职业管理正是培养人的重要途径，牢固树立人力资源开发思想是真正实施职业管理的前提。

第二，了解员工的需要。员工的需要包括员工的职业兴趣、职业技能等。企业只有准确地把握员工的主导需求，才能把他们放到最合适的职业位置上，做到有针对性地满足其需求。

第三，使员工与企业利益建立共同体。企业在制定目标时，要使企业目标包含员工个人目标，并通过有效的沟通使员工了解企业目标，让他们看到实现企业目标给自己带来的利益。

2. 帮助员工制订职业计划

第一，对员工进行岗前培训，引导新员工。这主要是向新员工介绍组织的基本情况，即历史和现状，宗旨、任务和目标有关的制度、政策和规定，工作职责、劳动纪律和组织文化等，目的是引导员工熟悉环境，减少忧虑感，增加归属感和认同感。

第二，设计职业计划表。职业计划表是一张工作类别结构表，即通过企业中的各项工作进行分门别类地排列，形成一个较系统反映企业人力资源配给状态的图表。借助该图表，企业组织的普通员工及专业技术人员就可以瞄准增加的目标并在经验人士、主管经理的指导下，正确地选择自己的职业道路。

第三，为员工提供职业指导。企业为员工提供职业指导有三种途径。一是通过管理人员进行，管理人员为员工提供职业指导是其应尽的责任和义务。管理人员与其下属共事，对下属的能力和专长有较深的了解，所以有可能在下属合适从事的工作方面给其提供有价值的建议。同时，可以帮助下属分析未来晋升及调动的可能性。二是通过外请专家进行，企业可以外请专家为员工进行职业发展咨询。三是向员工提供有关的自测供给，有很多职业测试工具都可以帮助员工进行能力及个人特质方面的测试，具体可以通过发测试手册将这些工具放在内部网上，供员工自行测试使用。

第四，分配给员工一项工作进行测试。这样做，可以对其工作表现和潜能进行考察和实际测试，并及时给予初期绩效反馈，使员工了解自己做得如何，以消除不确定因素带来的紧张和不安，帮助其学会并适应该工作。

第五，协助员工制定自己的职业计划。企业可以经常举办一些咨询会议，在会议上员工和他们的主管人员将根据每一位员工的职业目标来评价他们的职业进步情况，同时确认他们应在哪些方面开展职业开发活动。企业应开展职业计划方面的培训，使员工意识到对自己的职业加以规划且完善职业决策的重要性，通过培训，学到职业规划的基本知识和方法。

**（三）职业生涯中期的管理**

个人职业生涯在经历了职业生涯早期阶段，完成了雇员与组织的互相接纳后，必然步入职业生涯中的中期阶段。职业生涯中期的开始，有两种表现形式：一是获得晋升，进入更高一层的领导或技术职位；二是薪资福利增加，在选定的职业岗位上成为稳定贡献者。职业生涯中期阶段是一个时间周期长（年龄跨度一般是从 25～50 岁）、富于变化，既有可能获得职业生涯成功，又有可能出现职业生涯危机的一个很宽阔的职业生涯阶段。在这一时期的职业管理中，组织要保证员工合理地轮换和晋升，为员工设置合理畅通的发展道路。

1. 帮助员工自我实现

第一，对员工工作进行多样化、多层次的培训。培训与员工职业发展的关系最为直接，职业发展的基本条件是员工素质的提高，而且这种素质不一定要与目前的工作相关，这就有赖于持续不断的培训，企业应建立完善的培训体制，使员工在每次职业变化时都能够得到相应的培训。同时，应鼓励和支持员工自行参加企业内外提供的各种培训。不仅在时间上，还应在资金上给予支持和帮助。

第二，提供阶段性的工作轮换。工作轮换对员工的职业发展具有重要意义。它一方面可以使员工在一次次的新尝试中了解自己的职业性向和职业锚，更准确地评价自己的长处和短处；另一方面可以使员工经受多方面的锻炼，开阔视野，培养多方面的技能，满足各个方面和各个层次的需求，从而为将来承担更重要的工作任务打下基础。

第三，以职业发展为导向的考核。考核的目的不仅是评价员工的绩效、态度和能力，从而为分配、晋升提供依据，而且可以保证组织目标的实现，激励员工进取及促进人力资源的开发。考核不仅是总结过去，还应面对未来，以职业发展为导向的考核就是要帮助员工发现问题和不足，使之结合明确的努力方向和改进方法，促进员工的成长和进步。为此，组织和管理者应该把考核和员工职业发展结合起来，定期与员工沟通，及时指出员工的问题并提出解决办法，为员工的职业发展指明方向。

第四，改善工作环境，预防职业生涯中期危机。工作环境和条件，对雇员的发展有重要影响。组织的硬环境和条件，如机器设备、厂房、各种设施、照明等，会对雇员的身心健康产生直接的影响；组织的软环境和条件，如组织文化、目标、价值观、具体规章制度、劳动关系、组织风气等，会对雇员的进取心、归属感和工作积极性产生重要影响。组织进行职业生涯管理的一个重要职责和措施，就是要不断改造上述工作环境和条件，促进雇员的职业生涯发展。

**2. 进行晋升和调动管理**

晋升与调动是雇员职业生涯发展的直接表现和主要途径。企业有必要建立合理的晋升和调动的管理制度，保证员工能够得到公平竞争的机会。组织中的职业发展通道不应是单一的，而应是多重的，以便不同类型的员工都能找到适合自己的职业发展途径。

**3. 实施职业生涯阶梯设计**

职业生涯发展阶梯是组织为员工设计的自我认知、成长和晋升的管理方案。组织为员工建立科学合理的职业生涯发展阶梯，对调动员工的积极性与创造性，增加其对组织的忠诚感，从而促进组织的持续发展，具有重要意义。目前的职业生涯阶梯模式主要有三种：单阶梯模式、双阶梯模式和多阶梯模式。传统的组织或企业的企业阶梯只有一种，即行政管理职位的路径，在这种情况下，做出突出业绩的技术人员只能通过管理职位的提升才能获得职业方面的发展，发展路径狭窄，效果并不理想。目前，组织中实行最多的是双阶梯的职业生涯阶梯模式，在该模式下，组织为员工提供管理生涯阶梯与技术生涯阶梯两条职业路径，员工可以自由选择在其中任何一个阶梯上得到发展，从而大大弥补了单阶梯模式的缺陷。也有一些组织根据自身情况设计了多阶梯模式，以满足员工的发展需要。

**（四）职业生涯后期的管理**

从年龄上看，职业生涯后期阶段的雇员一般处在 50 岁至退休年龄之间。

由于职业性质及个体特征的不同，个人职业生涯后期阶段的开始与结束时间也有明显的差别。到这一时期，员工的退休问题必然提到议事日程。大量事实证明，退休会对员工产生很大的冲击，也会对企业组织的工作，尤其是对在职员工产生影响，组织有责任帮助员工认识、接受这一客观事实，并帮助每一个即将退休的员工制定具体的退休计划，尽可能地把退休生活安排得丰富多彩，并且让其有机会继续发挥潜能和余热。

1. 退休计划的含义

退休计划是组织向处于职业生涯晚期的雇员提供的，用于帮助他们结束职业工作，适应退休生活的计划和活动。良好的退休计划可以使员工尽快适应退休生活，维持正常的退休秩序，最终达到稳定组织在职人员的心理，保持组织员工年龄结构的正常新陈代谢，为组织在职人员提供更多的工作和晋升机会的目的。

2. 退休计划的管理

即将退休的员工会面临财务、住房、家庭等各方面的实际问题，同时要应对结束工作开始休闲生活的角色转换和心理转换。因此，退休者需要同时面对社会和心理方面的调节，通过适当的退休计划和管理措施，满足退休人员情绪和发展方面的需要，是组织应当承担的一项重要工作，其具体做法和措施有：

第一，开展退休咨询，着手退休行动。退休咨询就是向即将和已退休的员工提供财务、住房、家庭和法律、再就业等方面的咨询和帮助。同时，组织开展的递减工作量、预备退休等适应退休生活的退休行动，对雇员适应退休生活具有重要帮助。

第二，做好退休员工的职业工作衔接。员工退休而组织的工作还要正常运转，因此，企业组织要有计划地分期分批安排应当退休的人员，切不可因为退休影响工作正常进行。在退休计划中选好退休人员工作的接替人，及早进行接替人员的培养工作，保证工作顺利进行。

第三，采取多种措施，做好员工退休后的生活安排。因人而异地为每一个即将退休的员工制定具体的退休计划，尽可能把退休后的生活安排得丰富多彩，可以通过组织座谈会的形式，增进退休员工与企业的互动，如果退休员工个人身体和家庭情况允许，组织上可采取兼职、顾问或其他方式聘用他们，使其发挥余热。

职业生涯管理是人力资源管理的一个重要环节，很多人力资源管理不规范、不科学的组织往往忽略这一环节，组织发展目标与个人发展目标有机的融合主要通过人力资源管理环节来实现。为组织员工设计科学合理的职业晋升通道，有助于提高员工的工作积极性和组织的凝聚力、向心力，使员工与组织共同成长。组织科学合理地为员工设计职业生涯通道，也是组织以人为本管理思想的深刻体现。

在本章的学习中，在理解职业含义的基础上，掌握两种著名的职业选择理论；在掌握职业生涯、职业规划、职业生涯管理内涵的基础上，了解职业生涯发展及其阶段理论和职业锚理论；在了解影响职业选择因素之后，掌握个人职业计划设计的制定方法，了解实现职业与家庭平衡的意义和措施；掌握组织职业计划的构成因素及不同职业生涯阶段企业职业管理的特点及内容。熟练地掌握这些知识点，对深刻认识组织中员工职业生涯管理在整个组织中所起的作用具有重要的意义。

# 第十章 企业人力资源管理的薪酬体系设计与绩效管理

## 第一节 薪酬体系设计概念

### 一、薪酬体系概述

#### (一) 薪酬体系的构成

在现代人力资源管理中,广义的薪酬体系包括主观报酬和客观报酬两个部分。主观报酬是员工从工作本身得到的报酬,是对自己的工作比较满意的结果。组织可以通过各种方法,如丰富工作内容和形式,或重新设计工作等,来增强员工在工作中的个人价值感,进而使个体获得较多的主观报酬。主观报酬包括参与公司的重要决策、承担更多的责任、获得成长的机会、适当的工作自由和权限、对工作的兴趣等。

客观报酬包括直接报酬、间接报酬和非金钱性报酬。其中,直接报酬主要包括基础工资、绩效工资、奖金、股权、红利、各种津贴等;间接报酬包括保险、非工作日工资、服务和额外津贴;非金钱性报酬包括满意的办公设备、满意的午餐时间、满意的工作分工等,虽然它们不直接表现为金钱的形式,但实质上就是金钱或金钱所带来的优惠。

狭义上的薪酬是指企业根据其成员所做的贡献（包括现实的绩效、付出的努力与时间、学识、技能、经验与创造）所付给的相应的回报、答谢或奖赏，大体可以分为工资、奖金、津贴和福利等几个方面。

（二）薪酬水平

所谓薪酬水平是指从某个角度按某种标准考察的某一领域内员工薪酬的高低程度。如考察工资水平，从广义上来讲，是指在一定时间内员工平均工资的高低程度。按不同的范围，可划分为全国、地区、行业、企业、部门的工资水平；按工资特点和职业类别，可划分为各种职业、工种的工资水平；按劳动者本身条件可划分为不同性别、不同文化程度、不同工作年限的工资水平；按不同时间可划分为不同时期、不同年份的工资水平等。

衡量薪酬水平的高低可以用三个指标：平均薪酬、薪酬平均率、增薪幅度。

平均薪酬＝该单位（或企业）薪酬总额/该单位（或企业）员工人数

平均薪酬可分国家、地区、企业、部门分别考察，考察哪个单位（或企业）就用这个单位（或企业）的薪酬总额与员工人数相比较，其比值就是平均薪酬。

薪酬平均率＝实际平均薪酬/薪酬幅度的中间数

薪酬平均率的数值越接近 1，则实际平均薪酬越接近于薪酬幅度的中间数，薪酬水平越理想；当薪酬平均率等于 1 时，说明用人单位所支付的薪酬总额符合平均趋势；若薪酬平均率大于 1，表示用人单位支付的薪酬总额过高；若薪酬平均率小于 1，表示用人单位实际支付的薪酬数目较薪酬幅度的中间数要小。利用薪酬平均率指标可以衡量组织支付的薪酬标准，从而控制组织的总支出。

增薪幅度＝本年度的平均薪酬水平－上一年度的平均薪酬水平

增薪幅度是指组织的全体员工的平均薪酬水平增长的数额。增薪幅度越大，说明组织的总体人工成本增长得越快，要注意将其控制在组织所能承担的范围内。如果增薪幅度过小，说明组织的总体薪酬水平比较稳定，人工成本变化小。但增薪幅度过小也可能意味着，该组织是一个处于停滞中的组织，仅是维持了生存而没有发展。

## 二、薪酬管理的重要性

科学而有效的薪酬管理具有重要的意义和作用，具体表现在以下几方面。

### （一）可以吸引和留住人才

在目前的市场经济中，薪酬无疑是吸引和留住人才的有效工具，但这并不是说，工资越高越能吸引人才、留住人才。科学而合理的薪酬体系是吸引和留住更多人才的必要条件。

### （二）可以激励人才

科学而合理的薪酬体系是使每个员工自觉地为实现企业目标而努力工作的有效激励手段。薪酬的高低决定了人们物质生活条件的好坏，同时薪酬的高低也可以代表一个人社会地位的高低。薪酬是全面满足员工多种需要的经济基础。因此，正常合理的薪酬分配，有助于调动员工的积极性；反之，则势必影响员工积极性的发挥，薪酬的激励作用也将丧失。

### （三）具有调节功能

薪酬的差异可以促进人力资源的合理流动和配置。人们总是在物质利益的驱动下愿意到薪酬高、环境好的地方（地区、企业、部门）就业。因此，对国家来说，可以通过薪酬调节，引导劳动者向合理的方向流动，从而达到劳动力资源的合理配置；对于企业来说，企业一方面可以通过调整内部薪酬水平来引导内部的人员流动；另一方面，对外则可以利用薪酬的差异来吸引急需的人才或人力。

### （四）具有凝聚功能

企业制定公平合理的薪酬可以激发员工的工作积极性，使员工体会到自身被关心和自我价值被认可，从而增加其对企业的情感依恋，自觉地与企业同甘共苦，为自身的发展与企业目标的实现而努力工作。

### （五）可以满足个体和组织的需要

企业的基本目标是以较低的成本来获取合理的利润。一个优秀的薪酬体系应该既能满足员工生理、心理上的需要，又能满足组织获取最大经济效益和社会效益并不断发展的需要。

## 三、薪酬体系设计和管理的原则

一般说来，薪酬体系设计和薪酬管理要注意以下原则。

### （一）合法性原则

薪酬体系设计与管理必须符合国家和地区的相关法律法规。

### （二）公平性原则

薪酬体系要公平，要使员工认识到人人平等，只要在相同岗位上做出相同的业绩，那么他们将获得相同的薪酬。公平性原则包括两个方面的要求：其一是外部公平，即企业的薪酬水平与劳动力市场中的薪酬水平相当；其二是内部公平，即同一企业中每人所得工资与其他人所得到的工资相比，应该是公平合理的。

### （三）适度性原则

适度性是指薪酬体系要有上限和下限，它应在一个适当的区间内波动。

### （四）相对稳定性原则

相对稳定性是指薪酬体系要使员工感到稳定和安全，不能经常变动，一些重要内容变动更要慎重。

### （五）认可性原则

薪酬体系是由企业管理层制定的，但应该使大多数员工认可，这样才会起到更好的激励作用。

### （六）平衡性原则

薪酬体系的各个方面要平衡，如不能只注重金钱奖励而忽视非金钱奖励。

### （七）激励性原则

薪酬是激励员工的重要手段。良好的薪酬体系设计应该遵循激励性原则。

## 四、薪酬体系设计的目标

薪酬体系表明了企业重视什么和准备为了什么而付薪酬。企业在每件事情中去奖赏正确的行为使员工得到正确的信息，这种需求操纵着薪酬体系。

### （一）整体目标

薪酬体系设计的整体目标是保证企业拥有符合企业经营、发展需要的员工来确保企业战略目标和短期目标的达成。

### （二）具体目标

从企业的观点来看，薪酬体系设计的具体目标如下。

1. 在企业价值观、员工绩效的期望中起重要作用。

2. 鼓励那些有助于达到企业目标的行为。

3. 巩固企业文化、促进长期发展、实现结构变革。

4. 支持企业在提高质量、关心客户、开展团队工作、促进企业革新、增强市场反应能力和适应性以及反应速度等方面的关键价值的实现。

5. 为钱提供价值——除非企业能确定优先薪酬可以增值，否则不能尝试；并且除非薪酬能导致增值，否则不实行薪酬。

### （三）薪酬目标的达成

有人认为，要达到上述薪酬目标，企业薪酬政策的实行应该是"内部平等而外部竞争"。就这句话而言是完全正确的，但它是不易达到的，主要是因为内部公平和外部竞争二者难以协调。当企业不得不聘用某些具有特殊才能的人才时，市场的压力迫使企业不能考虑内部平等。一个浅薄的、希望有竞争力的愿望有时是不适宜的。实行竞争的策略性观点认为，达到竞争性工资应该持续地提供一定水平的工作质量、生产力或绩效等，这些必须能够证明工资水平反映了期望中的合理的绩效。也就是说，竞争性工资应该与竞争性绩效相关联。

# 第二节  激励机制管理与福利计划

## 一、激励机制及其分类

激励机制，是指组织系统中，激励主体通过激励因素或激励手段与激励客体之间相互作用的关系的总和，也就是指企业激励内在关系结构、运行力和发展演变规律的总和。

激励机制所包含的内容极其广泛，既有外部激励机制，又有内部激励机制。外部激励机制是指消费者、履行社会管理职能的政府、社区公众等对企业的激励。内部激励机制是指对企业成员包括经营者和职工的激励。

内部激励通常分为物质奖励和精神奖励两种。物质奖励是世界各国企业普遍采用的一种激励手段。所谓物质奖励，是企业以经济手段如工资、奖金、福利待遇等，来激发职工的物质动力。所谓精神奖励，是企业以授予某种具有象征意义的符号，或对职工的行为方式和价值观念给予认可、赞赏等作为激励手段，如职称的晋升、荣誉称号的授予、劳动成果的评价以及对职工的信任、尊重等，以此激发职工的精神动力。

## 二、我国企业物质奖励制度的现状

### （一）我国企业工资制度的现状

我国的企业工资，是国家或企业按照职工向社会提供的劳动量（扣除他为社会劳动的部分），以货币形式支付给职工的劳动报酬。它是实现按劳分配的一种形式，体现着职工之间，以及职工与国家、职工与企业之间在根本利益一致基础上的平等的有差别的一种物质利益关系，是一种为实现按劳分配原则而制定的企业劳动报酬制度。

目前，我国已初步确立了以按劳分配为主体，市场机制决定、企业自主分配、国家宏观调控的企业工资制度。完善、合理的企业工资制度，能够激励职工勤奋学习、诚实劳动，努力提高自己的劳动技能，充分发挥自己的劳动积极性和创造性。

### （二）我国企业奖金制度的现状

我国企业实行的奖金制度，始于 1950 年开展的创新纪录奖、竞赛奖、无事故奖、节约燃料奖等单项奖，并在第一次工资改革后，逐步建立并发展起来。企业在奖金发放方面拥有一定的自主权。目前，企业职工的奖金按发放时间可分为月度奖、季度奖、半年奖和年终奖等。按因素多寡可分为单项奖和综合奖。单项奖就是职工超额完成某项生产经营指标所获得的奖金，综合奖是职工根据多项指标的综合完成情况所获得的奖金。

由于奖金制度能够比较及时、准确地反映每个职工向社会提供的实际劳动量的变化情况，可以把劳动报酬与劳动成果更直接地联系起来，因而它可以起到工资制度所不能起的作用，是工资制度不可缺少的一种补充。合理的企业奖金制度，在调动职工劳动积极性、加强劳动纪律、提高产品质量、降低原材料消耗、加快产品的升级换代、开展技术革新和技术革命、提高劳动生产率、改善企业经营管理等方面，都能够起到积极的促进作用。

（三）我国企业职工福利制度的现状

我国企业职工福利制度实际上是对职工工资的一种补充形式。目前，我国企业职工福利制度所包含的主要内容如下。

一是改善职工生活的项目。其宗旨是减轻职工生活负担和家务劳动，提供各种生活上的便利条件，解决职工的后顾之忧。

二是丰富职工文化生活的项目。其主要内容是活跃并丰富职工的文化生活，提供各种文体设施，开展各种文化娱乐活动。

三是提供生活补贴及其他福利性的项目。其主要内容是满足职工的不同需要，减轻其生活费用开支，解决职工及其家属的生活困难问题，提供各种生活补贴及其他福利性项目。

## 三、福利计划

很多企业往往只重视薪酬体系中的工资、奖金、津贴等部分，实际上薪酬结构的各个部分在人力资源管理中都能发挥其重要的作用，好的福利体系往往也能提高企业人力资源的管理水平。因此，福利计划是人力资源薪酬管理中非常重要的一个环节。

## （一）员工福利体系

员工基本福利是福利体系重要构成之一，由于它是政府规定的福利，因此员工基本福利又称为"法定福利"。它主要包括社会基本保险、职工住房公积金、法定休假福利等。目前法定的社会基本保险包括以下五方面。

### 1. 养老保险

养老保险是社会保障制度的重要组成部分，是社会保险五大险种中最重要的险种之一。所谓养老保险（或养老保险制度）是国家和社会根据一定的法律法规，为解决劳动者在达到国家规定的解除劳动义务的劳动年龄界限，或因年老丧失劳动能力退出劳动岗位后的基本生活而建立的一种社会保险制度。

### 2. 医疗保险

医疗保险就是当人们生病或受到伤害后，由国家或社会给予的一种物质帮助，即提供医疗服务或经济补偿的一种社会保障制度。

基本医疗保险具有社会保险的强制性、互济性、社会性等基本特征。因此，医疗保险制度通常由国家立法，强制实施，建立基金制度，费用由用人单位和个人共同缴纳。医疗保险费由医疗保险机构支付，以解决劳动者因患病或受伤害而带来的医疗风险。

### 3. 失业保险

失业保险是指国家通过立法强制实行的，由社会集中建立基金，对因失业而暂时中断生活来源的劳动者提供物质帮助的制度。它是社会保障体系的重要组成部分，是社会保险的主要项目之一。

失业保险具有如下几个主要特点。一是普遍性，它主要是为了保障有工资收入的劳动者失业后的基本生活而建立的，其覆盖范围包括劳动力队伍中的大部分成员。二是强制性，它是通过国家制定法律法规来强制实施的。根据有关规定，不履行缴费义务的单位和个人都应当承担相应的法律责任。三是互济性，失业保险基金主要为社会筹集，由个人、单位和国家三方共同负担，缴费比例、缴费方式相对稳定，筹集的失业保险费，不分来源渠道，不分缴费单位的性质，全部并入失业保险基金，在统筹地区内统一调度使用以发挥互济功能。

4. 工伤保险

工伤保险是社会保险制度中的重要组成部分，是指国家和社会为在生产、工作中遭受事故伤害和患职业性疾病的劳动者及其亲属提供医疗救治、生活保障、经济补偿、医疗和职业康复等物质帮助的一种社会保障制度。

工伤即职业伤害所造成的直接后果是伤害到职工生命健康，并由此造成职工及其家庭成员的精神痛苦和经济损失，也就是说劳动者的生命健康权、生存权和劳动权利受到影响、损害甚至被剥夺了。劳动者在其单位工作、劳动，必然形成劳动者和用人单位之间相互的劳动关系，在劳动过程中，用人单位除支付劳动者工资待遇外，如果不幸发生了事故，造成劳动者的伤残、死亡或患职业病，此时，劳动者就自然具有享受工伤保险的权利。劳动者的这种权利是由国家宪法和劳动法给予根本保障的。

5. 生育保险

生育保险是通过国家立法规定，在劳动者因生育子女而导致劳动力暂时中断时，由国家和社会及时给予物质帮助的一项社会保险制度。

我国生育保险待遇主要包括两项：一是生育补贴，用于保障女职工产假期间的基本生活需要；二是生育医疗待遇，用于保障女职工怀孕、分娩期间以及职工实施节育手术时的基本医疗保健需要。

我国生育保险工作的实践证明，在市场经济条件下，实行生育费用社会统筹和社会化管理服务，对于均衡企业负担、改善妇女就业环境、切实保障女职工生育期间的基本权益，有着重要作用。同时，对计划生育、优生优育等工作也产生了积极影响。

（二）福利计划的含义

所谓福利计划是在福利分析的基础上对公司所要选择的福利项目（主

要指补充福利）进行前瞻性思考后制订的计划，它包含了福利项目选择及福利预算两个方面的重要内容。一般来说，基本福利（法定福利）是不需要单独计划的，因为它本身就是强制性的、以国家法律形式规定的福利，企业必须执行，否则就是违反法律和政策。因此，福利计划往往是指补充福利的计划。

福利项目选择往往取决于前期的福利调查与分析是否与员工进行了充分的沟通，在企业内部，企业的福利项目的最终确定需要经过一定的决策流程。在福利项目进行选择时，福利计划人员要擅长借鉴市场的一般经验值并能紧密把握员工的需求。在完成流程决策、审批后，福利计划人员需要进行福利预算。福利预算借鉴财务预算的方法进行。

福利计划的结果是编制完成后的福利计划表，它将帮助人力资源管理人员对各项目福利的内容、推进时间、享受条件等因素进行前瞻性的思考。

应当指出，上文所列的福利仅仅是一些相对比较常见的福利项目，福利市场经验还有很多可借鉴的地方，一些企业还启动"自助式福利计划"（也有称之为"综合福利计划"）。其做法是由企业提供一份供员工选择的福利清单，让员工自己选择，各取所需。允许员工在一定范围之内，在企业指定的多项福利计划中进行选择，具有一定的灵活性，使员工更有自主权。自助式福利的优点是：对员工来说可以根据自己的实际需要，选择对自己最有利的福利，这对员工具有更好的激励作用；对企业来说自助式福利通常会在每个福利项目中标明其金额，从而使员工了解每项福利的价值，让员工有所珍惜，有助于企业管理工作和成本控制；自助式福利有利于吸引优秀人才，降低员工的离职率。自助式福利计划的缺点：自助式福利的计划比较复杂，增加了承办人的负担，也会增加行政费用；自助式福利会使企业成本上升；部分员工在选择福利项目时，因没有仔细了解该项目的内容，结果选择了对其不实用的项目而造成资源浪费等。

# 第三节　绩效管理概述

## 一、绩效管理及其相关概念

### （一）绩效

绩效是指具有一定素质的员工在职位职责的要求下，实现的工作结果和在此过程中表现出的行为。绩效是对工作行为以及工作结果的一种反映，也是员工内在素质和潜能的一种体现。

### （二）绩效考核

绩效考核是一套正式的、结构化的制度，它被用来衡量、评价、反馈并影响员工的工作特性、行为和结果。通过绩效考核，企业可以评价员工的实际工作效果并对其进行针对性的奖励和惩罚，也可以了解员工的发展潜力，最终实现员工与组织的共同发展。

### （三）绩效管理

绩效管理是管理者与员工通过持续开放的沟通，就组织目标和目标实现方式达成共识的过程，也是促进员工做出有利于组织的行为、达成组织目标、取得卓越绩效的管理实践。绩效管理的主要目的是建立客观、简洁的绩效优化体系，实现组织与个人绩效的紧密融合。绩效优化体系可以保留、激励员工，持续地培养和发展员工，依据组织需要调整人员配置，从而提升企业的核心竞争力。

绩效考核与绩效管理两个概念既有联系又存在区别。

绩效考核是绩效管理的重要组成部分，绩效考核的顺利实施不仅取决于评价过程本身，更取决于与评价相关的整个绩效管理过程。有效的绩效考核是对绩效管理的有力支撑，成功的绩效管理亦会推动绩效考核的顺利开展。

但是，绩效考核与绩效管理并不是等价的。它们的区别主要体现在以下两点。

第一，绩效管理是一个完整的管理过程，而绩效考核只是绩效管理中的一个环节。

第二，绩效管理侧重于信息的沟通和绩效的提高，绩效考核则侧重于绩效的识别、判断和评估。

## 二、绩效管理的作用

绩效管理体系作为人力资源管理的一个重要的子系统，其作用有如下四个方面。

### （一）绩效管理有利于实现企业经营目标

绩效管理的目标是根据企业的发展战略来制定的，企业通过将其战略目标层层分解为部门和员工的目标，确定部门和个人的绩效目标。企业通过绩效评价，对员工的工作结果进行反馈，及时发现工作中存在的问题并进行修正；通过提升员工的业绩从而达成企业的业绩，实现企业的战略目标，使企业进入良性循环。

### （二）满足员工的需求

员工的需求有不同的层次，当员工基本的需求被满足后，尊重和自我实现的需求就随之而来。而尊重和自我实现的需求所表现出来的就是员工希望知道自己的绩效水平到底如何，从而为自身今后的发展提供明确努力的方向。如果没有考核或考核不准确，员工就会处于盲目状态，失去努力的目标和方向。

### （三）解决管理中存在的问题

员工绩效水平的高低与其自身的素质和努力程度有关，更与企业管理制度、管理理念、企业文化、管理风格有关。通过绩效评价和反馈，企业可以看到自身管理中存在的问题并能及时解决问题，使企业顺利地向前发展。

### （四）配合人力资源管理体系的运行

企业发展战略和企业文化是进行绩效管理的依据，绩效管理的目标是实现企业发展的战略目标。通过工作分析明确岗位职责是制定绩效考核指标体系的关键环节。招聘工作的质量直接决定着员工的工作绩效，而培训是提高员工工作绩效的主要手段和方法。绩效考核结果与薪酬体系相衔接，才能真正对员工起到激励作用。

## 三、有效的绩效管理所具备的特征

有效的绩效管理应当具备以下五个特征。

### （一）敏感性

有效的绩效管理体系可以明确地区分高效率员工和低效率员工。如果评价的目的是进行人员配置调整，那么绩效管理体系应当能区分员工之间的工作差别；如果评价的目的是员工的发展，那么绩效管理体系应当能反映员工在不同阶段工作情况的差别。

### （二）可靠性

有效的绩效管理体系能够做到不同的评价者对同一个员工所做的评价基本相同。

（三）准确性

绩效管理的准确性体现在把工作标准和组织目标联系起来确定绩效的好坏。为了实现绩效管理体系的准确性，组织必须对工作分析、工作标准、绩效考核体系进行周期性的调整和修改。

（四）可接受性

组织上下对于绩效工作的共同支持才能促成绩效管理的成功。

（五）实用性

绩效管理体系的建立成本和维护成本要小于绩效管理体系带来的收益。

一般来说，只要绩效管理体系满足准确性、敏感性和可靠性就可以认为它是有效的。

# 第四节　绩效考核方法及实施

## 一、绩效考核的方法

### （一）系统的绩效考核方法

1. 目标管理法

在目标管理方式中，管理者与员工会在一个绩效周期开始时共同制定该周期需要完成的工作目标。这种目标以组织的战略目标为基础，通常是可以量化的指标，企业可以在考核时加以测量。

目标管理法的特点是：目标明确，员工具有高度的参与性；目标管理过程对员工具有鲜明的培养性，便于员工进行自我管理。

2. 平衡计分卡法

平衡计分卡法是一种新型的战略性绩效管理工具和方法。它从组织的战略目标出发，从四个角度来关注组织的绩效，即财务角度、客户角度、内部流程角度和学习发展角度。它的特点是更加全面地反映组织的绩效，它不仅以财务指标来揭示组织的经营结果，还增加了组织长远发展所必备的客户指标、内部流程指标和学习与发展指标。

平衡计分卡法的思路指导着企业的绩效管理工作，推动着企业提高整体绩效进而促进企业的迅速发展。

3. 关键绩效指标法

关键绩效指标法的目的是建立起一种机制，将组织的重大战略目标转化为各个层次的可量化或可行为化的指标和标准，以增强组织核心竞争力。关键绩效指标法的核心工作是建立起用于描述组织关键成功要素的关键绩效指标体系。

4. 标杆超越法

标杆超越法的核心是选择同行业内的一流企业作为本企业比较、学习、借鉴的榜样，实现组织赶超一流企业、不断提升市场竞争力的目标。标杆超越法有利于激励组织内部成员的潜力，也有利于促进经营者激励制度的完善。

（二）非系统的绩效考核方法

1. 排序法

对员工绩效的好坏程度直接进行比较，确定员工绩效的相对等级和次序。排序有两种方法。

（1）正向排序：按照员工绩效由优到劣从第一名排到最后一名。

（2）两两排序：按照员工绩效先排最好，再排最差；接着排次好，再排次差，依此类推进行排序。

运用排序法进行绩效考核的优点是简单、实用，缺点是容易给员工造成心理压力。

2. 配对比较法

配对比较法的基本做法是将每一位员工按照所有的评价要素与其他员工进行若干次两两比较，然后根据比较结果排出绩效名次。

配对比较法比排序法更加具体、科学，缺点是随着部门人数的增多，评价的工作量会呈几何级数递增。

3. 强制分布法

强制分布法要求评价者将被评价者的绩效结果放入一个类似于正态分布的标准中。它将员工的绩效表现划分为多个等级，并确定每个等级的人数比例。

这种方法排除了评价者主观因素对考核结果的影响。但如果部门员工都同样优秀，其公平性可能就会大打折扣。

4. 关键事件法

关键事件法要求评价者在绩效周期内，将发生在员工身上的关键事件都记录下来，作为绩效考核的事实依据。关键事件法的不足之处在于每个评价者对于关键事件的理解程度可能不尽相同，且评价者也许抽不出大量的时间来逐一记录发生在每位员工身上的关键事件。

## 二、绩效考核的实施

### （一）绩效考核的基本程序

绩效考核的基本程序分为六个步骤：制定考核指标与标准→进行考核填表计分→考核结果的汇总→考核结果审定→考核反馈→考核结果的使用。

### （二）考核者的选择与培训

1. 考核者的选择

（1）直接上级。在日常考核中，一般被考核者的直接上级对其进行考核。由于直接上级握有奖惩权力，有助于发挥管理控制的威力。

（2）同级同事。同级同事对被考核的职务最熟悉、最内行，对被评同事的情况往往也很了解，但选择同级同事作为考核者要求同事之间必须关系融洽、相互信任、团结一致，相互间有一定的交流与协作，而不是各自为政的独立作业。

（3）被考核者本人。这就是常说的自我鉴定。这可使被考核者得以陈述对自身绩效的看法，而他们也的确是最了解自己所作所为的人。自我考核能令被考核者感到满意，抵触情绪少，且能有利于工作的改进。

（4）直接下级。直接下级对上级考核要尽可能匿名进行，以免因直接下级受上级管辖而有所顾忌，不能客观地评价上级。

2. 考核者的培训

考核者难免会将自己的主观印象带入绩效考核中，这会使考核结果出现不同程度的偏差。企业应该利用考核者培训的方式解决这一问题。

考核者的培训应当让每一个考核者了解绩效考核的理论和技术，同时也要向考核者提出以前考核中存在的问题以及合理的解决方案。为了增加考核者培训的有效性，培训还应增加以下内容：工作绩效的多角度性，客观记录所见事实的重要性，合格与不合格员工的具体事例。

为了增强培训计划的有效性，管理者还要对培训的方式加以选择。可供选择的培训方式有：传统的授课模式、群体讨论会、专题研讨会等。

在培训和绩效考核结束后，管理者还应当对培训的效果加以评价，查看评价者是否将培训中获得的知识运用到了绩效考核中，哪种培训方式对提升绩效考核结果的客观性影响最显著。

# 第十一章　大数据背景下的人力资源管理面临的机遇与挑战

## 第一节　传统人力资源管理的现状及问题分析

　　人力资源管理发展至今，主要经历了从人事管理、人力资源管理到战略人力资源管理三个阶段。自 20 世纪 90 年代以来，战略人力资源管理获得了长足发展，将人力资源管理职能与组织的战略性目标结合起来，强调人力资源管理在达成经营目标中的战略性角色。在战略人力资源管理阶段，人力资源部门真正成为业务部门的战略合作伙伴。人力资源管理的各个职能相互融合，为业务部门提供指导、支持与帮助，最终服务于企业总体目标的实现。目前，我国大多数企业的人力资源管理还处在第一或第二阶段，即以"事"为中心，将人视为一种成本，强调对人的控制与管理，无法把员工需求与企业发展相结合，更无法实现人力资源开发的战略价值。

　　信息技术的飞速发展，尤其是大数据时代的到来，使得企业每天要接触处理的信息量逐渐变大，这种爆炸式的数据增长在人力资源领域表现尤其明显，人力资源管理人员会涉及种类多样、数量庞大的信息群，如人员时间利用数据、劳动报酬与收入数据、人力成本数据、安全与保障数据、绩效管理数据等。另一方面，移动互联网正在改变着人们的学习、工作、生活和社交方式，人们更加习惯于在虚拟空间中分享思想和想法，表达自己的情绪与情感。这些既给人力资源管理带来了挑战，同时也为战略人力资源管理的实现提供了机会和技术支持。传统人力资源管理问题凸显，基于商业智能和大数据的人力资源管理正获得长足发展。

传统人力资源管理主要指的是人事管理阶段或人力资源管理阶段，它虽然涉及企业人力资源管理的主要内容，包括人员信息管理、薪资管理、员工培训、绩效考评、考勤管理等，但也主要是完成对人力资源数据的录入、存储、查询和统计等管理工作，并不能真正体现人力资源管理的价值。具体表现在以下几个方面。

## 一、过分依赖表单和文牍

在传统的人力资源管理中，各项人力资源管理职能的履行主要依赖各式表格和文件。表单管理看似规范有序，实则烦琐僵化。例如，绩效管理作为人力资源管理中最具价值的部分，在传统的表单管理模式下，主要表现为要求员工填写各式各样的考核表，这一方面增加了员工的工作负荷。另一方面，当有部门或人员没有提交考核表时，人力资源人员需要不断催促和通知，在无形中形成了人力资源部门和业务人员之间的隐性冲突。另外，绩效考核指标往往是由业务部门的管理者一手设定，其评价内容、评价权重、评价者的设定也很少有人力资源人员的参与。人力资源人员只是负责制表、回收和分数汇总，不能从专业角度给出意见和建议，无法体现出人力资源管理的价值。

## 二、数据多为定性且浪费严重

除了绩效考核与薪酬模块，传统人力资源管理系统收集的数据多为定性数据，定量数据所占比重很小。究其原因，传统人力资源管理以经验模式为主，依赖的是管理者个人的经验和直觉。因此，人力资源管理者通常只做定性分析，缺乏充分的数据支持。例如，员工培训需求的评估主要依靠业务管理者和人力资源管理者多年积累的经验进行，然后据此制订公司的总体培训项目计划。在培训完成后，由人力资源管理者根据受训者的主观感受或者受

训者培训前后的业绩变化对培训的总体效果做简单的评估。由于影响员工业绩变化的因素很多，只对比受训者培训前后的绩效很难对真正的培训效果做出有效的评定。另外，传统的人力资源管理对信息的利用非常有限，大量的有效信息资源被闲置浪费。根据 IBM 公司一项调查，一般企业对于储存信息的使用率只有 2%～4%。而且由于大量的表单管理，各类信息是彼此割裂分离的，这也增加了企业的使用难度。例如，招聘、绩效、薪酬模块的信息并不同时存在于一张表单上，人力资源管理者很难全面追踪一名员工的人力资源使用与开发状况。

## 三、提取有效信息困难

在典型的传统人力资源管理系统下，一个常见的联机事务处理系统通常由多个事务处理应用构成，同时每个事务和每一分钟的业务细节都记录在与事务应用关联的数据库中。在这个庞大的数据流中，人力资源经理需要具备识别数据有效性的能力，以此来判断提取哪些数据会帮助实现对人力资源管理的量化评估。例如，借助人力资源效用指数的评估方法，人力资源经理需要从人力资本能力、人力资源运作能力等几个方面来提取具体可衡量本企业人力资源管理效用的各项指标，并且定义每项指标的数据来源。事实上，许多人力资源经理陷入大量不同的申请表格和毫无联系的报表当中，难以在短时间内识别有效数据，更无法对数据进行整合来评估人力资源管理的价值。另外，对于公司高层管理者来说，从规模庞大、数据完整但"事无巨细"的系统中直接获取对他们进行宏观决策时所需的数据是很困难的，人力资源经理也很难向高层清楚地表达他们所创造的价值。

## 四、结果应用不尽如人意

人力资源管理的主要工作是数据的录入、存储、查询和统计等，很少有涉及支持企业战略决策的功能。目前，人力资源管理软件主要应用于一般的

作业管理，如工资计算、人员信息记录等，对于数据的分析，如员工考核数据、工资结构数据等都应用得不尽如人意。所以，企业很难通过人力资源管理系统了解企业整体绩效状况、修正企业考核制度、提出成本控制方案等。另外，一般情况下，人力资源系统只保留最近 2～3 年的数据，但是如果进行趋势分析或策略分析，又要求以大量的历史数据为基础。这就意味着一方面企业需要一个能完整保留大量历史记录，又能提供快速查询分析的数据环境；另一方面，这样的数据环境又可能会影响到人力资源数据库的操作与维护效率，甚至干扰其正常运行。

## 第二节　基于商业智能的人力资源管理

现阶段我国正处于人力资源管理的转型期，未来的人力资源管理体系中，作为企业战略的强大支撑，人力资源管理的战略职能将逐渐上升，行政职能将大幅下降，人力资源管理将彻底从最初的人事行政管理，发展到注重人员使用与开发的人力资源管理，最终实现将企业战略目标与人力资源职能完美结合的战略人力资源管理。顺应这一发展趋势的商业智能工具在企业经营管理过程得到了广泛应用。目前，商业智能工具无论是在企业经营分析，还是在财务分析等方面，都已经取得了不俗的应用表现，在人力资源管理领域，商业智能的有效应用刚刚拉开序幕。基于商业智能的人力资源管理（HR-BI）正是充分利用商业智能强大的数据处理和分析能力来实现人力资源管理的量化评估并为决策提供支持的结果。

HR-BI 使用人力资源系统提供的宝贵历史数据，能够为企业提供接入、报告和分析信息的工具，能够在改进企业分析能力的同时降低信息技术成本。通过 HR-BI 可以有效解决影响人力资源管理效能的三个关键问题：第一，实现人力资源战略规划与决策的量化管理，将使得人力资源管理体系及时支撑于企业战略发展；第二，支持集团型企业总部对各下属分支机构的人力资源管理活动进行及时的指导与监控，确保总部制定的人力资源规划能够

逐级有效落实；第三，支持人力资源管理能力的持续提升。通过商业职能的实施应用，可以对企业的集团化管控与人力资源规划进行精细化管理提供有效的支持，并通过系统进行实时的 HR 管理过程监控，实现整个企业的人力资源管理能力持续提升。可以看出，在人力资源管理模式由传统的以工作为中心的模式逐步转向基础业务共享和个性业务自主管理，HR-BI 的应用对企业集团具有格外重要的意义。

尽管如此，目前商业智能在人力资源管理中的应用也并不广泛，很多企业甚至一些管理软件的供应商企业，对 HR-BI 系统也没有真正物尽其用，没能真正发挥决策支持的作用。在人力资源管理向战略人力资源管理转变的过程中，基于商业智能的人力资源管理还面临着一系列问题。

## 一、企业内部沟通不足

目前，大多数企业的组织结构依然是按职能划分、等级明确、制度规范的金字塔形结构，这种结构有利于统一指挥，不利于跨部门沟通。由于缺少不同部门之间相互沟通、协作的制度设计，商业智能系统的实际业务需求难以评估，也难以判断需要商业智能系统挖掘的数据和关键点所在。

## 二、基础数据质量堪忧

商业智能工具主要依靠对大量数据的挖掘从而得到数据间隐含的关系和趋势，其前提条件是企业要积累大量的基础数据，并且这些基础数据要有较强的准确性与可靠性。因此，企业只有在应用传统的人力资源管理系统几年后才有可能使数据积累达到一定程度，才能选择加入使用 BI 系统。而目前很多企业，尤其是中小型企业，其前期的历史数据累积不够，或者即便积累足够量的历史数据，但其数据的可靠性值得怀疑，严重影响了商业智能工具的使用效果。

### 三、企业信息系统落后

即使在那些已经将 BI 技术应用于人力资源管理系统的企业中，也经常因为信息系统的滞后积压了大量报告,商业智能的决策流程常常变得缓慢和低效。另外,目前人力资源管理部门所掌握和分析的信息仅限于企业内部的人力资源静态信息,包括员工台账、人员档案、考评数据等。不仅信息量极小,而且信息的参考价值也十分有限。以目前的人力资源信息系统发展水平,即使结合商业智能工具的数据处理和分析能力,要预测企业未来人力资源的走势,预判员工的成长曲线、离职倾向等,也是一件十分困难的事情。

## 第三节 基于大数据的人力资源管理

在大数据时代,人力资源管理部门的工作方式逐渐从经验管理和表单模式演变成为依赖大量结构化和非结构化的数据进行分析和预测,即用数据、事实、科学手段,以及准确的评价性研究或案例研究,为人力资源管理方面的建议、决策、实践及结论提供支持。谷歌人力资源管理决策都是通过强大的"人事分析团队"来引导的,他们强调两大目标:一是所有的人事决策都基于数据和数据分析的;二是人事决策所采用的精确化水平与项目决策的相同。

在大数据背景下,不仅数据的体量变大了,而且数据变得更加开放和易于获取,这就为基于大数据的人力资源管理决策提供了可能。例如,在研究员工离职问题时,普通心理学和大众心理学一般将绩效持续下降、考勤异常、疏远团队等现象作为员工离职的先兆。但这种预测方法一则需要人工观测,耗时耗力,主观性较强,员工表现出的这些征兆,往往发生在离职之前,挽回的余地较小。如果利用大数据技术,结合员工的个性、职业发展规律、行业特征、企业特点和职业环境等要素,提前 2~3 年预测员工的离职倾向,

将给人力资源管理带来更多的预见性和精确性。谷歌正是借助自己开发的一个数学算法积极并成功地预测到哪些员工很有可能会离职，使得管理者可以在为时过晚之前采取行动，并为员工留任提供个性化解决方案的空间。具体说来，大数据背景下，企业人力资源管理的各个职能都将面临新的发展机遇与挑战。

## 一、基于大数据的人员招聘与选拔

目前企业的网络招聘主要借助官网及传统招聘网站发布信息，人力资源管理人员进行简历初选，然后电话沟通，安排接下来的笔试和面试。与传统的招聘会相比，网络招聘既拓宽了招聘范围，也提高了招聘效率。但是，它也存在很多问题，如简历的真实性，缺乏诚意的应聘者（即投递的方便性使应聘者在投递简历时不负责任）等，这些都大大增加了人力资源管理人员筛选的工作量和难度。另外，在人员选拔阶段也存在问题，普通的测评手段难以识别应聘者的伪装行为，评价中心技术虽然准确但成本太高。

在大数据背景下，一些传统招聘网站已经开始结合大数据技术的特征，研发出一系列利用社交网络为雇主提供招聘服务的产品。例如，专注于大数据分析的人力资源公司"数联寻英"和雇主品牌咨询及招聘服务商 HiAll 联手推出基于大数据的精准员工推荐模式及解决方案——人才雷达。人才雷达是一个基于云端、利用大数据定向分析和挖掘、帮助企业寻找适合人才的员工推荐平台。它的主要模式是：员工登录系统并关联其社交网络（LinkedIn、微博、人人等），在 HR 发布招聘信息之后，员工可以进行内部推荐；然后，人才雷达会通过大数据社交网络和简历数据库数据挖掘和分析，提出一套同时面向求职者和招聘官的双向扩展匹配算法，找出同公司员工有关联的潜在求职者；再后可借助对应员工内推，或直接联系潜在应聘者这两种方式，帮助企业找到匹配人选。这种基于企业定制化的招聘需求，通过对社会化媒体及简历数据库中用户关系和文本描述数据的定向挖掘，帮助人力资源主管通过社交招聘这一全新模式成功实现精准化、智能化、个性化的员工推荐和筛

223

选，让招聘工作变得更为简单、高效和有趣。

社交媒体是大数据重要的数据源之一，每时每刻都在产生海量的交互数据。对于人力资源管理者而言，社交媒体的海量数据价值更多体现在企业人员招聘的应用中。全球知名人才测评公司 SHL 于 2013 年在沪发布的《SHL 全球测评趋势报告中国特别版》发现，"招聘和录用中广泛使用社交媒体数据已成为中国企业人力资源管理的特性与趋势之一。该份报告数据来源于在中国任职的 248 名 HR 专业人员，涵盖多种公司规模和行业，多数受访者在企业里担任 HR 经理、总监和专员等。中国人力资源管理人员使用各类社交媒体数据的比例均高于其他国家与地区，包括 52% 的人力资源经理查看应聘者照片（其他国家与地区仅为 12%），21% 查看应聘者朋友发布的链接（其他国家与地区仅为 6%）"。尽管如此，这些人力资源经理也承认，通过社交媒体渠道完成的招聘总量只占企业全部职位空缺的极小部分，且招聘成功率不高。

## 二、基于大数据的培训开发

网络时代的培训突破了传统培训在时间和空间上的限制，企业可以将培训内容发布到网站上，无论是在本地还是异地，员工都可以根据自己的需要，在合适的时间、方便的地点自主学习。员工之间还可以线上交流和探讨，并与培训师线上互动。但是，基于传统互联网的培训往往还是以讲师讲座的方式为主，培训时间较长，员工很难自觉完成对培训内容的学习，培训效果难以保证。对于培训需求以及培训效果的评估方面，企业也还缺乏行之有效的手段和方法。

大数据则使得我们在培训的各个阶段都能够做到精确预测和评估，相对于传统的培训方式，大数据时代强调利用广泛的社交媒体开发以"短、平、快"或"小、精、专"为特点的"微培训"模式更加便捷、实时、高效地培训渠道，例如，将 QQ、微博、微信等应用于组织培训与学习，形成全新的培训模式，或者利用 MOOC（大规模开放式在线课程，也称"慕课"）等

在线培训平台让员工自主学习，有针对性地提升自身素质，进一步提升培训效率。

## 三、基于大数据的绩效管理

随着企业信息管理水平的提高，很多大型企业，尤其是集团企业已经开始运用绩效管理系统软件，即从绩效计划到绩效结果的应用都在绩效考核系统中规范有序进行，在整个考评过程中人力资源管理人员都可以监控、审核与提供帮助。这在一定程度上减少了人力资源管理人员的工作量，有利于建立规范化、定量化的绩效管理体系。但是大多数企业只选择一些可量化的关键指标考核员工的绩效，还有些企业过分追求量化，把一些本不易量化的定性指标也强行量化，影响了绩效结果的真实性和有效性。除此之外，对绩效考核结果的应用一般仅与薪酬挂钩，而很少应用于招聘效果的评估、培训需求的评估或者员工关怀等方面。

在大数据时代，先进的数据分析和处理技术使得企业能够搜集到员工或部门工作的所有工作痕迹，不仅可以从丰富、多样化的信息中找到其中的潜在关联性，预测员工的绩效表现，还可以关注到员工的所有工作行为，从而更为全面地评价员工、部门，以及组织的绩效。

## 四、基于大数据的薪酬管理

企业的薪酬设计往往是影响员工工作满意度的重要因素。合理的薪酬水平既要保证在同行业具有竞争性，又要保证在企业内部具有公平性和激励性，这三者很难兼顾。

大数据背景下，以薪酬业务为主体的人力资源外包服务提供了企业薪酬管理的便捷通道，如使用薪酬云平台了解行业薪酬现状。除此之外，还可以通过大数据提供的多样化渠道，例如，利用"晒工资"网站或者微信、微博的分享渠道，了解和挖掘关于薪酬的诸多数据，包括工资水平、福利类型、

薪酬结构，甚至员工对工资的满意度等。只要拥有海量的薪酬相关数据，利用大数据的数据分析和处理技术，我们就能获得竞争对手的准确数据。

## 五、基于大数据的员工关系管理

随着互联网的普及，员工和企业的沟通越发便捷和广泛，企业可以利用多种形式和员工进行沟通交流，例如，在内部网站上建立员工个人主页，开设 BBS 论坛、公告栏、建议区、聊天室以及企业管理层的邮箱等。这对增强员工的参与意识、增强企业的凝聚力有重要的意义。但目前大多数企业仅限于员工之间的交流，员工与管理者之间的沟通较少，即使存在沟通，也通常是因工作需要而进行的正式沟通，缺乏人际情感交流。

大数据能够实现管理者与员工的互动性沟通，通过 QQ、微信、微博等社交媒体与员工建立起好友关系，互相关注状态，了解彼此工作之外的另一面。通过主动获取社交网站的海量数据，管理者可以对员工的心理动向进行预测分析。

# 第十二章　基于大数据的
# 人力资源规划

## 第一节　人力资源规划的含义与方法

　　人力资源规划有宏观与微观之分。前者是社会范畴的事情，后者是组织内部的事情。本书论述的重点放在后者，也就是组织的人力资源规划上。

　　人力资源规划是组织管理中一项十分重要的战略性管理职能。如果是企业，则是根据自身的经营业务、组织架构等内部因素，以及政治、经济、社会和法律等环境因素，还有未来可能的发展趋势的综合考虑而制定相应的规划，目的在于帮助企业减少未来的不确定性，将资源集中到与组织目标相一致的经营活动中，使目标更容易实现。换言之，企业的各项管理工作都需要在规划的指导下进行。人力资源管理同其他管理活动一样也须制定规划。

　　然而随着"互联网＋"、大数据概念的兴起，整个社会经济形态发生了一定的改变，企业各项经营活动都面临着全新的挑战，人力资源规划的制定更是如此。本章主要介绍企业人力资源规划的含义与方法、人力资源规划过程中存在的缺陷和问题，以及如何运用大数据的方法改进人力资源规划。

　　任何组织的健康发展既离不开优秀的人力资源，也离不开人力资源的有效配置，两者缺一不可，优秀的人力资源是一个企业永葆活力的源泉，如何在茫茫人海、万千求职者中为企业寻找最合适、最优秀的人才，如何更好地

吸引众多优秀的人才并且长期留住人才、培养发展人才，从而使企业在任何挑战面前都能保持强劲的竞争力，并为企业持续发展提供雄厚的人力支持，一直以来就是人力资源管理部门最核心的职能。

20 世纪以后，许多企业开始将人力资源规划工作与企业的人力资源战略管理相结合，使人力资源规划在企业人力资源管理中发挥重要的指导作用。要了解企业人力资源规划，必须先了解什么是人力资源，什么是规划，然后才能了解什么是企业人力资源规划，以及企业人力资源规划有什么作用、如何更好地进行人力资源规划。

## 一、什么是人力资源规划

人力资源又称劳动力资源或劳动力，是指能够推动整个经济和社会发展、具有劳动能力的人口数量的总和。在经济学上，把为了创造财富而投入于生产活动中的一切要素统称为资源，包括人力资源、物力资源、财力资源、信息资源、时间资源等，其中人力资源是一切资源中最宝贵的资源，是第一资源，包括数量、质量、结构等多个方面。人力资源最基本的内涵是体力和智力，从现实应用这个角度看，人力资源包括体质、智力、知识和技能四个方面。人力资源与其他资源一样，也具有可开发性、时效性、增值性等特征。

通常来说，人力资源的数量等于具有劳动能力的人口数量，其质量指经济活动人口具有的体质、文化知识和劳动技能水平。一定数量的人力资源是社会生产的必要的先决条件。

从宏观上看，充足的人力资源有利于生产的发展，但其数量要与物质资料的生产相适应，若超过物质资料的生产，不仅消耗了大量新增的产品，而且多余的人力也无法就业，对社会经济的发展反而产生不利影响。经济发展主要靠经济活动人口素质的提高，随着生产中广泛应用现代科学技术，人力资源的质量在经济发展中将起着越来越重要的作用。

具有劳动能力的人，不是泛指一切具有一定的脑力和体力的人，而是指

能独立参加社会劳动、推动整个经济和社会发展的人。所以，人力资源既包括劳动年龄内具有劳动能力的人口，也包括劳动年龄外参加社会劳动的人口。

在劳动年龄的范围方面，由于各国的社会经济条件不同，劳动年龄的规定也不尽相同。一般国家把劳动年龄的下限规定为 15 周岁，上限规定为 64 周岁。我国招收员工规定一般要年满 16 周岁，员工退休年龄规定男性为 60 周岁（到 60 周岁退休，不包括 60 周岁），女性为 55 周岁（不包括 55 周岁），所以我国劳动年龄区间应该为男性 16～59 周岁，女性 16～54 周岁。

那么，什么是规划呢？

规划是对未来整体性、长期性、基本性问题的思考和设计。规划具有综合性、系统性、时效性、强制性等特点。一个合理的规划，需要准确而实际的数据支撑，目标具有针对性，数据具有精确性，依据具有充分性。

规划的制定从时间上需要分阶段，由此可以使行动目标更加清晰，使行动方案更具可行性。

提及规划，部分政府部门工作者及高校学者都会自然想到城乡建设规划，其实人力资源也是需要规划的。如果忽视了它，也会遭遇日后发展的困境。

那么，什么又是人力资源规划呢？

人力资源规划从微观上讲，即组织从实现战略目标的高度出发，根据其内外部环境及自身特长，预测未来发展对人力资源的需求，以及为满足这种需求所提供人力资源的活动过程。

制定人力资源规划首先要明确组织的发展战略和发展方向，需要全方位地了解企业内部的人力资源状况，以及规划期间内的人才市场变化趋势，除此之外，还要详细了解本组织最基本的主客观条件及约束，从而对企业在规划期间内的人力资源需求状况进行分析和调整，其涵盖的内容主要有引进计划、培训计划、晋升调配计划、工资计划等方面，涉及人力资源管理中的多项工作。

人力资源规划，从时间上划分，可以分为长期规划（5 年以上）、短期

规划（1 年及以内），以及介于两者之间的中期计划。从内容上划分，有组织人事规划、制度建设规划、员工开发规划。从类别上划分，可分为预警式规划和反应式规划。预警式人力资源规划，需要仔细预测未来的人力需要，并事先有系统地满足这些需要；反应式的人力资源规划，是当企业发生人力资源需要时再做出相应的反应行为。

从规划内容表达和存在的形式不同的角度来说，人力资源规划可分为非正式的规划和正式的规划。非正式的规划多是由管理者在头脑里或口头上做构思；正式规划则有文件和数据作为支持。随着互联网的普及，人力资源管理实现了计算机系统化，能够更好地帮助企业进行正式的人力资源规划。

组织进行人力资源规划主要有以下四个目的：规划人力发展、促使人力资源的合理使用、配合组织发展的需要和降低用人成本。

人力发展主要包括人力预测、人力增补及人员培训，这三者紧密联系，不可分割。人力资源规划，一方面对目前人力现状予以综合评价分析，以及时掌握本企业的人事动态；另一方面对未来人力需求做出必要的预测，以便对企业人力的增减进行全面考虑，再据以制订人员增补和培训计划。因此，人力资源规划是人力发展的基础。

事实上，只有极少数企业人力资源的配置完全符合理想的状况。在绝大多数企业中，总是存在一些人的工作负荷过重，而另一些人则工作过于轻松的不平衡状态；在工作安排中，由于没有恰当地考虑工作能力与工作内容的匹配性，会导致一部分人感觉自己的能力有限，工作中存在极大的压力，而另一些人则感到能力有余，未能充分利用，造成人力的浪费。人力资源规划可改善人力分配的不平衡状况，进而谋求合理化，以使人力资源能配合组织的发展需要。

任何组织的特性都是在不断追求生存和发展，而生存和发展的主要因素是人力资源的获得与运用。也就是如何适时、适量及适质地使组织获得所需的各类人力资源。由于现代科学技术日新月异，社会环境变化多端，如何针对这些多变的因素，配合组织发展目标，对人力资源恰当规划甚为重要。

影响组织用人数目的因素很多，如业务类别、技术革新、机器设备、工作制度、人员能力等。人力资源规划可对现有的人力结构进行分析，找出影响人力资源有效运用的"瓶颈"，促进人力资源效能充分发挥，降低人力资源在成本中所占的比率。

人力资源规划主要有两种方法：定量法和定性法。

定量法又称"自上而下"法，它从管理层的角度出发，使用统计和数学方法，多被理论家和专业人力资源规划人员所采用。定量法把雇员视为数字，以便通过量化性别、年龄、技能、任职期限、工作级别、工资水平，以及其他一些指标，把员工分成各种群体。这种方法的侧重点是预测人力资源短缺、剩余和职业生涯发展趋势，其目的是使人员供求符合组织的发展目标。

定性法又称"自下而上"法。它从员工角度出发，把每个员工的兴趣作为主要考虑因素，把员工的能力和愿望与企业当前和未来的需求结合起来，受过培训、从事咨询和管理开发的人力资源管理人员通常使用这种方法。该方法的侧重点是评估员工的绩效和晋升可能性，管理和开发员工的职业生涯，从而达到充分开发和利用员工潜力的目的。

## 二、制定人力资源规划的规则有哪些

制定人力资源规划时还要遵循一定的规则，主要的制定规则如下。

### （一）充分考虑内部、外部环境的变化

人力资源计划只有充分考虑内部、外部环境的变化，才能适应组织发展的需要，真正做到为企业未来的发展目标服务。内部变化主要包括任务的变化、开发的变化，还有组织员工的流动变化等；外部变化指经济社会的变化、政府人力资源政策的变化、人才市场的变化等，为了更好地适应这些变化，在人力资源规划中应该对可能出现的情况做出预测，最好能有面对风险的应对策略。

（二）确保组织的人力资源保障

组织的人力资源保障问题是人力资源规划中应该解决的核心问题。它包括人员的流入预测、流出预测、内部流动预测，社会人力资源供给状况分析和人员流动的损益分析等。因为只有建立完备的人才供给和储备系统，有效地保证组织的人力资源供给，才可能有精力去进行更深层次的人力资源管理与开发。

（三）使企业和员工都得到长期的利益

人力资源规划不仅是面向组织的规划，也是面向员工的规划。它的设计内容、导向不仅关系着组织未来的发展状况，也密切关系着员工未来的职业发展，而组织的发展和员工的发展是互相依托、互相促进的关系，偏向任何一方都不能取得良好的结果。如果只考虑组织的发展需要，而忽视了员工的发展，则会有损组织发展目标的达成。优秀的人力资源规划，是既能够使组织员工实现长期利益的规划，也能够使组织和员工共同发展的规划。

那么，如何编制一份人力资源规划呢？要确定组织的人力资源需求预测，以及人力资源供给预测，然后开始进行人力资源规划的编制。这是由抽象到具体、由质化到量化的过程，也是形成人力资源指导性文件的过程。由于各企业的具体情况不同，所以编写人力资源计划的步骤也不尽相同。下面是编写人力资源规划的典型步骤，可根据组织的实际情况进行裁减。

## 三、人力资源规划的细分

（一）职务编制计划

即根据组织发展规划，结合职务分析报告的内容，制订职务编制计划。职务编制计划阐述了组织的组织结构、职务设置、职务描述和职务资格要求等内容，制订职务编制计划的目的是描述组织的组织职能规模和模式。

## （二）人员配置计划

即根据组织发展规划，结合组织人力资源盘点报告，来制订人员配置计划。人员配置计划阐述了每个职务的人员数量，人员的职务变动，职务人员空缺数量等，制订人员配置计划的目的是描述组织未来的人员数量和素质构成。

## （三）预测人员需求计划

根据职务编制计划和人员配置计划，使用预测方法来预测人员需求。人员需求中应阐明需求的职务名称、人员数量、希望到岗位时间等，最好形成一个标明有员工数量、招聘成本、技能要求、工作类别，以及为完成组织目标所需的管理人员数量和层次的分列表。实际上，预测人员需求是整个人力资源规划中最困难和最重要的部分，因为它要求以富有创造性、高度参与的方法处理未来不确定性问题。

## （四）确定人员供给计划

人员供给计划是人员需求的对策性计划。主要阐述人员供给的方式（如外部招聘、内部招聘、自荐等）、人员内部流动政策、人员外部流动政策、人员获取途径和获取实施计划等。通过分析劳动力过去的人数、组织结构和构成，以及人员流动、年龄变化和录用等资料，就可以预测出未来某个特定时刻的供给情况。

预测结果勾画出了组织现有人力资源状况，以及未来在流动、退休、淘汰、升职及其他相关方面的发展变化情况。

## （五）人员培训计划

为了提升企业现有员工的素质，适应企业发展的需要，对员工进行培训是非常重要的。培训计划中包括培训政策、培训需求、培训内容、培训形式、培训考核等内容。

## （六）人力资源管理政策调整计划

计划中应明确计划期内的人力资源政策的调整原因、调整步骤和调整范围等。其中包括招聘政策、绩效考评政策、薪酬与福利政策、激励政策、职业生涯规划政策、员工管理政策等。

## （七）费用预算计划

其中主要包括招聘费用、培训费用、福利费用等费用的预算。

## （八）关键任务风险分析及对策

每个组织在人力资源管理中都可能遇到风险，如招聘失败、新政策引起员工不满等，这些事件很可能会影响组织的正常运转，甚至会对企业造成致命的打击。风险分析就是通过风险识别、风险估计、风险驾驭、风险监控等一系列活动来防范风险的发生。

人力资源规划编写完毕后，应积极地与各部门经理进行沟通，根据沟通的结果进行修改，最后再提交决策层审议通过。

# 第二节　人力资源规划的常见缺陷与问题

随着以知识和信息的生产、传播、使用和消费为基础的知识经济时代的到来，传统的经济结构和生产方式都发生了根本的变化，这就决定了社会的劳动结构将发生根本性变化。创造性的智力劳动，将成为人类社会劳动的主题和领衔力量。知识对于竞争和发展越来越具有决定性意义，而知识是由人来掌握的，人是知识的载体。由此可见，无论是国家经济增长和社会进步，还是企业发展，人才都是最宝贵、最重要的资源。因此，以人为本，加强人力资源管理已成为人们普遍关注的问题。而且随着市场经济的不断深入发展，在经济竞争、科技竞争、人才竞争的今天，人力资源的规划管理已经成

为当今各行各业面临的重要课题。

人才是事业兴旺之本，组织要兴旺，要发展，关键在于拥有一大批掌握现代化科学技术和现代化管理思想的合格人才。因此，加强组织人力资源的储备管理，关键是搞好人才的引进、培养、开发和使用的管理，特别是人力资源规划。

下面以企业中人才资源管理为例做具体介绍。主要是为了提高规划编制水平。

## 一、没有认清企业人才储备现状和流失危机

目前，通过调查表明，在企业高层管理者中，90%的管理者认为自己的企业缺乏人才储备。同时，客观现实表明中国企业正面临人才流失这样一个巨大的危机。根据北京大学、光辉国际一项对国内著名企业的联合调查显示，88%的受访企业管理人才表示在未来两年内"很有可能"或"可能"离开现在任职的企业，仅有12%的管理人才明确表示不会离开，不同职位的管理人才离开企业的比例稍有不同，公司部门级别或者地区级别主管中有66%的人表示去意，而副总裁或副总经理级别的主管中也占到了59.5%。调查者认为，88%的比例显示目前不少国内企业隐含着一个人才流失的巨大危机，而且是从高层到中层主管普遍流失的危机。究竟是什么导致企业管理人才流失危机？

问题的关键在于企业内部环境建设缺漏问题严重，企业文化氛围同管理人才思想价值观念不合拍，迫使人才忍无可忍，产生另谋高就的离职倾向。具体来说，眼下企业人才管理存在的主要内部缺漏有以下方面：高层管理者素质不高；没有见识合理的企业文化；有进入机制，却没有退出机制；激励机制不健全，不能充分激发人才的内在热情；不能为个人提供长远职业前景；缺乏有效的评估体系；缺少人才职业发展的长远计划和人才储备战略，而这些方面的不足，又是造成人才流失最重要的因素。

与国内企业人才储备的缺失相比，国外一些大公司则对人才储备给予

了高度重视，并紧锣密鼓地筹划着未来的人才大战。许多大公司都把挖掘人才的工作提前到大学毕业生择业之前，甚至更早。这些公司大多建有自己的人才储备库，对新人才的成绩、能力和行为进行综合分析，以备将来使用。人才库操作为公司一些关键性岗位提供了人才储备，特别是为领导职位制订了接班计划，为企业的发展提供了保证。以数据为基础管理人才库，借用高新技术对人才进行预测评估，是人力资源管理上的一次革命性的飞跃。

世界级大企业人才储备策略大致有以下特点。

### （一）吸纳公司需要的各类人才

知名公司的人才库吸纳了成千上万各类人才，且来自世界各国。阿尔卡特公司的人才库掌握着 4 000 人，其中包括领导人、潜在的接班人。在当事人同意的情况下，还可掌握其他方面的材料，如履历、职位、个人发展计划，以及业绩总结。

### （二）对每个人进行评估分析

一般而言，人才库的资料不是简单的综合储存，而是要对每个人进行评估分析，对管理人员更要进行虚拟环境下，能否承受压力和如何应答各类问题的测试。据称，这是一项复杂的科学分析，离不开心理专家的参与。

### （三）制定关键职位接班人计划

最先进的公司人才库甚至会早早地为一些关键性职位制订接班计划，以免在最后一刻才采取行动，造成不必要的损失。如法国液气公司，每隔一年半就要对其战略职位进行综合考察，并会排列出 6 人作为接班人。而 DRH 公司的做法则是刚刚任命了一个人，就要考虑接替他的人选。埃索公司，在两万名职工中确定了大约 200 个关键职位，一一做了安排。实践证明，这种提前准备的做法是很有道理的，因为根据人员流动原则，领导干部每 4~5 年就要更换岗位。

### （四）摆脱对猎头公司的依赖

过去流行的办法是求助于一些猎头公司、招聘事务所选人。但由于这个过程通常会持续几个月，花费很多，还要将被招聘者年工资的30%交给事务所，而且最终选择的人很难在今后的岗位上证明其能力。现在越来越多的大公司宁愿在自家的人才库里寻找适当的候选人。

### （五）选拔高素质的管理人才

人才库标准的人才特别是管理人才，需要业务好、能力强、有丰富的经验。通用公司欧洲人力资源部负责人迈克·汉力说："今天，企业的价值取决于它的人才，我们的优势在于很早就明白了这一点。"由此可见，随着新兴企业的建立，必须有一个好的领导集体。在全球化经济中，领导干部的素质是至关重要的。

### （六）发现和培养公司内部人才

总体来说，许多公司，60%～90%的领导岗位都是通过内部晋升的人员担任的。虽然各大公司都已经放弃了终身职业的想法，但他们依然相信长期用人的好处。许多公司认为，企业干部经过培训和工作锻炼，随着在企业中不断积累经验，他们也越来越有能力。尽管各企业更偏爱内部提拔，但他们也会到市场上寻找人才，堵塞岗位漏洞，但更主要的是寻找专家——他们了解技术和组织机构的快速变化，他们能不断更新知识来占领新市场或投身电子贸易领域。随着发展、合并和收购的出现，不少企业还重新调整了自己的组织机构，以便使自己的新领导人能够适应新的挑战。此外，人才库对不合格人才的淘汰也是毫不留情的，不少人将在竞争中败下阵来。由此可见，人才储备是必要的。

企业加强人才储备有什么重要意义呢？

（1）人才储备是企业人力资源管理与企业发展的基础。人才通常是指那些具有专门知识、技能和聪明才智并善于运用自身的能力条件在社会实践

中进行创造性劳动，为改造自然和社会做出贡献，有益于社会、国家和人民的人。衡量人才有两个尺度：激情和能力。激情与热情不同，激情比热情更富有内涵，有些人外表很平静，但内心确实充满激情。激情是建立在开放授权的基础上，体现的是自主、乐业、爱心、责任和创新。能力在这里主要是指包括专业技术能力、自我管理和管理他人的能力、公关能力。因此，不难看出人才的重要社会地位和社会价值，尤其是在知识经济时代，人才是企业发展的源泉，也是企业创新的主体。试想没有一定的人才储备，企业何从谈起人力资源管理呢？所以，没有人才储备的企业人力资源管理只能"巧妇难为无米之炊"，是一句空话。人是企业重要的有形资产，同时又是实现企业有形资产与无形资产相互转化最重要的因素。因此，加强人才的管理和储备人才是企业发展的当务之急。

（2）企业的人才储备是构成企业核心竞争力的坚实基础。企业竞争力是指企业为了实现其总体目标，获取配置可利用资源，采取各种有效策略，成功进行经营活动，形成并能保持竞争优势的能力体系。其中，核心竞争力是企业维持和增强持续竞争优势的关键，是企业竞争力的核心。它包括两个方面：一是企业获取各种资源或技术并将其集成、转化为企业技能或产品的能力；二是企业组织、调动、协调各生产要素进行生产，是企业各个环节处于协调统一高效运转的能力。企业的核心竞争力蕴含于其系统运行的过程中。具体表现为三个方面：应变能力、创新能力、整合能力。而这三方面的能力的体现都是以人才为载体来实现的。人才资源是指体现于人自身的生产知识、技能及健康的存量，是人作为经济主体创造财富和收入的生产能力。就对经济增长的贡献而言，人力资本正在迅速超过物质资本和自然资源，成为各国经济可持续发展的主动力。由此可见，人才是一家企业最重要的资产，是建设企业核心竞争力的有效载体。

（3）加强人才储备可以防止企业人才流失所带来的风险。由于企业文化、待遇和环境存在着明显差异，因此人才流动是客观存在，且具有必然性。一方面，人才流动可以使高新技术企业获得急需的人才为企业发展注入活力；另一方面，由于人才流动导致的人才流失，也可能对企业造成诸多不利

影响。人才流失不仅使企业承担重置成本，而且将导致企业无形资产严重流失，出现人才真空的不利局面。如果企业能实现一定的人才储备，那就能够削弱这种被动局面所带来的负面影响，缓解压力。由此可见，企业必须加强人才储备的管理，注重人才储备，防止人才流失所带来的风险。

要想很好地利用人力资源，对人力资源进行有效规划，就必须了解组织机构设置的原则是什么，而这正是我国企业的短板。

## 二、没有明确组织机构设置的原则

### （一）任务目标原则

任何组织都是为了实现一定的目标而设置的，没有任务和目标的组织就没有存在的价值。每个组织及其每个部分都应当与其特定的任务和目标相关联。组织的调整、增加、合并或取消都应以对实现目标是否有利为衡量标准。

根据这一原则，在组织设计之前，首先要对企业的目标和发展战略作深入研究，明确企业发展方向和战略部署，这是组织设计最重要的前提。一旦战略目标有所改变，组织机构也必须做出相应的调整。

### （二）分工协作原则

组织设计中要坚持分工与协作的原则，做到分工合理、协作明确。对于每个部门和每个员工的工作内容、工作范围、相互关系、协作方法等，都应该做出明确规定。

根据这一原则，先要搞好分工，使分工粗细适当。分工越细，专业化程度越高，责任越明确，效率也会越高。但是在这个过程中，也容易出现机构增多、过分强调局部利益、协调工作量增加等问题。分工太粗又可能影响专业化水平，容易产生责任推诿现象。具体操作时，应密切联系企业的自身情况，同时强化协作，在组织中树立整体意识，突破团体主义的圈子，在必要时应当主动打破分工界限，实行必要补位管理。

## （三）统一领导、权力制衡原则

统一领导是指无论对哪一项工作来讲，一个下属人员只应接受一个上级主管的领导。权力制衡是指权力运用必须受到监督与制约。在贯彻统一领导原则中，要做到确定管理层次时，在最高层与最基层之间形成一条连续的等级链；任何一级组织只能有一个人负责；正职领导副职；下级组织只接受一个上级组织的命令和指挥；下级只能向直接上级请示工作，不能越级请示工作；上级也不能越级指挥下级，应维护下级组织的领导权威；职能管理部门一般只能作为同级直线指挥系统的参谋，但无权对下属直线领导者下达命令和指挥。

权力制衡原则要求首先必须在企业高层组织中形成权力制衡机制，设立专门的监督机构。如公司中的股东大会、监事会，国有企业中的员工代表大会，纪检、监察部门等，对行政领导进行监督。另外，企业中的监督机构，如质量监督、财务监督和安全监督等部门，应同生产执行部门分开设置，并在监督的同时，搞好对被监督部门的服务工作。

## （四）权责对应原则

为了实现组织目标，各项工作必须明确责任。要承担责任，就必须有相应的权力。无论是权大责小还是责大权小，都会影响组织目标的顺利完成。有责无权或责大权小，会导致负不了责任；而权大责小，甚至有权无责，则会造成权力滥用。权责不明确容易产生官僚主义、无政府状态，组织系统中易出现摩擦和不必要的争执、推诿等。权责不对应对组织的效能是非常有害的。

## （五）精简及有效跨度原则

精简是指组织机构、人员和管理层次在保证功能有效的前提下，尽量减少办事程序及规章制度，力求简单明了，努力使每个成员都能满负荷高质量地工作，最大限度地提高整体效率。

机构精简涉及管理跨度和管理层次问题。管理跨度也称管理幅度，是指一个管理者直接指挥的下属人员数。管理层次是指从企业最高行政领导到最基层员工之间分级管理的层次，它与管理跨度成反比，即管理跨度越大，层次越少。管理跨度与领导者能力和被领导者素质成正比，而与部门业务的复杂性和所需协调的工作量成反比。因此，要想提高有效管理跨度就需要调整好上述几个要素的关系。通常情况认为适中的管理跨度应控制在 10 人左右。

（六）稳定性与适应性相结合的原则

一个组织的管理机构是保证组织正常运行的基础，应保持相对稳定性，避免情况稍有变化就使系统出现混乱而影响正常工作秩序。同时，管理机构又是企业实现经营目标的工具，应随着客观条件的不断变化作必要调整。企业领导的责任就是把稳定性和适应性恰当结合起来。企业领导必须懂得，一个一成不变的组织是一个僵化的组织；而一个经常变化的组织，则是一个难以创造或保持最佳业绩的组织。

## 三、人力资源规划为什么会出问题

人力资源规划关系到组织战略的实施，又支持着组织目标的实现，同时对人力资源管理起着至关重要的作用。因此，制定一个完善的人力资源规划对每一个组织人力资源部来说，就成为头等议题。然而很多中小企业在这个流程的操作中，常存在如下问题。

（一）对人力资源规划的重要性认识不足

人力资源规划是企业战略管理的重要组成部分。企业的整体发展战略决定了人力资源规划的内容，而这些内容又为建立人力资源管理体系，制订具体的人员补充计划、人员使用计划、人员接替与晋升计划、教育培训计划、薪酬与激励计划、劳动关系计划等提供了方向。许多中小企业往往难以从战

略的高度来思考人力资源管理工作。甚至有的小型企业老板简单地认为，人力资源管理无非是"缺人时招人""岗前培训""发工资前必须考核"三部曲，怎么也与企业发展战略"挂不上"，因此不能从企业战略规划—人力资源规划—人力资源管理的流程上实施人力资源规划与管理。

（二）企业战略不清晰、目标不明确

人力资源规划是企业战略规划的重要组成部分，同时也是企业各项管理工作的基础和依据。但许多中小企业没有清晰的企业发展战略和明确的战略目标，使人力资源规划没有方向感，不知道企业未来究竟需要什么样的核心能力和核心人才。企业在快速扩张阶段，往往涉足于不同的业务领域，其中不乏许多新兴产业。而这些新兴产业在研发、生产、营销、管理、服务等各个环节没有成熟的经验可以借鉴，如一些新开拓的项目，定岗定编工作也不像传统业务那么成熟，在人力资源管理方面大多是走一步看一步。由于企业战略不清晰，目标不明确，导致人力资源规划缺乏方向性和目的性。

（三）规划不能随着外部环境的变化而及时调整

信息社会唯一不变的就是变。市场发展变化快，企业对市场变化反应比较快，企业战略在调整，但人力资源规划往往不能得到及时调整。直接的影响最明显的就是先前制定出的人力资源规划失去可操作性和可执行性，造成企业所需的人才不能得到及时供应等人力资源功效的缺失。

（四）规划制定过程中缺乏沟通与协调

人力资源规划是一个复杂缜密而又必须具备调研性的制作过程，它需要规划人员从整个企业战略出发，经多方面沟通与协作，调研出各部门的人力资源所需状况，进而制定出可操作性的规划。而在现实中，我们常发现，很多中小企业人力资源部人员习惯于仅凭过往数据和历史，便草草制定出该规划，如此规划缺乏论证和可执行性就在所难免。

（五）缺乏人力资源管理的专门人才

现实中，很多企业特别是中小型企业没有设立人力资源部，大多由办公室履行人力资源管理的职能。即使设了人力资源部的企业，在行使人力资源管理职能的时候，也普遍存在一些问题，主要表现在：人力资源管理人员在人力资源管理专业方面的知识储备不足，专业技能不够。

（六）对于人力资源的控制比较困难

由于人员流动性比较大，各种意外情况都可能影响企业的人力资源规划。

企业的人事管理部门在对人力成本进行核算时难以实现定量分析。同时，企业内部各部门在制定人力资源规划时，考虑到自身部门的利益，常常出现人员超编的现象。而公司的领导从公司的发展战略方面考虑，则希望尽可能降低人力资源的成本和规模。在这种情况下，常常造成人力资源规划部门在制定规划时左右为难。

# 第三节　大数据改进人力资源规划

各种经济时代的区别，不在于生产什么，而在于怎样生产，用什么劳动资料生产。劳动资料不仅是人类劳动力发展的测量器，而且是劳动借以进行的社会关系的指示器。马克思按照劳动资料或劳动工具的标准，把人类社会发展分别称为石器时代、青铜时代、铁器时代、大机器时代。马克思没有看到信息时代的到来，但当信息技术作为非常重要的生产资料或者生产工具的时候，我们还是依据马克思的理论，称这个时代为信息时代。

如今大数据作为新的生产资料，不断体现出在社会经济活动与社会管理活动中的巨大作用。劳动工具是生产力发展水平的重要标准，而生产力发展水平则是一个时代的本质特征。大数据的出现对生产力的发展有着直接的推动作用，这也是为什么大数据时代会被称为一个时代的原因。

　　大数据时代下，数据成为真正有价值的资产，云计算、物联网等技术手段都是为数据服务开辟道路的。企业交易经营的内部信息、网上物品的物流信息、网上人人交互或人机交互信息、人的位置信息等，都成为摆在明面处的资产，盘活这些数据资产，直接作用于个人的生活选择，企业的决策甚至国家治理，改变人们生活方式。美国大选时，奥巴马的背后有一个经验丰富的数据分析团队，正是这个数据分析团队利用数据挖掘的方法，一步步分析出选民最有可能被何种因素说服；选民在何种情况下最有可能捐款；何种广告投放渠道能够最高效获取目标选民。通过数据团队的分析，奥巴马制定了与之相对应的竞选策略，真正得到了大量草根阶层选民的支持和捐赠，有调查显示，80%的美国选民觉得奥巴马比罗姆尼更加重视自己。结果，奥巴马团队所筹得的第一个亿美元中，竟然有98%的捐款是小于250美元的小额捐款，然而罗姆尼团队的这一比例仅为31%。正是奥巴马背后这支数据分析团队计算中的一次次分析、一笔笔捐款和一张张选票将奥巴马送上了美国总统之位，这次美国大选也被称为"一次被大数据改变的美国大选"。

　　世界上没有什么是一成不变的，应该用动态的眼光看待世界。

　　大数据时代的人力资源规划将会引起怎样的变化呢？

## 一、应该树立起大数据意识

　　随着大数据的脚步日益加快，对于企业员工而言，树立大数据意识显得极为重要。在进行人力资源规划时，首先，要培养人力资源管理者具备数据化意识。人力资源管理部门作为企业员工的管理者和培育者，他们的数据化意识直接影响企业员工数据化意识的建立。而人力资源管理部门具备数据化意识时所制定的人力资源规划会突出数据带来的影响和意义，从而促进企业的数据化进程，在预测岗位需求、分配供给时，提供数据化的支持。

　　数据化意识的培养要从人力资源管理部门深入到企业每个部门。要让人力资源管理部门意识到大数据背后隐藏的潜在价值，并依据大数据所隐藏的价值做出正确的人力资源规划。其次，要培养其他部门员工的大数据意识。

企业员工是人力资源规划的执行者，他们大数据意识的建立，有助于人力资源规划的顺利展开以及减少规划实行的偏差。关键是要让企业员工意识到数据的重要性，并致力于收集真实、高质量、有价值的并且具有高可靠性的数据。只有当每个员工都认识到大数据所带来的价值和意义，才能使企业具备更强的竞争力。

## 二、要积极搭建起数据化平台

在企业规划每一年度的人力资源策略时，总会对现有的人力资源水平进行调查和确认，如果每年都要在制定人力资源战略规划的时候再去调查人力资源现状程序会比较复杂，同时浪费极大的财力、物力、人力。同时，在分析各个岗位的人员数量、员工能力时需要一定的时间才能准确分析出现有的状况。

倘若在企业中构建一个数据化平台，在每天的日常工作中，员工通过数据化平台，实现每天的出勤、工作绩效、薪酬等多方面的记录，不仅能大大节省人力成本，而且能实现员工工作规范的检验、工作数据的统计、工作进度的共享。另外，企业还能进行监控，从而保证数据的及时性、准确性和真实性。在实现员工绩效评价的同时可以对公司每个岗位员工的能力进行有效的分析和计算。数据化平台能提供管理人员有效的员工信息，大大降低人力资源管理部门在制定规划时所需要的人力、财力。而长期积累的数据比急需时的调查所得的数据更为有效。因为每一天的员工信息都会被数据化平台记录，不会存在员工出现特殊情况或特意配合调查所带来的误差。

同样，数据化平台也适合于高层人员管理。数据化平台还能及时记录管理人员所制定的企业目标和长期规划，向员工传递及时有效的年度目标、当月计划，甚至每日生产计划，并及时统计往日生产状况并审核。因此在这样的基础上，数据化平台对人力资源的需求和供给进行预测也显得十分方便，及时绘制企业目标走势图，与管理人员交流、对企业战略进行设计和研讨，并对企业各个岗位需求进行有效的预测，与此同时，根据数据派遣相应数量

的员工,在分析数据后进行员工的补给和删减,实现工作量的合理分配。

在制定人力资源规划方案阶段,当数据化平台中显示任务量过大不能及时完成时,人力资源管理部门能及时采取招聘策略,补充人员。由于数据平台的建立,使绩效管理更为方便,企业人员的提升、培养、薪酬管理,都能根据数据及时有效地跟进,而对任务量不达标的员工也能够进行再培训和激励。

## 三、重视发挥大数据的预测预知功能

美国著名的沃尔玛公司利用"雇佣预测回归"方法提升了人力资源规划水平。他们称:他们现在能够知道某个应聘者在其岗位上能够工作多长时间;能够知道这项预测有多么精确,例如,某个应聘者的供职期限是 30 个月。回归方程还会单独报告一下,他供职不会超过 15 个月的概率是多少。

沃尔玛发现,用"不墨守成规的人在每家公司都有生存空间"这样一个问题对应聘者进行测试,对其做出肯定性回答的人,比对此做出否定性回答的人,供职期限要少 2.8 个月。

有了这种提前性预测,人力资源规划就可以做到提前进行,而不是被动应付。

对我国人才资源需求进行宏观预测规划,显然是一项意义更加重大的事情。学者的观点是:目前预测方法科学化水平不高,必须建立需求预测的长效机制;明确预测主体,建立人才需求的预测体系框架。显然,大数据能够在这个领域大显身手。这也是人力资源管理发展的必然趋势。

# 第十三章　基于大数据的
# 人力资源使用

## 第一节　人力资源使用的界定与宗旨

人力资源是第一资源，是企业最宝贵的资源。人力资源对生产力发展起着决定性的作用，对企业经营战略的实施起着保障作用。随着经济全球化的进一步推进，能否在竞争日趋激烈的环境中生存和发展，关键在于企业是否具备核心竞争力，而核心竞争力主要来自企业中的人力资源。任何企业都离不开优秀的人力资源管理，中小企业更是如此。戴尔·卡耐基就曾说："假如我的企业被烧掉了，但把人留住，我20年后还是钢铁大王。"

企业是从事生产、流通、服务等经济活动，以生产或服务满足社会需要，实行自主经营、独立核算、依法设立的一种营利性的经济组织。人力资源是指一定时期内组织中的人所拥有的能够被企业所用，且对价值创造起贡献作用的教育、能力、技能、经验、体力等的总称。现代企业人力资源的合理配置与使用是企业人力资源管理的重点内容。在企业里，人是最活跃、最有潜力可挖、可以最大化创造利润的要素。人力资源使用得好，企业可以飞黄腾达；使用得不好，企业可以倾家荡产。

基于大数据的理论分析，转变传统人力资源管理思维方式，形成大数据思维，积极变革人力资源管理模式和管理方法，成为企业人力资源管理应对大数据时代挑战的核心。维克托·迈尔·舍恩伯格指出：大数据颠覆了千百

年来人类的思维惯例，对人类的认知和与世界交流的方式提出了全新的挑战。人力资源使用，可以通过大数据进行合理的分析与组织，更好地做到知人善任，量才录用，将人力资源的利用率提高，以最佳的人力成本为企业创造最大的经济价值。

## 一、人力资源使用的界定

人力资源使用，是在经济学与人本思想指导下，通过有效的人力资源合理规划，在人员录用、人员激励、人员考核方面对组织人力资源进行有效运用，满足组织当前及未来发展的需要，保证组织目标实现与员工发展最大化的活动。

人力资源使用，贯穿企业人力发展的全过程。

人力资源使用，既要考虑组织目标的实现，又要考虑员工个人的发展，强调在实现组织目标的同时实现个人的全面发展。

人力资源使用的原则是把合适的人配置到适当的工作岗位上，引导新雇员进入组织，适应环境，才得其位，才得其用。

### （一）人力资源使用的前提是"人得其位"

一个企业如何科学合理地选拔员工进入职位，是企业得以发展的基础。这是显而易见的道理。举一个很简单的例子，一个化工集团招聘过多学文科的员工，这个企业必然要走下坡路。虽然说这些人可以通过培训来使自己的知识结构得以改善，但是，能不能适应企业业务发展，还是一个未知数。专业不对口必然影响其才能的发挥。因此，无论是从招聘人才的企业的角度来说，还是从一个应聘者的角度来说，选择专业对口的企业或员工是尤为重要的。同时，对企业而言，选择那些道德水平高、业务素质好的员工作为新鲜血液，对企业的未来发展是意义重大的。

如何有效利用企业人力资源，以最佳人力成本创造最大的经济价值，是当代企业竞争获胜的重要法宝。科学有效配置人力资源，使之不浪费不闲置、

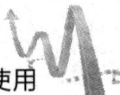

高效运作，并建成一支高素质的人才队伍，是企业发展壮大的根本保障。人力资源优化配置的根本目的是更好地运用"人力"。人力资源的科学有效配置就是要合理而充分地利用包括体力、智力、知识力、创造力和技能等，通过一定的途径，创造良好的环境，使其与物质资源有效结合，以产生最大的社会效益和经济效益。这不仅是个人力资源管理学的问题，同时也是一个社会经济学的问题。

人力资源的资源性决定了这种对象的可开发性。人力资源开发就是针对人体所蕴含的各种能力及潜能而言的。而人的自主意识又对自己潜能的发挥起着重要作用。人力资源配置的优化就是通过一系列举措，使管理对象的所有能力包括潜能，得到充分发挥，为社会经济发展所用，变成一种现实社会生产力。人力资源虽然是包含在人体内的一种生产能力，但如果人力资源配置的结果不当，也难以使这种能力发挥出来。

如果组织通过科学评价，使一个人获得了合适的工作岗位，那么，下一步很重要的一件事就是建立与他的信任关系，从而使之对组织产生强烈的"归属感"，使员工发自内心地愿意长期为组织创造价值。员工归属感，指的是员工对所在组织的认同、奉献和忠诚态度。员工归属感的建立，是其在组织中"主人翁"角色获得的标志。专家指出，归属感是组织价值内在化，它能够生成内在驱动，是道德性的和自觉性的。员工归属感的作用巨大：产生大量的有利组织行为，工作热情积极，主动尽责，甘愿奉献与牺牲，不计报酬。培养员工的高度组织归属感，是高明的用人者的根本性任务。

（二）所谓会用人，就是会激励人

1. 激励的含义

"激励"本义是一个有机体在追求某种既定目标时的意愿程度。它有激发动机、鼓励行为、形成动力的含义，就是人们常说的调动积极性。

对人的激励过程就是满足其需求的过程，它以未能得到满足的需求开始，以需要得到满足而告终（即解除了紧张）。激励过程包括未满足的需要、紧张、内驱力、寻求行为、满足需要、新的需要。在激励过程中起作用的关

键因素有个人的需要、个人的努力和组织目标三个方面。

2. 激励的划分

激励类型的选择是做好激励工作的一个前提条件。激励有多种类型，可以从不同角度进行划分。

（1）从激励内容的角度，可以分为物质激励与精神激励两种类型。

物质激励是从满足人的物质需要出发，对物质利益关系进行调节，从而激发人的向上动机并控制其行为的趋向。物质激励多以加薪、奖金等形式出现。

精神激励是从满足人的精神需要出发，对人的心理施加必要的影响，从而产生激发力，影响人的行为。精神激励多以表扬、记功、评先进、授予先进模范称号等形式出现。物质激励和精神激励目标是共同的，都是为了强化行为、提高人的工作积极性。但是，它们作用的着力点是不同的，前者主要作用于人的物质需要的满足；后者则着眼于人的心理，是对人的精神需要的满足。

（2）从激励的性质或方向的角度，可以把激励分为正激励和负激励两种类型。

正激励是当一个人的行为符合组织的需要时，通过奖励的方式鼓励这种行为，以达到保持这种行为的目的。负激励是当一个人的行为不符合组织需要时，通过制裁的方式来抑制这种行为，以达到消除这种行为的目的。负激励的手段既可以是物质方面的，如降低工资级别、罚款等；也可以是精神方面的，如批评、处分、记过等。正激励与负激励都以对人的行为进行强化为目的，但它们的取向相反。正激励起正强化的作用，是对行为的肯定；负激励起负强化的作用，是对行为的否定。

（3）从激励作用于对象的角度，可以把激励分为内激励和外激励两种类型。

内激励源于人员对工作活动本身及任务完成所带来的满足感。它是通过工作设计（使员工对工作感兴趣）和启发诱导（使员工感到工作的重要性和

意义)来激发员工的主动精神,使人们的工作热情建立在高度自觉的基础上,以发挥出内在的潜力。

外激励是运用环境条件来制约人们的动机,以此来强化或削弱相关行为,进而提高工作意愿。它多以行为规范或对工作活动和完成任务付给适当报酬的形式出现,限制或鼓励某些行为的产生,如建立岗位责任制,以对失职行为进行限制;设立合理化建议奖,用以激发工作人员的创造性和革新精神。

### (三)人力资源激励的有关理论

半个世纪以来,管理学家、心理学家和社会学家从不同的角度研究了应当怎样激励人的问题,提出了许多激励理论。这些理论基本上可以分为内容型、过程型、行为改造型激励理论。

1. 内容型激励理论

内容型激励理论侧重研究激发动机的因素。由于这类理论的内容都围绕着如何满足需要进行研究,因此也称为需要理论。它主要包括马斯洛的"需求层次论"、赫茨伯格的"双因素理论"和麦克利兰的"成就需要激励理论"等。

2. 过程型激励理论

过程型激励理论着重研究从动机的产生到采取具体行为的心理过程。这类理论都试图弄清人们对付出劳动、功效要求、薪酬奖励价值的认识,以达到激励的目的。它主要包括弗隆姆的"期望理论"、亚当斯的"公平理论"和洛克的"目标设置理论"等。

其中期望理论是指个体动机行为的活动过程为"个人努力+个人成绩+组织报酬+个人目标"。该理论核心是"期望值"。一个人积极性被调动的程度取决于各种目标的价值大小和期望概率的乘积。用公式表示,即:

$$激励力量 = 目标价值 \times 期望值$$

这一理论说明,激励对象对目标价值看得越大,估计实现的可能性越大,

激发的力量也就越大；期望值的大小则决定于目标的价值大小和目标实现的可能性两因素。为此，应当在人力资源使用和管理中，解决努力与绩效的关系、绩效与报酬的关系、报酬与满足个人需要的关系。

公平理论是指个人将自己的"投入—报酬"关系与他人进行比较得到一定的感受，这种感受的反馈会影响下一步的努力。公平理论对管理实践有很重要的价值。首先，公平理论强调组织对待员工公平的方法的重要性，管理人员应该让员工们充分感受到他们受到了公平对待。其次，公平理论还提出在以人为中心的管理中，不仅注意组织中各个人的自身状况，还要特别注意组织内外的人与人之间比较的影响，防止人的"社会比较"引起行为的负效应。

3. 行为改造型激励理论

行为改造型激励理论，着眼于行为的结果，认为当行为的结果有利于个人时，行为会重复出现；反之行为则会削弱和消退。这类理论以斯金纳的操作性条件反射为基础，侧重研究对被管理者行为的改造修正。它主要有"强化论""归因论""力场论"和"挫折理论"等。

## 二、人力资源之激励性使用

现实的激励因素决定了员工工作动机的强弱。一般而言，现实的激励因素主要包括以下几个方面。

### （一）任用情况

知人善用，善于观察人，较快地认识人的兴趣、爱好、才能和知识，善于按事选人，平等竞争，使每个人拥有同样的机会，找到最适合发挥自己才干的舞台。

### （二）信任程度

领导者与被领导者的互相理解、互相信任。

（三）晋升制度

每个人都希望晋升,但是由于职位有限,不可能满足所有人的晋升需求,因而要求一个公正、公平、严格考核、择优晋升的体系,激励员工不断提高自己、充实自己,在竞争中获胜。

（四）薪酬制度

薪酬在目前阶段仍是最主要的激励形式,要力争实现薪资制度的合理性、公正性与竞争性。

（五）奖励制度

奖励包括物质奖励和精神奖励,用来满足员工自尊和自我实现的需要,进而提高其工作积极性。没有公正的考核,就不会有公正的奖励制度。要正确处理物质奖励与精神奖励的关系,在保持一定物质奖励的基础上,着重提高精神奖励强度。

（六）处罚制度

可以有效防止和纠正各种非预期的行为,保护多数员工的主观积极性。

正确的处罚制度应注意:处罚制度应保持严肃性,在反复调研的基础上产生,宽严适度;处罚制度一经确定,就应严格遵循;处罚制度主要针对少数人,而且是辅助手段,应防止过分夸大处罚的作用。

（七）参与程度

一个单位的成员,地位再低,也有他的自尊,也希望得到他人的尊重、理解和平等的对待,希望自己的看法和建议有人倾听并被采纳。因此,决策过程应该鼓励下级民主参与,以发挥下级的主观能动性。

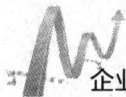

## （八）福利状况

福利包括住房、医疗保险、养老保障、工作环境、福利设施等，既是满足员工生存、安全、社交的重要途径，也是外在激励的重要组成部分。良好的福利条件，会使员工感到组织的温暖，增强组织的凝聚力，从而激发员工更加积极地工作，自觉发挥个人的主观性、创造性和能动性。

## 三、人力资源使用的宗旨与原则

人力资源使用的宗旨在于能够最大限度地实现人尽其用，才尽其用，组织能够更加充分地发挥人的体能、智能、知识力、创造力，促使人力资源与物力资源实现完美结合，以产生最大的社会效益和经济效益。

人力资源的使用有三大原则。

### （一）合理使用原则

人力资源的合理使用，即指人力资源得到充分开发和运用，以达到人力资源供需的大体平衡，从而实现企业效益的最大化。

人员的能力和岗位相匹配，有利于人尽其才，才尽其用。为了实现人力资源的合理使用，组织应该避免一些不良现象，比如人浮于事、用非其人、机构臃肿、收益下降等。

### （二）良性结构原则

人力资源的良性结构包括组织内所使用的人力资源的数量、质量、构成、效能等问题。配置得当，则"以一当十"；配置不当，则"十不抵一"。良性的人力资源结构不是随意即可形成的，需要开动脑筋加以谋划。

例如，组织的人才结构与组织战略紧密相关。组织战略转变，必然会引起组织人才结构的相应变化，否则不能完成组织的既定目标。良性的人力资源结构必然是既精简又高效的，唯有如此，才能够提高人力资源的投入产出率。

### （三）效益提升原则

提高人力资源的使用效益，就是争取"高效劳动"，降低"低效劳动"，避免"无效劳动"。"高效劳动"既是组织需要的理想状态，也是实现人员潜能有效开发、使人力资源的价值得到充分实现的正确途径。

提高人力资源使用效益的方法很多，比如重视采用先进的科学技术，倡导技术革新、技术进步；重视采纳群众智慧，采纳合理化建议；实行对外开放政策，吸纳组织外部的先进经验；等。

# 第二节　人力资源使用中的问题

由于历史包袱和计划经济制度等诸多因素，我国大多数组织的管理理念和管理方式落后，在对人力资源使用问题上存在不少问题。

## 一、缺少长远规划，人才配置不当

任何成功企业的核心问题都离不开制订企业发展的长远战略规划，其中包括人力资源战略规划。美国的微软，日本的索尼、松下，以及德国的奔驰、大众等世界知名企业都是如此。由于有了战略规划，所以能够胸怀全局，对人力资源进行科学规划与部署，做到面对风浪，应对自如。

现今我国的不少企业，包括国有企业与民营企业均缺乏系统的人力资源发展战略规划，致使要么人浮于事、效率低下，要么出现人才断层，落入人才危机的陷阱。一些民营企业家只相信自己的管理经验，缺乏现代人才观念，对引进的人才也是心存戒备，不敢放手，怕他们翅膀硬了，跳槽走人。在人才使用上，多是自己一人说了算，没有建立起引才、用才科学机制，极易导致用人失误。

人力资源配置不当，将导致企业内耗严重。我国的企业存在的问题有：

有些领导班子成员之间不团结，工作上不是互相支持，而是互相拆台；部门与部门之间的工作相互脱节或相互扯皮。尤其是实行家族化管理的企业，用人唯亲而不是用人唯贤，因人设岗而不是因事设岗，急功近利而适得其反。企业内部凝聚力低下，人力资源利用效率必然低下。

职工的才能与岗位不匹配，是因为缺少科学的人才测评手段。由于没有做工作分析，致使工作岗位职责、工作任务及岗位对职工的要求不清楚。一个普遍存在的问题是，往往在招聘阶段就很难达到"人岗匹配"。人才招进来之后，又忽视对其培训开发，使得问题很难解决。

## 二、分配机制不透明，员工利益受损害

很多组织在员工利益分配方面缺乏公开、公平、公正的机制。即使有些企业为吸引人才，制定了一系列薪资福利制度，但由于缺乏科学合理的绩效考评体系及与之配套的措施，或是薪资福利制度本身就存在缺陷，并不能确保人才在其付出智慧和劳动后得到适当的经济利益报偿，从而使这一制度流于形式，起不到科学使用人力资源的作用。有的民营企业为了防止员工流失，故意拖欠员工工资，致使员工利益受到损害。

## 三、育人机制不理想，职业发展受阻

很多民营企业虽然认识到了人才的重要性，但是对人才的培养都没有信心。因为他们辛辛苦苦培养出的人才，最终"跳槽"到了其他企业，甚至成为竞争对手。这就造成了很多企业不再愿意培养人才，放弃了这种"为他人作嫁衣"的行为，对人才采取了随取随用的态度。这样，员工对自己未来的职业发展道路不明确，加之劳资双方契约关系不规范，缺少相应法律约束力，这就给员工的随意流动提供了土壤。

如果企业只是为满足自身单方面利益招聘员工，而不能给予员工适当的职业生涯发展指导和保障，员工也仅仅是将企业作为实习的基地和积累经

验、资历的平台，是奔向下一个目标的"跳板"，很难沉下心来将"工作"当成"事业"来做，双方都是各取所需，而不去谋求长远，那么，就很难达成相互信任、协调发展、互利共赢的局面。

## 四、文化建设滞后，组织凝聚力不强

企业在文化建设方面不仅仅是重视并加大了投入，有了职工活动中心，配备一些器材就足够了，就算有了自己的企业文化，这种观念是落后的。企业应该在价值追求、经营理念、制度建设、目标方针等方面对职工进行积极引导。要孕育企业轴心文化，力求得到广泛认同。只有目标一致时，人才之间才会有共同语言，才能进行更好的协作。

## 案例：麦当劳用人的特点

### （一）不用天才与花瓶

麦当劳不用所谓"天才"，因为"天才"是留不住的。在麦当劳里取得成功的人，都得从零开始，脚踏实地工作，炸薯条、做汉堡包，是在麦当劳走向成功的必经之路。这对那些不愿从小事做起、踌躇满志想要大展宏图的年轻人来说，是难以接受的。但是，他们必须懂得，麦当劳请的是最适合的人才，是愿意努力工作的人，脚踏实地从头做起才是在这一行业中成功的必要条件。

在麦当劳餐厅，女服务员的长相也大都是普通的，还可以看到既有年轻人也有年纪大的人。与其他公司不同，人才的多样化是麦当劳的一大特点。麦当劳的员工不是来自一个领域，而是从不同渠道聘用人员。

麦当劳的人才组合是家庭式的，年纪大的人可以把经验告诉年纪轻的人，同时又可被年轻人的活力所带动。因此，麦当劳请的人不一定都是大学生，而是各行各业的人都有。麦当劳不讲究员工是否长得漂亮，只在乎她工作负责、待人热情，让顾客有宾至如归的感觉，如果只是个中看不中用的花

瓶，是不可能在麦当劳待下去的。

## （二）用人没有试用期

一般企业试用期要 3 个月，有的甚至 6 个月，但麦当劳 3 天就够了。麦当劳招工先由人力资源管理部门去面试，通过后再由各职能部门面试，合适则请来店里工作 3 天，这 3 天也给工资。麦当劳没有较长的试用期，但有长期的考核目标。考核，不是一定要让你做什么。麦当劳有一个全面的评估制度，就是让周围的人都来评估某个员工：你的同事对你的感受怎么样？你的上司对你的感受怎么样？以此作为考核员工的一个重要标准。

## （三）晋升机会公平合理

在麦当劳，晋升对每个人都是公平合理的，适应快、能力强的人能迅速掌握各个阶段的技术，从而更快地得到晋升。

面试合格的人先要做 4～6 个月的见习经理，其间他们以普通员工的身份投入餐厅的各个基层工作岗位，如炸薯条、做汉堡包等，并参加 BOC 课程（基本营运课程）培训，经过考核的见习经理可以升迁为第二副理，负责餐厅的日常营运。之后还将参加 BMC（基本管理课程）和 IOC（中间管理课程）培训，经过这些培训后已能独立承担餐厅的订货、接待、训练等部分管理工作。表现优异的第二副理在进行完课程培训之后，将接受培训部和营运部的考核，考核通过后，将被升迁为第一副理，即餐厅经理的助手。

以后他们的培训全部由设在美国及海外的汉堡大学完成，汉堡大学都配备有先进的教学设备及资深的具有麦当劳管理知识的教授，并提供两种课程的培训，一种是基本操作讲座课程；另一种是高级操作讲习课程。美国的芝加哥汉堡大学是对来自全世界的麦当劳餐厅经理和重要职员进行培训的中心，另外，麦当劳还在中国香港等地建立了多所汉堡大学，负责各地重要职员培训。一个有才华的年轻人升至餐厅经理后，麦当劳公司依然为其提供广阔的发展空间。经过下一阶段的培训，他们将成为总公司派驻其下属企业的

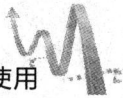

代表，成为"麦当劳公司的外交官"。其主要职责是往返于麦当劳公司与各下属餐厅，沟通传递信息。同时，营运经理还肩负着诸如组织培训、提供建议之类的重要使命，成为总公司在这一地区的全权代表。

### （四）培训成为一种激励

麦当劳的培训理念是：培训就是让员工得到尽快发展。麦当劳的管理人员都要从基层员工做起，升到餐厅经理这一层，就该知道怎样去培训自己的团队，从而对自己的团队不断进行打造。麦当劳公司的总经理每三个月就要给部门经理做一次绩效考核，考核之初，先给定工作目标，其中有一条必须写进目标中，那就是如何训练你的下属——什么课程在什么时候完成，并且明确告诉部门经理，一定要培训出能接替你的人，你才有机会升迁。如果事先未培养出自己的接班人，那么无论谁都不能提级晋升，这是麦当劳一项真正实用的原则。由于各个级别麦当劳的管理者，会在培训自己的继承人上花相当的智力和时间，麦当劳公司也因此成为一个发现和培养人才的大课堂，并使麦当劳在竞争中长盛不衰。

# 第三节　大数据改进人力资源使用

大数据时代下人力资源管理模式的创新，有赖于管理者观念的更新，只有当管理者的观念和态度变化了，管理者的行动才能变化，从而促成管理模式创新的最终形成。然而，由于思维上的惯性，有的人力资源管理者仍然沿用传统的人力资源管理观念、方法开展工作，忽视了当前的大数据时代新格局。

利用大数据升级改造传统人力资源使用方法，就是顺应时代潮流，紧跟时代步伐，也是当今"互联网＋"对人力资源领域的要求。

将"大数据思维"融入人力资源使用的各个环节，必将提高人力资源使用的效率和企业的价值。

## 一、实行大数据思维，利用大数据决策

人力资源使用的大数据思维，基于大数据的理论分析，转变传统人力资源管理思维方式。维克托·迈尔·舍恩伯格指出：大数据颠覆了千百年来人类的思维惯例，对人类的认知和与世界交流的方式提出了全新的挑战。"大数据思维"变革主要内容如下。

### （一）人力资源使用者首先应具备大数据思维

不仅需要战略上具备对使用对象的洞察力和前瞻性，还需具备拨云见日的本领，具备更高敏感性、专注力和创新思维的能力。同时，还要注重向员工培训和灌输大数据思维方式。

### （二）将人力资源大数据视为组织发展中的核心生产要素

人力资源管理部门作为组织中的重要职能部门，每天需要接触处理的信息量逐渐变大，数据种类也日益多样化，如搜集员工基本信息、工作绩效统计、受训情况登记、人工成本计算、人力资本投资回报率、员工满意度、员工敬业度、核心员工流失率等。此外，组织外部可以获取的相关人力资源信息数量相当巨大，按大数据思维要求，需要把如此丰富的人力资源均视为组织资产加以利用。

### （三）用人决策模式的转变

人力资源使用者需要将依据"经验＋感觉"式的用人决策，转变为依据"事实＋数据"的用人决策。没有数据依据，只是凭借道听途说与主观经验的决策都是不可取的。

## 二、优化组织数据库，进行大数据"人岗适配"分析

社交网络是目前拥有大数据的最大主体。组织能够借助社交网络的大数

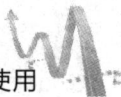

据获取应聘者的各类信息，包括工作信息、生活状况、社会关系、能力情况等都可能被人力资源管理部门所掌握了解，从而形成关于职工的立体信息，实现精准的"入岗匹配"。

"入岗匹配"的本质的要求是进岗者与岗位胜任力的匹配。也就是说"匹配度越高"，适才适用的概率越高。在传统的人力资源管理过程中，是否做到入岗匹配大多是非常模糊的。这是因为那时的"入岗匹配"就是基于上级主管的主观感觉、个人经验与判断。但在大数据时代，人力资源管理部门可以搭建一个可靠性较高的入岗匹配平台。在这个选拔匹配平台的前台，是对于目标岗位的系统描述以及候选者应该具备的各项胜任能力的素质要求。选拔匹配平台的后台，将候选者的各项能力素质指标按照目标岗位的胜任力维度进行分解展现，进而可以直观地观察候选者的胜任力与目标岗位的胜任力的匹配情况，进而极大提高选拔的精度与效率。

## 三、适应大数据的开放要求，建立人才管理体系

大数据时代的到来，要求企业人力资源管理者顺应大数据的开放性要求，树立开放的思想和态度，以积极的态度将信息技术与人力资源管理工作结合起来，不要仅仅把视野局限于简单的人事管理工作，重在倡导员工在大数据平台上进行学习与沟通交流，从而不断丰富组织人力资源大数据，并把它应用到人力资源规划、招聘、培训、绩效考核和薪酬管理等各个环节中去。

建立基于大数据的企业人力资源管理体系，从宏观层面上说，是对企业发展进行指导性把控；从微观层面上说，又是对组织内部的科学管理。要采取信息化、智能化的管理方式，以人为本，为员工价值的实现提供合适的平台，实现员工和组织的共同发展。

## 四、以大数据为基础，实行人员有效激励

"针对性＋多元化"的有效激励，不仅是对员工过去业绩的肯定，使其

获得成就感，而且对员工未来工作积极性的提高具有重大的意义。

随着人力资源管理系统的不断发展，薪酬激励的手段不断增多，体系日趋完善。在大数据时代，要以数据为基础，用事实说话，才能做到客观公正，保证人才队伍的稳定。

通过对行业、产业基础数据的广泛了解，对那些长期服务于公司的员工要加大物质激励的力度，并且通过全面的数据分析来确定具体额度。对那些在能力数据和潜力数据方面表现优秀的员工，还要采取多元化的激励手段。根据马斯洛的需求层次理论，组织高层或骨干员工，无不希望在专业上有所建树，在职位上有所提升，他们对名誉、权威的需求比物质利益更加强烈。因此，企业可以制订相应的进修计划、晋升计划。

此外，感情激励也是一种很好的激励手段，是对员工的关心与体贴。组织恰当地利用感情激励，能够调动员工的工作热情，培养员工的忠诚度，从而打造一支稳定的工作团队。例如有的企业建立起了内部经济困难预警系统，当发现员工用餐消费低于一定数额时，系统会自动给其发送通知，询问其是否需要帮助。相关人员还会进一步核实情况，最终确定是否对其提供帮助以及帮助的具体程度。

## 五、利用社会徽章，提升人力使用水平

21 世纪之初，美国麻省理工学院人类行为动力学组的研究人员将多个传感器组合成一个装置，能够做到同时检测不同的信号。这个东西叫"社会传感器"。从外表看，是一个灰色的盒子，里面装有一个红外线收发器、一个麦克风和两个加速度传感器。它的功能是能够了解人类多方面的行为。研究人员把它带到"5 分钟相亲"节目，因为它能够记录下互动男女的大量社交信号。社交信号是指男女在相亲聊天时下意识传递给对方的信号。比如，声调的轻微变化，眉毛上扬或者是突然插话。通过复杂的计算，能够预测出这一对男女是否合得来，而且无须知道他们的谈话内容。事实证明，这个装置对相亲结果预测的准确率达到 85%。

进入大数据时代后，这个社会传感器从不便佩戴的小盒子演变成一个小小的"超级徽章"，就像北大校徽一样。用这样一个徽章，记录搜集 5 分钟的数据，就可以观察出员工的言行举止，找到提升工作效率的途径。同时，这个徽章还会暴露其他个人信息，例如所处位置、谈话对象、上班上厕所的时间、与其他部门人员交谈了多久等。但是，组织对这个东西的使用与否，尚存争论。使用徽章有利的一面是，可以充分了解员工，合理使用员工；不利的一面是可能侵犯员工隐私，有违法律。这个徽章还可以预测员工健康状况，包括是否抑郁、是否可能要离职、与内部哪些人合得来等。显然，对人力资源合理使用者来讲，这无疑是一个有用的利器。这个社会徽章还有一个作用，就是它不仅能够了解员工的个人表现，而且能够了解这个人参与团队合作的情况，它是通过成员间的沟通数据发现的。大家知道，管理者或领导用人的目的是完成既定的任务，因此人员间的相互理解与配合就显得格外重要。为了有效地完成任务，领导者需要事先配置人员，优化结构，极为有利的是，领导者能够利用"社会传感器"创造出"团队指纹"，也就是什么样的任务应该由什么样的人组合完成。这简直是出现了一个用人好参谋。专家称，利用感应数据，会让团队指纹成为机构成功的主要推动力；还认为"根据团队在不同时期的需要，通过搜集数据，人力大数据分析系统可以给出合理化建议"，调整"探索"与"执行"两者间的平衡，并对工作环境进行相应调整。

# 参考文献

[1] 郭学敏. 基于数字化技术的勘察设计企业人力资源管理创新研究 [J]. 中国集体经济, 2023（06）：93-96.

[2] 吴敏. "互联网＋"时代的测绘地理信息企业人力资源管理创新研究 [J]. 价值工程, 2023, 42（03）：25-27.

[3] 朱海波. 新形势下企业人力资源管理创新研究 [J]. 中国中小企业, 2023（01）：163-165.

[4] 陈颖. 基于大数据的中小企业人力资源管理创新研究 [J]. 华东科技, 2023（01）：93-95.

[5] 郭浩. 信息化环境下中小型互联网企业人力资源管理创新研究 [J]. 河北企业, 2022（11）：134-136.

[6] 王薇薇. 基于数据驱动的企业人力资源管理创新研究[J]. 商场现代化, 2022（19）：46-48.

[7] 吕静. 共享经济时代企业人力资源管理创新研究 [J]. 现代商业, 2022（25）：134-136.

[8] 杨素云. 新媒体视域下的企业人力资源管理创新研究 [J]. 中国集体经济, 2022（25）：110-112.

[9] 李明哲. 劳动经济理论下饲料企业人力资源管理创新研究 [J]. 中国饲料, 2022（16）：143-146.

[10] 李伊凡. 数字化背景下企业人力资源管理创新的思考 [J]. 全国流通经济, 2022（23）：88-90.

[11] 刘旭东. 新时期企业人力资源管理创新研究[J]. 全国流通经济，2022（19）：113-115.

[12] 赵益.“专精特新”中小企业人力资源管理创新研究[J]. 中小企业管理与科技，2022（12）：139-141.

[13] 李书圆. 大数据环境下企业人力资源管理创新方向研究[J]. 商展经济，2022（07）：140-142.

[14] 李莉. 新经济时代企业人力资源管理创新问题研究[J]. 商讯，2022（10）：183-186.

[15] 黄闽英，李舒翔. 基于数据驱动的企业人力资源管理创新研究[J]. 西南民族大学学报（自然科学版），2022，48（01）：113-118.

[16] 张建，魏玉君. 校企合作背景下环境工程企业人力资源管理创新研究[J]. 环境工程，2022，40（01）：244.

[17] 王小琼. 国有企业人力资源管理创新研究[J]. 黑龙江人力资源和社会保障，2021（20）：87-89.

[18] 刘璐. 大数据背景下的茶叶企业人力资源管理创新方法研究[J]. 福建茶叶，2021，43（11）：54-55.

[19] 刘刚. 企业人力资源管理创新问题分析[J]. 中国商论，2021（21）：140-142.

[20] 孙静通.“互联网＋”背景下的企业人力资源管理创新研究[J]. 财经界，2021（31）：197-198.

[21] 黄凤梅. 基于大数据背景下的茶叶企业人力资源管理创新路径探析[J]. 福建茶叶，2021，43（10）：56-57.

[22] 张磊波. 大数据背景下企业人力资源管理创新研究[J]. 黑龙江人力资源和社会保障，2021（14）：103-105.

[23] 钱春凤. 新经济时代背景下企业人力资源管理创新路径探索[J]. 现代商业，2021（23）：51-53.

［24］王婕. 新形势下企业人力资源管理创新研究［J］. 中国管理信息化，

2021，24（16）：122-124.

［25］张蕴国. 我国企业人力资源管理创新问题及创新策略分析［J］. 中外

企业文化，2021（06）：53-54.